新潮文庫

功利主義者の読書術

佐藤優著

新潮社版

9445

まえがき

読書には、大きな罠《わな》がある。特に、読書家といわれる人がその罠に落ちやすい。読書はいわば「他人の頭で考えること」である。従って、たくさんの本を読むうちに、自分の頭で考えなくなってしまう危険性がある。

娯楽のための読書ならばそれでもいい。それについては、楽しい本を自己流に読めばいいので、特に読書術など必要とされない。従って、本書が想定する読者は、娯楽を目的とする人々ではない。

大学の講義や講演会で、ほぼ毎回、参加者から読書の仕方についての質問を受ける。そのほとんどが、「仕事の能力を向上させるためにどのように読書をしたらよいか」、

「在学中に基礎学力をつけ、教養人になるためにはどのような読書をすればよいか」という内容だ。あるいは、「生きていく意欲がないのだが、どういう本を読めば、もう一度、人生をやりなおそうという希望を取り戻すことができるか」という質問もある。こういう問題意識をもつ読者を想定して、本書はつくられた。

本書の表題に「功利主義者の」というしばりをかけたのも、ビジネスパーソンや学生の「役に立つ」ということを第一義的に考えたからだ。「役に立つといっても、仕事術や利殖法などの実用書、ビジネス書がほとんど入っていないじゃないか？」という感想をもたれる読者もいると思う。その点について、あらかじめ釈明しておくと「意図的にそうしているのである」。

実用書やビジネス書は、はじめから「役に立つ」ようにつくられている。従って、このような本を功利主義的観点からどう読むかという解説をしても、読者にとって追加的利益はほとんどない。こうした観点から本書では『新約聖書』やマルクス著『資本論』あるいはドストエフスキー著『カラマーゾフの兄弟』のような古典が、21世紀の現下日本と世界を読み解くのに、いかに役に立つのかという読み解きや、小説や芸能人本、さらにビジネス書で謀略史観系であるというレッテルが貼《は》られているものを、あえてとりあげ、そのテキストに盛り込まれている叡智《えいち》を抽出する努力をした。

役に立つとか、功利主義というと、何か軽薄な感じがするが、そうではない。われわれ近代以降の人間は、目に見えるものだけを現実と考える傾向が強い。しかし、目に見えるものの背後に、目に見えない現実があると私は信じている。思いやり、誠意、愛などは、「これだ」といって目に見える形で示すことはできないが、確実に存在する現実だ。愛国心、神に対する信仰などもこのような目に見えない現実なのだと思う。プラグマティズム（実用主義）や功利主義の背後には目に見えない真理がある。読書を通じてその真理をつかむことができる人が、目に見えるこの世界で、知識を生かして成功することができるのである。この真理を神と言い換えてもいい。功利主義者の読書術とは、神が人間に何を呼びかけているかを知るための技法なのである。

書店にも図書館にも、それこそ一生かかっても読むことができないほど大量の本が並んでいる。この本の大海のなかで良書と巡り会うことはとても難しい。そこで、どうやって良書を見つけ出すかが大きな問題になる。この問題の解決は案外難しい。まず、読者の問題意識によって、良書のカテゴリー（範疇《はんちゅう》）が異なってくる。また、人間の偏見の力は、理性よりもはるかに強い。例えば、虚心坦懐《たんかい》にマルクス著『資本論』の論理を追っていけば、資本主義の内在的論理を解明するための優れた本であるということがわかる。ところが、右翼、保守陣営には、マルクス主義に対する忌避反応が強いために、『資本論』のテキストを読まずに行う印象批判がきわめて多い。印象批判は、偏見によるものなので、いくら論理で反駁《はんばく》しても、崩すことができない。逆に左翼の人々は、マルクス主義に対する過剰な思い入れがあるために、資本主義の内在的論理を解明するために『資本論』の論理整合性が崩れている部分は修正すればよいのだが、それを「修正主義」だといって忌避するのだ。学問上、正しい方向に言説を修正するのは当たり前のことなのに、それができない。『資本論』は実に不幸なテキストだ。

幸い、日本には宇野学派というユニークな学派がある。宇野弘蔵《うのこうぞう》は、自らを共産主義イデオロギーにとらわれたマルクス主義経済学者と区別して、『資本論』で展開された経済学を批判的に継承したマルクス経済学者であると規定した。そして、資本主義の内在的論理を解明する、論理整合性を重視するならば、資本家でも労働者でも承認することができる「体系知（科学、ドイツ語でいうところのWissenschaft）」としての経済学の確立に宇野は一生を捧《ささ》げた。

1991年12月にソ連が崩壊し、新自由主義あるいは市場原理主義という名で資本主義が純粋化傾向を強めた。こういうときにこそ宇野学派の遺産を踏まえて『資本論』を読み直すことが重要と思うのであるが、日本のマルクス経済学者はいまひとつ元気がない。そこで、本質において保守的で右翼的、かつ徹頭徹尾反革命主義者で、キリスト教の神を信じている私が、『資本論』の読み解きをしたり、マルクス経済学について解説するという奇妙な状況が生じているのだ。

本書においても、資本主義の本質とは何か、という質問に答えるために、

マルクス（向坂逸郎《さきさかいつろう》訳）『資本論』第一巻

宇野弘蔵『資本論に学ぶ』

の読み解きを行った。これによって、マルクス経済学の遺産を、日本の資本主義体制を強化するために用いたいと私は考えている。これはレトリック（修辞）ではない。本気でそう考えているのだ。

私は、二重の意味で、信念をもった反革命家である。まず、ソ連時代の末期にモスクワで生活したために、現実に存在した社会主義がどのようなものであったかを皮膚感覚で知っている。トイレットペーパーや石けんなどの生活必需品を入手するために一時間以上、行列しなくてはならない。ちなみに今も私にはこの時代の後遺症がある。ノート、筆記具、消しゴムなどの文房具を買い溜めるのだ。そうしないと、いつか突

然、商店の棚からこれらの文房具が消えてしまうような恐怖感があるからだ。

ソ連では社会全体をシニシズムがおおっていた。労働によろこびを感じる労働者や農民はほとんどいない。確かにソ連において資本主義社会のような労働力の商品化はなされていなかった。ルーブル紙幣がいくらあっても、人々が欲しい商品がない。カネの力で、労働者や農民を働かすことはできないが、暴力を剝《む》き出しにした国家が脅しあげて、国民を働かせていた。国家全体が強制収容所と基本的に変わらなくなった。そして、「国民は国家に対して働いているふりをし、国家は国民に対して賃銀を支払うふりをする」というアネクドート（小話）をよく耳にするようになった。

もちろん、KGB（ソ連国家保安委員会＝秘密警察）の監視網があちこちに張り巡らされているために、表では、誰もが引っかけられることのない、公式の立場しか述べない。だから自分の述べていることを、本人が信用していない。しかし、友人たちが集まるとアネクドートで、共産党幹部、官僚、国民、そして自分自身も笑い飛ばすという状態になった。何とも形容しがたいグロテスクな社会を私は見た。

１９９１年8月のソ連共産党中央委員会守旧派によるクーデターが失敗したことによって、ソ連は自壊プロセスに入った。そして、同年12月25日、ゴルバチョフ・ソ連大統領が辞任し、ソ連国家は消滅した。

その後、大きな社会転換が起きた。92年1月2日、エリツィン大統領は、「ショック療法」と呼ばれる急進的経済改革政策に着手した。基礎食料品を除き、物価統制を撤廃した。92年のインフレ率は公式統計で2500パーセントに達した。ここで、私はマルクスが『資本論』で述べた資本の原始的蓄積過程を見た。年金生活者や、学生は急速に困窮した。この時期のロシアの事情については、『甦《よみがえ》るロシア帝国』（文春文庫、2012年）に詳述したので、是非、目を通していただきたい。ロシアの資本主義革命も、普通の国民に多くの苦難をもたらしたという意識が私の脳裏に焼き付いている。

私が新自由主義に対して強い忌避反応を示すのはこのときの原体験が大きいからだ。それとともに、資本主義は、恐慌《きょうこう》を繰り返しながら、あたかもいつまでも継続するようなシステムとして現れるという、宇野弘蔵の『資本論』解釈が正しいという確信をもつようになった。同時に、社会主義革命は、資本主義以上の地獄絵を生みだす。それは、社会主義が性善説によって組み立てられているからだ。このような問題意識から、「世直し」の罠に嵌《はま》らないために、以下の書籍の読み解きをした。

高橋和巳『邪宗門』

坂口弘『歌集　常《とこ》しへの道』

山本直樹『レッド』

特に連合赤軍事件で死刑が確定している坂口弘氏は、私が東京拘置所の独房に勾《こう》留《りゅう》されていたとき隣の独房にいた文字通りの隣人だった。ただし、拘置所の厳しい規則によって、私たちは話をすることを一切禁止されていた。それでも私は坂口氏から多くのことを学んだ。坂口弘氏の『歌集　常しへの道』を一人でも多くの人が手にとってほしいと考える。

新自由主義政策を継続すると、格差の拡大にとどまらず、絶対的貧困が生まれ、労働力を供給する労働者が弱体化してしまい、結果として、資本主義体制が弱っていくという論理連関を示したいのだ。それと同時に、宇野が解明したように、資本主義が進むと労働者階級が窮乏化するなどという法則性や必然性はない。賃銀は、資本家と労働者の力関係によって決まるのである。

この力とは、争議行動をともなう労働者の実力行使からのみ生まれるとはかぎらない。経営者（資本家）が、虚心坦懐に『資本論』を読み解けば、賃銀を切り下げ、失業者を増やすことが、社会構造を不安定にする危険を十分自覚するはずだ。そして、革命を阻止するという観点から、労働者の待遇改善にもっと力を入れることになり、新自由主義の浸透に歯止めがかかると思う。『資本論』から、「どうすれば日本の資本主義体制を維持できるか」という保守的な知恵を引き出すのだ。

経済学とは別の分野で、意外な漫画、小説が資本主義の本質、すなわち新自由主義の内在的論理を見事にとらえている。その中で、特に優れていると私が考える以下の2冊をとりあげた。

伊藤潤二『うずまき』

綿矢りさ『夢を与える』

資本主義社会が、人間性を疎外《そがい》する大きな問題をはらんだ社会であることを理解しても、われわれは、おそらく一生、資本主義社会で生きていくことになる。資本主義は景気循環をともなうので、恐慌や不況を避けることはできない。特に2008年9月の米国投資銀行兼証券会社のリーマン・ブラザーズ破綻《はたん》以降、経済不安が高まっている。大不況時代を生き抜く智慧《ちえ》をつけるために以下の4冊を取り上げた。

宇野弘蔵『恐慌論』

副島隆彦『恐慌前夜　アメリカと心中する日本経済』

フリードリッヒ・リスト（小林昇訳）『経済学の国民的体系』

小林多喜二『蟹工船《かにこうせん》・党生活者』

副島隆彦氏に対しては「謀略論者」というレッテルが貼られることがあるが、そうではない。副島氏は、高度なインテリジェンスを駆使し、最悪情勢分析を行っている。また、私は世間の『蟹工船』ブームとはまったく異なる視座で、この小説を読み解いた。リストの類型的経済観は、21世紀前半の国際関係を分析する上での重要なヒントをあたえてくれる。

日本の閉塞《へいそく》状況を打破する視点をもつために、

多川俊映『はじめての唯識《ゆいしき》』

ユルゲン・ハーバーマス（細谷貞雄／山田正行訳）『公共性の構造転換　市民社会の一カテゴリーについての探究』

吉本隆明『共同幻想論』

『新約聖書　新共同訳』

の4冊をあげた。日本の閉塞状況を打ち破るためには、日本人がもう一度、精神力の重要性を発見する必要がある。それだからここでは、宗教や思想に関する書籍を中心にすえた。唯識には、ユング心理学につながる興味深い洞察がある。多川俊映師のように難解な事柄を平易に解説することのできる人が、文筆の世界にもっとでてくると、日本の知的基礎体力が底上げされる。また、仏教とともにキリスト教に関する常識がもう少し読書界に普及すれば、このことも日本人の教養をより豊かにすることになる。スピリチュアルや占いが日本社会に大きな影響を与えているが、伝統宗教である神道、仏教、キリスト教も、スピリチュアル、占いに頼る人々の問いかけに応《こた》える基礎体力をもっていると思う。宗教について正確な理解をもっていないと、人間性が崩壊してしまうような、危険な宗教に引き込まれる危険が生じる。

日本の今後を考える場合、国境地帯にあたる沖縄と北海道に対しては特別の配慮が必要になる。「沖縄問題」の本質を知るための参考書として、

高良倉吉『琉球王国』

池上永一『テンペスト』

をあげた。別のコーナーに入れた大城立裕氏の『カクテル・パーティー』(芥川賞受賞作品)も沖縄について知るための基本書だ。さらに本書では取り上げることができなかったが、大城氏の『小説　琉球処分』(講談社、1968年)、『内なる沖縄その心と文化』(読売新聞社、1972年)も沖縄の内在的論理を見事にあらわしている。この2冊については、そう遠くない将来にきちんとした読み解きをしたいと思

っている。大城立裕氏の思想の研究は、私にとってとても優先度の高い課題だ。沖縄という鏡に映すことによって、日本の現状がよく見えるようになると私は考えている。

北海道の少し向こうには、ロシアがある。私は現役外交官として、ロシアという国と17年間、真剣に付き合った。日本国家と日本国民が生き残るために、ロシアについて知ることが不可欠だ。再び超大国化を目論《もくろ》むロシアの行方を知るために、

小室直樹『ソビエト帝国の最期《さいご》　〝予定調和説〟の恐るべき真実』

アレクサンドル・ソルジェニーツィン（木村浩訳）『イワン・デニーソヴィチの一日』

ユルゲン・ハーバーマス（高野昌行訳）『他者の受容　多文化社会の政治理論に関する研究』

の3冊を読み解いた。小室氏も「謀略論者」でくくられてしまうことが多い。しかし、1984年に上梓《じょうし》された『ソビエト帝国の最期』を読むと、ソ連社会が発展可能性を失って、自壊の過程に入ったことを小室氏が正確にとらえていることがわかる。物事の本質を把握し、一般の人々にわかりやすい言葉に置き換える才能が小室氏にはそなわっている。こういう人が社会的貢献度の高いインテリなのだ。ところで、私は

ユルゲン・ハーバーマスはきわめて聡明《そうめい》でかつ現実に役立つ言説を展開している社会哲学者と考えている。主著はほとんど日本語に訳されている。翻訳も正確だ。しかし、ハーバーマス自身がドイツ観念論の延長にある癖のある表現をしているので、哲学的基礎訓練を受けている人以外には理解しにくい。ハーバーマスを何とかわかりやすく説明したいというのも、功利主義者としての私が立てた目標の一つである。

さて、人生において、諍《いさか》いはつきものだ。そのときに、論戦に勝つテクニックを身につけておくと役に立つ。以下の3冊を読み解いた。

カレル・チャペック（栗栖継訳）『山椒魚《さんしょううお》戦争』

石原真理子『ふぞろいな秘密』

酒井順子『負け犬の遠吠《とおぼ》え』

チャペックからはユーモアの力、石原真理子氏からは、標的を絞り込む技法、酒井順子氏からは論理の力を学ぶことができる。

さらに、交渉術の達人になるために、

東郷和彦『北方領土交渉秘録　失われた五度の機会』

フョードル・ドストエフスキー（亀山郁夫訳）『カラマーゾフの兄弟』

大城立裕『カクテル・パーティー』

の3冊を取り上げた。

東郷氏が、2002年の鈴木宗男疑惑で失脚せずに、対露外交の第一線で活躍していたならば、プーチン第二期政権の早い時期、恐らく05年頃に歯舞《はぼまい》群島と色丹島《しこたんとう》が日本に返還され、国後島《くなしりとう》と択捉島《えとろふとう》の帰属についても、日本返還の方向で今頃交渉がまとまっていたと思う。実に残念だ。

人間の本性を見抜くテクニックを身につける本として、

レイモンド・チャンドラー（清水俊二訳）『長いお別れ』

レイモンド・チャンドラー（村上春樹訳）『ロング・グッドバイ』

池田晶子／陸田真志『死と生きる　獄中哲学対話』

の3冊を読み解いた。

チャンドラーについては、同じ作品を二つの翻訳で読み比べてみた。さらに亀山郁夫氏訳の『カラマーゾフの兄弟』でも翻訳論について私見を述べた。

最後に、実践的恋愛術を伝授してくれる本として、五味川純平『孤独の賭《か》け』
高橋和巳『我が心は石にあらず』

いずれも、泥沼型の恋愛だ。しかし、このような筋が良くない恋愛を小説で学んでおけば、実際の生活では、少しでも過《あやま》ちを避けることができると思う。

2009年6月29日記

功利主義者の読書術　目次

大不況時代を生き抜く智慧

「世直しの罠」に嵌らないために

人間の本性を見抜くテクニック

日本の閉塞状況を打破するための視点

功利主義者の読書術

本文写真／平野光良（新潮社写真部）

資本主義の本質とは何か

『資本論』第一巻

カール・マルクス
向坂逸郎《さきさかいつろう》訳
岩波文庫

カール・マルクス『資本論』は、有名であるが、ほとんど読まれていない本の代表例である。その理由は、マルクスがドイツ観念論の影響を受けた病的な文体で記述しているからだ。実を言うと、このようなくねくねとした難解な文体は、『資本論』全三巻の内、第一巻（岩波文庫版で①〜③）に限られている。その他の巻は、役所の調書のようなわかりやすい文体で書かれている。実は、マルクスが存命中に刊行したのは、第一巻だけで、第二、三巻はマルクスの遺稿をもとに盟友のフリードリヒ・エンゲルスが書籍の形に整えたものだからだ。

文体は思想を表す。思想家の文体が異なるということは、両者の思想も異なるということである。『資本論』のドイツ語版原本を見れば明らかだが、第一巻と、第二、三巻は文体が異なるのみならず、註の付け方や、註に盛り込む内容も全く異なっている。このことから、マルクスとエンゲルスが相当異なった思想の持ち主であることがわかる。ここではマルクスの内在的論理の紹介に焦点をあてるので、第一巻のみを考察の対象とする。

話し上手だったマルクス

筆者独自の見解なのだが、『資本論』第一巻の記述方法、さらにマルクスが残した『資本論』の準備草稿を見ると、その様式がタルムード学（旧約聖書伝承研究）に似ている。タルムード学者は、大学のような制度化されたアカデミズムを嫌い、孤立して研究を進める。テキストの註に解説を加え、更にそれに註をつけて解説を加えるという終わりのない作業に従事する。自らの言説に過度に固執し、他者の批判をなかなか受け容《い》れない。この性格はマルクスにもあてはまると思う。

『資本論』の行間から、マルクスは話し上手だったという印象が浮かび上がってくる。現在でも、飲み会で受けるような雑学事典的な話が結構あるからだ。

筆者は、マッチの歴史が案外新しいものだということをマルクスに教わった。

〈マッチ製造業は、一八三三年に、附木《つけぎ》そのものに燐《りん》をつける発明に始まる。〉（②119頁《ページ》）

それから、蒸気機関車も、はじめは人間のように脚がついていて動くというスタイルで考えられていたようだ。

〈今日の機関車の発明以前に試みられた機関車であって、それは、実際に二本の脚をもち、馬のようにそれを交互に上げたのである。〉（②344頁）

銀座や赤坂のクラブで、ホステスさんを相手にするときに使えるネタだ。

それから比喩《ひゆ》が実に巧みである。

資本家が商品を売ってカネにしたくても、必ずしも思い通りにいかないことを次のように表現する。

〈商品は貨幣を愛する。が、「誠の恋が平かに進んだ例《ためし》がない」［シェイクスピア『夏の夜の夢』第一幕第一場、一二二ページ。土居光知訳、岩波文庫版、三八ページ］ことを、われわれは知っている。〉（①191頁）

同じ内容をもう少し哲学的に表現するとこうなる。ちなみに『資本論』でよくでてくる記号Wは商品（ドイツ語の Ware）、Gは貨幣（ドイツ語の Geld）を意味する。

〈W—Gすなわち、商品の第一の変態または売り。商品価値の商品体から金体への飛躍は、私が他のところで名づけたように、商品の Salto mortale［生命《いのち》がけの飛躍］である。〉（①188頁）

ところで、人間が神を信じるということは、どこかで人知を超えた「生命がけの飛躍」をしなくてはならない。資本主義も、商品が売れなくてはシステムとして成り立たないのであるから、商品から貨幣に必ず姿を変えることができる（『資本論』の用語では変態）と仮定するところに「生命がけの飛躍」、すなわち宗教としての要素が含まれているのである。この宗教が崩れたときに起きるのが恐慌《きょうこう》とその結果引き起こされる大量失業だ。

『資本論』のあちこちにちりばめられている警句、格言も魅力的だ。

〈学問には坦々《たんたん》たる大道はありません。そしてただ、学問の急峻《きゅうしゅん》な山路をよじ登るのに疲労困憊《ひろうこんぱい》をいとわない者だけが、輝かしい絶頂をきわめる希望をもつのです。〉（①36頁）

〈私は科学的な批判ならどんな批評でも歓迎する。いわゆる世論なるものには少しも譲歩しなかったのであるが、その偏見にたいしては、依然として偉大なるフィレンツェ人の格言が私のそれでもある。

Segui il tuo corso, e lascia dir le genti! ［汝《なんじ》の道を行け、そして人々の語るにまかせよ！］〉（①18頁）

それから、マルクスは、意外な言葉を用いることで、論理を強く印象付ける技法にも長《た》けている。

〈もちろん糞尿《ふんにょう》は貨幣ではないが、貨幣は糞尿であることもある。〉（①194頁）

糞尿を用いて貨幣について論じたのは、筆者が承知する範囲ではマルクスだけだ。

マルクスの二つの魂

『資本論』の論理がわかりにくいのは、マルクスに二つの魂があって、それぞれの魂から流出する論理がお互いに嚙《か》み合わないまま並存しているからだ。

第一は、資本主義システムを冷静に見つめる観察者としての魂である。ここからマルクスは資本主義の内在的論理をつかむことができた。

第二は、アソシエーション（共産主義的共同体）の構築を望む革命家としての魂だ。この観点からマルクスは、既存の資本主義体制を一日も早く暴力によって転覆することを主張する。

ところで、沖縄の人々の内在的論理では、一人の人間に七つの魂が備わっていると考える由《よし》である。筆者の母は沖縄・久米島《くめじま》の出身なので、筆者も複数の魂の存在を体感として理解することができるから、マルクスの中に複数の魂が存在しているということ自体は驚きでない。むしろ、複数の魂から出てくる本来交わることのない内在的論理の辻褄《つじつま》をマルクスがむりやり合わせようとせずに、そのままテキストに残していることが重要なのである。これもタルムード学の伝統につながる。旧約聖書には、明らかに起源を異にする物語が、あたかも一つの物語であるかのごとくテキストに包摂されているが、『資本論』も旧約聖書のような作りになっているのである。

筆者としては、マルクスの第一の魂、すなわち資本主義の内在的論理をつかんだ部分に関心がある。マルクスは、資本主義について、資本という主人公が自分探しの旅をするという構成で、内在的論理を資本自体に語らせようとしている。

〈人間は、鏡をもって生まれてくるものでも、フィヒテ（筆者註　18世紀末から19世紀初頭に影響をもったドイツの観念論哲学者、知識学を唱えた）流の哲学者として、我は我であるといって生まれてくるものでもないのであるから、まず他の人間の中に、自分を照し出すのである。〉（①98頁）

資本主義を構成する資本が自分の姿を知るために他の資本を観察するという構成になっている。その結果、資本は実体ではなく、人間と人間の関係が構築した出来事だということが明らかになる。

〈このばあい、人間にたいして物の関係の幻影的形態をとるのは、人間自身の特定の社会関係であるにすぎない。したがって、類似性を見出《みいだ》すためには、われわれは宗教的世界の夢幻境にのがれなければならない。ここでは人間の頭脳の諸生産物が、それ自身の生命を与えられて、相互の間でまた人間との間で相関係する独立の姿に見えるのである。商品世界においても、人間の手の生産物がそのとおりに見えるのである。私は、これを物神礼拝と名づける。〉（①132頁）

資本主義はなぜ強力なのか

嚙み砕いて説明しよう。マルクスは、〈商品交換は、共同体の終わるところに、すなわち、共同体が他の共同体または他の共同体の成員と接触する点に始まる。〉（①158頁）と書いているが、共同体と共同体が出会った場合、二つの場合が想定される。

第一は、一つの共同体が他の共同体を征服し、被征服共同体の財を略奪し、住民を奴隷《どれい》として使役する場合だ。柄谷行人《からたにこうじん》氏はここに国家の起源を求めるが、筆者も同じ見解である。

第二は、出会った共同体の力が対等か、差異があるとしてもそれがさほど大きくない場合には、征服は不可能である。その場合、平和的交換をする。ここで財が商品に転換するのである。商品ははじめから交換されることが前提とされている。『資本論』の冒頭（岩波文庫版の第一分冊相当箇所）で、商品交換が生じれば、必然的に貨幣が生まれ、資本が生まれるという論理連関が示されている。この言説は乗り越え不能と筆者は考えている。

マルクスの天才的着眼点は、分析の出発点に資本ではなく、商品を据えたことだ。〈何事も初めがむずかしい、という諺《ことわざ》は、すべての科学にあてはまる。第一章、とくに商品の分析を含んでいる節の理解は、したがって、最大の障害となるであろう。〉（①11頁）とマルクスは予防線を張るが、むずかしいというよりも、複数の読解が可能になる構成になっている。

筆者は、宇野弘蔵の言説を踏襲し、この冒頭で述べられている商品、貨幣、資本は、あらゆる時代に共通するものではなく、資本主義社会から抽出したものという立場をとる。そうすれば、資本主義がシステムとしていかに強力であるかという内在的論理が見えてくる。資本主義以前の時代にも、商品、貨幣、資本は存在したが、それが経済生活の中心となることはなかった。なぜなら生産過程を商品経済が支配できなかったからである。しかし、18世紀末から19世紀初頭、イギリスで発生した産業革命の過程で、労働力の商品化という現象が偶然起きた。この偶然の現象が生産過程全体を覆《おお》い、資本主義という自立したシステムが出来上がったのである。

「革命への道」と日本の現実

ここで、労働力について簡単に説明したい。労働と労働力は異なる概念だ。例えば、労働者が1カ月20万円の賃金を得るとする。これは労働力に対する対価で、この20万円で、家を借り、食事をして、服を買い、ちょっとした娯楽を楽しみ、その後1カ月、働くことができるエネルギーを蓄える。労働が作り出す価値は、労働力の対価（賃金）よりも多いのである。これをマルクスは剰余価値と名づけた。剰余価値は、一部を資本家と地主で分配し、残りが再投資される。この過程を繰り返すうちに資本が過剰になり恐慌が起きる。このようにして、資本主義は恐慌を周期的に繰り返し、人間を疎外《そがい》しながらも生き延びていくのだ。

〈(1)　生産物は資本家に属し、労働者には属しない。

(2)　この生産物の価値は、前貸資本の価値のほかに、一つの剰余価値を含み、この剰余価値は、労働者にとっては労働を要したが、資本家にとっては何ものも要しなかったものであり、しかもそれにもかかわらず、資本家の適法的所有物となる。

(3) 労働者は、その労働力を保有していて、買い手が見つかれば、改めてそれを売ることができる。〉(③133頁)

マルクスはこのような資本主義社会を叩《たた》き潰《つぶ》したいと考えた。『資本論』でも革命への道が示唆《しさ》されている。

〈この転形過程(筆者註 自由農民や農奴が賃金労働者=プロレタリアートになること)のあらゆる利益を横領し独占する大資本家の数の不断の減少とともに、窮乏、抑圧、隷従、堕落、搾取《さくしゅ》の度が増大するのであるが、また、たえず膨脹《ぼうちょう》しつつ資本主義的生産過程そのものの機構によって訓練され結集され組織される労働者階級の反抗も、増大する。資本独占は、それとともに、かつそれのもとで開花した生産様式の桎梏《しっこく》となる。生産手段の集中と労働の社会化とは、それらの資本主義的外被とは調和しえなくなる一点に到達する。外被は爆破される。資本主義的私有の最期《さいご》を告げる鐘が鳴る。収奪者が収奪される。〉(③415頁)

しかし、これは言い過ぎだ。資本主義は確かに格差を拡大する。だが、それによって「訓練され結集され組織される労働者階級の反抗も、増大する」ということは、必ずしも言えない。小泉政権が推し進めた新自由主義的な「聖域なき構造改革」以降、日本国内でかつてなく格差が拡大し、もはや下流社会でなく貧困社会が到来しようとしている現状で、労働運動も、社会福祉を強調する社会民主主義的政治潮流が後退している現状を冷静に認めなくてはならない。

ここで重要なのは論理の力だと思う。新自由主義の本質は、純粋な資本主義なので、これをそのまま放置しておけば、マルクスが『資本論』で描いた地獄絵が近未来の日本に少し姿を変えて再現するのである。

本当に恐しいのは国家の暴力だが

団塊世代の人々は、『資本論』を通読したことはなくても、マルクス経済学の論理に大学生時代に触れたことがあると思う。その後、こうした大学生の多くが行政官僚、司法官僚、国会議員、企業経営者など日本の資本主義体制を担《にな》う側に行ったが、彼らは資本主義システムの問題点、また資本主義の矛盾を国家が介入するとしても完全に除去することは不可能であることなどについては基本的に理解していた。

しかし、1980年代後半以降、大学でマルクス経済学が教えられることは少なくなった。ソ連、東欧の現実に存在する社会主義国において、計画経済が破綻《はたん》し、非民主主義的実態が明らかになったからだ。そして、1991年のソ連崩壊により、マルクス経済学は時代遅れになったと考えられるようになった。その結果、資本主義の内在的論理と限界を理解しないエリートが台頭してきた。一般論として限界を知らない人々は滅茶苦茶《めちゃくちゃ》な行動をとる。この類《たぐい》のエリートは、資本主義が人間を疎外するシステムであることを理解しないので、手放しに新自由主義的な規制緩和を礼賛《らいさん》する。そして、ライブドア事件や村上ファンド事件のような、国家官僚にとって不都合な事態が生じると、今度は国家の暴力装置を用いて資本の動きを規制しようとする。

資本主義の内在的論理を無視した経済への国家の干渉がナチズムやファシズムに類似した政治文化を構築することに現下日本の官僚、特に検察官僚が無自覚なのは恐るべきことだ。

『資本論』を読み直し、資本主義がなぜ強いのかという内在的論理をつかんだ上で、資本主義の害毒を極力抑えるというかつて混合経済とかケインズ経済と呼ばれた政策に立ち返るのが、日本の国家と社会を強化する上で得策と筆者は考えている。

『うずまき』１～３

伊《い》藤《とう》潤《じゅん》二《じ》
小学館

コミックスのなかにも思想的に深い内容を持つものがある。例えば、伊藤潤二氏の『うずまき』（小学館、①１９９８年、②１９９９年、③１９９９年）である。

筆者は、いくつか大好きなコミックスがあるのだが、そのうちの一つが『うずまき』だ。一般の区分では、『うずまき』はホラー漫画に分類されるのであろうが、筆者は、思想書として読んでいる。結論を先取りしていうと、伊藤氏が『うずまき』で描いている事象は、カール・マルクス（１８１８～１８８３）が『資本論』において展開し、それを宇野弘蔵（１８９７～１９７７）が『経済原論』で発展的に継承した純粋な資本主義に関する分析と全く同じ事柄なのである。

純粋な資本主義を21世紀のコンテクストで翻訳すると、新自由主義もしくは市場原理主義となる。「稼ぐが勝ち」、「カネで買えないものはない」という新自由主義がどのような状況をもたらすかを『うずまき』は見事に描いている。

本質を直観で把握する天賦《てんぷ》の才能

少し小難しい話になってしまって、恐縮だが、事柄の本質をとらえるには二つの方法がある。一つは単純な事象に内在する問題を引き出していく分析的手法である。例えば、マルクスが『資本論』で記した次のような方法だ。

〈何事も初めがむずかしい、という諺《ことわざ》は、すべての科学にあてはまる。第一章、とくに商品の分析を含んでいる節の理解は、したがって、最大の障害となるであろう。そこで価値実体と価値の大いさとの分析をより詳細に論ずるにあたっては、私はこれをできるだけ通俗化することにした。完成した態容《すがた》を貨幣形態に見せている価値形態は、きわめて内容にとぼしく、単純である。ところが、人間精神は二〇〇〇年以上も昔からこれを解明しようと試みて失敗しているのに、他方では、これよりはるかに内容豊かな、そして複雑な諸形態の分析が、少なくとも近似的には成功しているというわけである。なぜだろうか? でき上った生体を研究するのは、生体細胞を研究するよりやさしいからである。そのうえに、経済的諸形態の分析では、顕微鏡も化学的試薬も用いるわけにいかぬ。抽象力なるものがこの両者に代わらなければならぬ。しかしながら、ブルジョア社会にとっては、労働生産物の商品形態または商品の価値形態は、経済の細胞形態である。素養のない人にとっては、その分析はいたずらに小理屈をもてあそぶように見えるかもしれない。事実上、このばあい問題のかかわるところは細密を極めている。しかし、それは、ただ顕微鏡的な解剖で取扱われる問題が同様に細密を極めるのと少しもちがったところはない。〉(カール・マルクス『資本論』第一巻岩波書店、1967年、1～2頁《ページ》)

ここには、学校秀才型のこつこつと勉強を重ねれば、誰でも真理をつかむことができるという発想がある。商品という出発点さえ見出《みいだ》せば、その後は貨幣、資本が必然的に導き出せる。その結果、人間の社会的関係によって作り出されたカネによって、人間が縛られ、支配されていく構造が明らかにされるのである。この発想は、マルクス独自のものではなく、ヘーゲル(1770～1831)の延長線上にある。

このような、こつこつと努力して、理性の力によって真理をつかんでいくという発想は、実はそれほど新しいものではない。18世紀の啓蒙《けいもう》主義以降の流行に過ぎない。

これに対して、真理は、神に選ばれた者、あるいは天才の直観によってとらえることができるという発想もある。例えば、ヘーゲルとほぼ同時代人のシェリング（1775〜1854）の考え方だ。

〈われわれの信ずるところによれば、真理はわれわれのもっと身近に存するのであり、また、現代において盛んとなってきた諸問題に対する解決を、われわれは、なによりもまずわれわれ自身のもとに、そしてわれわれ自身の地盤のうえに、求めるべきであって、あのように遠く離れた源泉の方向にわれわれがさまよい歩いて行くことは二の次であるということ、これである。直接的認識の可能性が与えられているときには、たんに歴史的な信念の時代は、過ぎ去ったのである。われわれは、文字で書かれたどんな啓示よりも、より古いひとつの啓示をもっている。それは、自然である。自然は、まだいかなる人間も解釈したことのない、もろもろの兆候を含んでいる。〉（シェリング「人間的自由の本質およびそれと関連する諸対象についての哲学的研究」『世界の名著　続9　フィヒテ　シェリング』中央公論社、1974年、499〜500頁）

要するに、自然の本質を直観で把握できる人間だけが真理をつかむことができるのである。いくらこつこつ努力を重ねても、天賦の才能がなければ、それは徒労に終わることになる。伊藤氏が『うずまき』で展開した手法はシェリングと同じなのである。

脱出不能の町の物語

この場合、伊藤氏に純粋な資本主義の内在的構造を解き明かそうという意図があったかどうかは二次的な問題に過ぎない。伊藤氏が『うずまき』という作品を通じて、日本の現実の「何か」を表現したいと考えた。そうして、自らの着想に即して作品を書き進めていたら、純粋な資本主義の構造がいつのまにか見えてしまったということなのである。

『うずまき』は、入れ子構造になっている。物語も重層的だ。ここでは、作品全体を流れる大きな筋だけを説明する。

主人公は、高校生の五島桐絵《ごしまきりえ》で、桐絵が遭遇した奇怪な現象について物語るという形で、話が進む。

〈私の生まれ育った黒渦町…これからお話しするのは……この町で起こった奇妙な話の数々です…私の名前は五島桐絵。町を見おろす山の中腹に建つ黒渦高校に通っている。陶芸家の父、そして母と弟の4人家族で、町の中心部に住んでいる。〉（『うずまき』①3〜7頁）

桐絵には、黒渦町出身だが隣町の高校に通う秀一《しゅういち》という恋人がいる。伊藤氏は、他の人々と同じ黒渦町出身であるが、隣町の高校に通うという位置を秀一に付与することによって、秀一に「外部から」この町を観察する視座を与えている。

ある日、秀一が桐絵に、黒渦町を出ないかと誘う。

〈「…なあ桐絵、オレと一緒にこの町を脱出しないか？」

「脱出？……　…何それ？　駆け落ち？」

「…冗談を言ってるんじゃないぞ。オレは本気で、この町から逃げようって言ってるんだ。最近オレ、この町がいやでしょうがないんだ。この町にいたらどうかなっちまうぜ。」

「どうして？」

「どうしてって…君は何も感じないのか？　オレは昼間、この町を離れているからよけいに感じる…この町の駅のホームに降りたつたびにめまいを覚える…この町はオレを眩惑《げんわく》しようとしている…!!」

「…私は何も感じないけど…」〉（前掲書①14〜15頁）

黒渦町の小川には、渦がたくさんでき、また、つむじ風も頻繁におきる。人間の目には見えない何か大きな力が働きはじめていることに秀一は気づいたのだ。しかし、黒渦町の内側にいる桐絵や他の人々は何も感じない。

桐絵と秀一がこの会話をした翌日、秀一の父が陶芸家である桐絵の父のもとを訪ね、うずまき模様の皿を特注する。

〈「どうです、私にひとつ作ってくれませんか？　特別、目の回りそうな皿を一枚…皿の表にはうずまき模様を描いてください。ここが大事なんです、うずまき模様です！　こう…ぐーるぐーると……」

「そうですなァ…黒いうずまきがいいですな!!」

「実は今、うずまき模様に凝ってましてね！　あらゆるうずまき状の物を集めてるんですよ。古今の着物の渦紋《かもん》をはじめとして、巻き貝や蝸牛《かたつむり》の貝殻、アンモナイトの化石、機械のゼンマイやセロハンテープ、蚊取り線香、はては植物のつ**る**まで……いやはや、集めてみると実に奥が深い！　そこで今度は、町内随一の陶芸家に渦紋の皿を作ってもらおうというわけです。いやあ、お金ならいくらでも出しますよ。」〉（前掲書①19～20頁）

しかし、秀一の父は皿を受け取ることにはならなかった。心身に変調を来《きた》して、自殺してしまったからだ。大きな樽《たる》の中に入って、自らの体をうずまきにしようとして、全身の骨が砕けたのが死因だ。父を火葬した煙も大きな黒い渦を巻く。その過程を見た、秀一の母も心身に変調を来して、うずまきを恐れながら自殺する。その火葬の煙も大きな黒い渦を巻く。異変が黒渦町全体を覆《おお》い始めた。

その後、いくつもの怪奇現象が起きた後に、強力な台風が黒渦町を襲う。その結果、トンボ池周辺の建物はほとんど倒壊してしまう。台風の様子を取材に来たジャーナリストたちも、黒渦町の外に出ようとしても、どうしても出ることができない。その原因について、桐絵が〈うずまきの呪《のろ》いが脱出の邪魔をしてるんだわ〉（前掲書③84頁）と解き明かす。

フランツ・カフカの『城』では、どう努力しても、誰も城に到達できない。城は絶対的な外部なのである。『城』とは逆に『うずまき』では、黒渦町に一旦《いったん》入ってしまうと、外部の人であっても脱出することができなくなってしまう。黒渦町と外界の間に超克不能の壁ができてしまったのだ。脱出を試みた人々が以下のやりとりをする。

〈「僕達は何度も、この町から脱出を試みたんだけど、どうしても脱出できない。」

「そうなんだ。どの道をたどってもこの町に舞い戻ってしまう。方向感覚には自信があるのに、まるで道が空間ごとねじ曲がってるみたいだ。」

「そう……そうなんです。私はこの間、トンネルからの脱出を試みたけど…全然、出口が見えなくて…そのうちトンネルが異常にねじれてきて、地下の闇《やみ》にくねくねと伸びているように見えたの。私、危うくすべり落ちそうで、すぐにひき返したけど…いくら何でもそんな事あるはずないと……気のせいだと自分に言いきかせていたの……」
「その後、俺達は海からの脱出も試みた。しかし、この町の小さな漁港には台風のせいでまともな船は残ってなかった。それで俺達は筏《いかだ》を作って、脱出する事にしたんだ。ちょうどその時、他のグループがひと足先に、手製の筏で出発するところだった。ところが……俺達が見ている前で、筏は突然海面に出現した巨大な渦に呑《の》み込まれてしまった。」〉（前掲書③102〜104頁）

呪われた町の「秘密」

黒渦町に残った人々は、廃材を集めて、自発的にうずまき状の長屋を作り始める。どうもこれは、昔の町並みの再現のようだ。

ここで、なぜこのような状況になったかについての謎《なぞ》解《と》きが始まる。秀一は、黒渦町で起きているうずまき騒動が、古来より起きている事象の反復ではないかという仮説を立てる。

〈「…でも秀一君の言った通り、この町が昔の再現だとすると…昔の人はなぜこんな町を作ったのかしら？」

「それを言うなら、なぜ今、またこんな町が作られているのか……もしかしたら…これは大昔から繰り返されている事かもしれないな。」

「えっ？」

「百年…あるいは何百年かの周期で、この町にうずまきの呪いがふりかかり…そのたびに、人々はうずまきの町を築く…」

「でも、そうだったらこの町の言い伝えとか残っててもよさそうなのに。よほど昔の事だからかしら？」

「いや…木造の建物が残ってたくらいだから、忘れ去られるほど昔の事でもないはずだよな…それなのに、なぜ言い伝えられなかったのか……どこかの時点で、伝承の断絶が起きたのかもしれない。」

「伝承の断絶？」

「…たとえば…記憶を後世に伝えるべき人々が、一度に消えてしまうとか…」（前掲書③184〜185頁）

大正時代から昭和初期は、日本の産業資本主義が本格的に発達した時代だった。そして、普通選挙制が実施され、欧米諸国と比べても遜色《そんしょく》のない近代国家に日本は変貌《へんぼう》しようとしていた。同時に、富裕層と貧困層の格差がかつてなく進んだ。特に地方の農村部では人々は飢餓に苦しむようになった。純粋な資本主義がもたらす格差が、社会的弱者にどれくらいの痛みを与えるかについて、21世紀に生きている日本人は皮膚感覚で想像することはできない。仮に現実の貧困を経験していなくても、想像力によってそれを追体験することは可能である。それができなくなっているのは、当時の状況が語り継がれてこない、すなわち「伝承の断絶」が生じているからだ。

そして、最後に真相が解明（開示）される。実は、黒渦町の地下には、巨大な古代遺跡の形態をした生命体があり、停滞と興隆を繰り返す。それに対応して地上でもうずまき騒動が周期的に起きるのである。

〈「桐絵…見ろよ…あの遺跡を…まるで生きてるみたいだ…生きていて…意志を持ってるみたいだ…オレには、あのうずまきが強烈に自己をアピールしているように見える。まるでこんな、人の目の届かない地下に造られた事を呪うかのように…うずまき模様は、その中心へと人の目を誘う…これを造った太古の人々の意図はどうあれ…この遺跡は、自らの本能で地上の人々を誘惑しているのだ!! ある一定の周期で…!!」

「秀一君…私達、これからどうなるの？」

「…オレはもう、うずまきから逃れる事はできない…桐絵…お前は何とかここから出るがいい…たぶん…この呪いはもうすぐ収束するはずだから……」

「…私も、もう力は残ってないわ…あなたとここに残る…」〉（前掲書③213～215頁）

最後に、桐絵が、〈こうして…私達の町を襲った、うずまきの呪いは終わったのです。この奇妙な町並みは、やがて時の流れと共に朽ちていき、新しい町へと生まれ変わり、そして人々が幸せに暮らす事でしょう……そう…また再び、あの遺跡が目覚めるまでは…〉（前掲書③218頁）と語る。何とも哀《かな》しい終末の物語なのである。

うずまきと「資本主義」の類比

マルクスの『資本論』や宇野弘蔵の『経済原論』を読んだことのある読者はお気づきのことと思うが、定期的に恐慌《きょうこう》を繰り返しながら、永遠に生き続けるのが資本主義システムで、まさにうずまきと類比的なのである。

〈資本家的生産は、すでに明らかにしたように労働の社会的生産力の増進を利用して発展してきたのであって、資本の蓄積と共に一事業に投ぜられる資本の集積も益〻《ますます》増大し、その生産方法も科学的技術をできうる限り利用して、その生産力の増進を齎《もた》らすのである。時によっては資本の集中によって集積の一層の増大を実現することもあるのである。しかしながらこういう資本家的蓄積の過程は、決して一様の展開をなすわけではない。それは屢〻《しばしば》誤り解されるように、不断に生産方法を改善し、その資本の有機的構成を高度化して相対的過剰人口を常に新しく形成しつつ行われるものではない。実際また一度び投ぜられた固定資本は数年間に亙《わた》って使用せられるのであって容易に新なる方法を普及せしめることにはならない。また新なる方法の採用による相対的過剰人口を基礎として資本の蓄積が行われる限り、新なる方法の採用を誘導されるということにはならない。資本は、生産方法の改善を一般的には相対的剰余価値の生産によって動機づけられながらも、直接かかる動機によっては普及しえなかったと同様に、新なる方法の採用も、原則としては、いわゆる不景気に強制せられて始めて行うことになる。いいかえればこの関係は、資本主義に特有なる景気循環による断続的発展を齎らすことになるのである。十九世紀二十年代から六十年代にいたる間、イギリスの資本主義の発展が大体十年周期の好況、恐慌、不況の循環過程を示してきたのは、根本はこの点に基くのである。すなわち好況期には、一定の有機的構成の資本の蓄積による拡張が行われ、不況期に形成せられた過剰人口を動員し、恐慌後の不況期には、恐慌による攪乱《かくらん》を整理して新なる生産方法の採用による有機的構成の高度化を実現する基礎をつくり、次の好況期の発展に要する相対的過剰人口を形成するということになる。それは与えられたる労働者人口とその自然増殖とによって直接制限せられることなく、資本の蓄積に適応した労働者人口を確保する、資本主義に特有なる人口法則を展開するものである。〉（宇野弘蔵『経済原論』岩波全書、1964年、106〜107頁）

新自由主義を分析するにあたっては、『資本論』の論理を身につけておくことは不可欠だ。しかし、「さっそく『資本論』を購入してみたが、頁をめくっても、意味がさっぱりわからない。どうやって勉強すればよいのか」という質問もよく受ける。そのときに筆者は、「まず伊藤潤二氏の『うずまき』を読んでみるといい。そうすれば、純粋な資本主義（新自由主義）の本質がよくわかる」と答えている。新自由主義が日本全体を覆うと、圧倒的大多数の国民は、資本《カネ》のうずまきから逃れることができなくなってしまうことが、『うずまき』を通じて想像できるようになる。

『夢を与える』

綿矢りさ
河出書房新社

２００８年９月の米国投資銀行（兼証券会社）リーマン・ブラザーズの破綻《はたん》以降、世界的規模の不況が発生している。世界同時恐慌《きょうこう》を心配する声もある。「現在の経済危機は、１００年に一度のものだ」という論評も見られる。経済は自然現象ではない。人間と人間の関係がつくりだすものだ。人間の行動に何か問題があるからこのような危機的状況が発生したのである。言い換えるならば、経済行動を行う人間の思想に問題があるのだ。

どのような思想が問題を引き起こしたかは、明白だ。個体（個人、企業）が基本単位で、個体が市場における競争で自己の利益の極大化を図って行動することが、結果としてすべての人々と社会にとってよいのだという新自由主義（市場原理主義）という思想が今日の危機を生み出したのだ。

綿矢りさ氏の『夢を与える』（河出書房新社、２００７年）を筆者は思想小説として読んだ。そうすると、新自由主義的思想が具体的にどういうものであるかがよく見えてくる。

抜群の文章力

綿矢氏は１９８４年生まれ、２００１年に「インストール」で第38回文藝賞を受賞し、文壇にデビューした。２００４年「蹴《け》りたい背中」で芥川賞を史上最年少の19歳で受賞した。このとき20歳の金原ひとみ氏が「蛇にピアス」で芥川賞を同時受賞したので大きな話題になった。

エッセイストの酒井順子氏は、綿矢氏と金原氏の作風を比較してこう述べる。

〈その年頃の女性であれば、誰しも胸の中に、ぐるんぐるんしたものを抱えて生きているわけです。それを、

「私はこんなに激しくぐるんぐるんしているのだーっ！」

と叫ぶ金原式と、
「私はぜんぜんぐるんぐるんなんてしていません」
という顔でぐるんぐるんを胸の中で上手に飼い鎮《しず》め、それでも動いてしまう心の動きを表現するという綿矢式。それは、ストレートな物言いと刺激的な出来事とが愛される東京と、本当に大切な部分はなかなか他人には見せず、隠したり探ったりするところに美を見る京都とが生み出した、個性の違うひとしずく、なのではないかと思うのです。〉（酒井順子『都と京』新潮社、２００６年、１６０〜１６１頁《ページ》）
「ぐるんぐるんしたもの」とは、酒井氏のオリジナルな表現だが、実に見事だと思う。ノンフィクション、フィクションを問わず、作家は自分の中にある「ぐるんぐるんしたもの」を表現したいという欲望に取り憑《つ》かれた人々だと思う。筆者の場合も「ぐるんぐるんしたもの」をあるときは『自壊する帝国』（新潮文庫）、『交渉術』（文藝春秋）のような外交官時代の回想で著し、別のときには『国家論』（ＮＨＫブックス）、『テロリズムの罠《わな》』（角川学芸出版）で思想的切り口から書く。しかし、筆者は自分が表現したいことの3割くらいしか文字にすることができない。これに対して、綿矢氏の作品を読むと、文章が抜群にうまい。自らが表現したいと思うことを9割くらい表現する力を綿矢氏はもっている。綿矢氏は人間に対する関心が強い。

『夢を与える』は芥川賞受賞後第一作であるが、これまでの綿矢氏周辺の出来事から小説を構成するという手法ではなく、芸能界をテーマに、人間から社会へと関心領域が広がっている。その中で、新自由主義的な社会がどういうものであるかということが見事に描かれている。

生きているCM

作品の構成も見事だ。主人公は、チャイルドタレントの阿部夕子だが、その母親の幹子がもう一人の陰の主人公だ。作品の冒頭は、6年間付き合っていた同棲《どうせい》相手のトーマをいかにつなぎとめるかという幹子の策略から始まる。

〈今日、私は六年間付き合った男に別れ話を持ち出される。

そして私の答えは、「ぜったいに別れない。」

ただ、そのまま「ぜったいに別れない」と言っても、余計に相手は別れたがるに決まっていた。うまくやらないと。〉（『夢を与える』3頁）

トーマは父は日本人だが、母はフランス人だ。幹子がフランスに留学しているときに知り合った。〈「幹子とは本当に楽しいときを過ごした。それは事実だし、くつがえされることはないし、一生の思い出だ。でも結婚はできない。僕はこれからの人生で、もっとさまざまな人と出逢《であ》いたい。君とは最後に出逢いたかった」〉（前掲書10頁）というトーマに対し、幹子は、〈「さまざまな人とこれからも出逢えばいいんじゃない。でも私はあなたの最後の女ではないけれど、あなたと結婚する女よ」〉（前掲書同頁）と切り返す。そして同棲を続け、幹子は孕《はら》む。二人は結婚した。こうして生まれたのが夕子だ。

幹子の結婚の動機は、愛情というよりも、〈私は予期せぬ運命になど引きずられない、自分の想像していたとおりの未来を歩んでみせるという意気込み〉（前掲書12〜13頁）だった。人生という市場において、競争を勝ち抜いていく意気込みをもった個体として幹子は行動する。ただし、その行動を幹子自身ではなく娘の夕子に仮託する。夕子は独立した人格ではなく、幹子の延長としての存在だ。

夕子は幼稚園生になった。雑誌社に勤めていた友人の勧めで、夕子は通販カタログのチャイルドモデルになる。あるとき食品会社から夕子をチーズのＣＭのキャラクターにしたいという依頼が舞い込む。

〈幹子は企画書のスターチーズについてのページを読みながら、一心にうなずいた。「一口に三十年と言ってしまうと、その長さが伝わりにくいですよね。そこで我が社はＣＭプランナーたちとも話し合った結果、人間の成長でその長さを伝えようじゃないかという結論に達しました。何か建築物を建てたりする際、記念に木の苗を植えたりするじゃないですか、あれと同じです。我が社のＣＭに同じ女の子を幼いときから使い続け、その子がスターチーズを食べながら成長していく様を撮り続けることで、お客様にどれだけこのスターチーズが愛され続けてきたか、これからも愛されていくかを提示するのがねらいです。また夕子ちゃんと同じくらいの歳《とし》の子どもたちに、このチーズは生まれる前からあり、これからもあり続けるのが当たり前だと思わせるのもねらいです」

「あの、使い続けるとはどういう意味ですか」幹子は話を止めて思わず聞いた。

「企画書の契約内容のページをご覧ください」

幹子が企画書の後ろのほうにある契約のページを開けると、契約期間の項には〝半永久〟とあった。

「半永久？」

「そうです。一年に二回、新しいＣＭを撮り、それを続けていきます。なんといってもこの企画は、継続していかないと意味がありませんから」

「私たちが撮りたいのは〝生きているＣＭ〟なんです」広告代理店の社員は意気込んだ。「夕子ちゃんが健康的に美しく成長していく様を撮りたいのです。なぜ夕子ちゃんを選ばせていただいたかというと、専門家を呼んでシミュレーションしたところ、大人になるまであまり変化なく成長してゆくと考えられる顔立ちだったからです。そういう意味でも私たちは夕子ちゃんが〝将来性のある〟女の子だと考えています」〉（前掲書24〜25頁）

もちろん現実の世界には「半永久」などという契約は存在しない。綿矢氏は、「半永久」という契約条件を挿入することで、永久に崩れることがない、予測可能な市場という観念を導入している。この世界には恐慌はないし、想定外の出来事も起きない。理想的な市場が前提とされている。このＣＭの発想も、夕子を使い続ければ業績が伸びるという計算に基づいている。〈予期せぬ運命になど引きずられない、自分の想像していたとおりの未来〉を構築することができるという思想がここにある。幹子の人生観とこのＣＭの基本概念は親和的だ。トーマは夕子のＣＭ出演に乗り気でなかったが、幹子が押し切った。

「死」がもたらした突然のブレイク

ＣＭの放映が重なるに連れて、業界での夕子に対する関心は高まる。そして、芸能事務所に所属するようになった。事務所からの帰り道でのトーマと幹子の会話が興味深い。〈「僕はあの人たちは信用できないな。ゆうのすべてを任せることはできない。彼らはゆうを一人の幼い女の子として見ずに、商品として見ている感じがする」「そりゃ、そうでしょうね。商品だもの、じっさい」母親はうなずいた。「でも使い捨てにはさせないわ。こちらもあちらを利用するぐらいの気持ちで臨むのよ」〉（前掲書48頁）

幹子は、夕子を商品として見るようになっている。そして、タレント市場競争で夕子を勝利させることを考える。ここで綿矢氏は、上手に外部からのまなざしを挿入している。

〈「でもなんだかかわいそうな気がするね。こんな小さい頃から働いて、人目にさらされて。あなた、そのタレント事務所にいいように使われるんじゃないのかい。おばさんは心配だよ」

母親の姉にあたるおばだけは他の親戚《しんせき》のように夕子を誉《ほ》めずに心配そうに見つめた。

「そんなことない。厳選の結果、一番信頼できそうな事務所に決めたんだもの。夕子のこれからの活躍を支えてくれるわ」

母親の言葉にもおばはおせっかいな心配の表情を崩さなかった。

「幹子、ゆーちゃんに自分の夢を押しつけすぎたらいけないよ」〉（前掲書50頁）

おばの言葉を通じ、幹子が夕子を独立の人格ではなく、自己の延長として見ていることを端的に示している。すべての悲劇はここから生じるのだ。

夕子はチャイルドタレントとして順調に成長していった。ただし、大きなブレイクはしなかった。タレントの仕事を通じレースクイーンたちと知り合う。その中で大人の社会について少しずつ知識を得ていく。表面上、派手なレースクイーンたちも、この仕事で稼ぐことができる期間は短いので、将来の生活を考え、さまざまな準備をしている。夕子は仕事と勉強を両立し、芸能人が通う高校ではなく、普通の私立高校に合格する。チーズのＣＭも順調に進む。テレビドラマにも出演するようになる。その頃、レースクイーンからレーサーに転向しようとしたアケミが事故死した。夕子のところにもレーサーにならないかという話がきていた。〈あふれ出る涙はアケミさんの死への純粋な悲しみだけではなく、自己憐憫《れんびん》もふくまれていた。結局は母親の言ったように、もしかしたら自分が死ななければいけなかったかもしれないということへの恐怖と悲しみのほうが大きかったのだ。疲れていたのもあって、心のどこかがこわれたみたいでいつまでも嗚咽《おえつ》が続き酸欠になりそうだった。〉（前掲書１４０頁）

夕子は、はじめて自分が死ぬという可能性を意識するようになった。それに恐怖と悲しみを感じた。なぜ恐怖と悲しみを感じたのかはわからない。しかし、計画通り順調に人生を歩んでいくというこれまでの前提が夕子の中で崩れた。そこで、不思議なことが起こる。夕子が突然ブレイクするのだ。アケミの葬儀で、取り乱して泣いたことが、テレビの視聴者の共感を得たからである。

夕子は聡明《そうめい》なタレントとしてのイメージを定着させるために大学受験に挑むことにする。もっともこれは夕子自身が商品としての自己をどう売り出すかを計算してのことでもある。

〈「これから歳を重ねていくのに、いつまでも妹キャラではいられないでしょ。大学受験や大学合格はCMの展開にも使えるし」

夕子の口からつばが飛ぶ。長年やってきたせいでCMのアイデアは尽きて、夕子自身に何かニュースが起きない限り、次回作ができない状態なのだ。CMが生活とリンクしていくにつれ、夕子の私生活も身動きが取れなくなっていた。〉（前掲書183頁）

あえて「降りること」がもたらした再生の可能性

しかし、夕子が構築した大学受験戦術は、計画通りには進まなかった。その最大の理由は夕子がダンサーの正晃と恋に落ちてしまったからだ。夕子は正晃とシティーホテルに泊まってセックスをするようになる。受験勉強はやめてしまった。芸能事務所が、夕子と別れないとダンスグループの仕事を潰《つぶ》すと正晃に圧力をかけてきた。夕子は正晃に何を失ってもいいから、一緒に戦おうと呼びかける。

〈「いや、かんべんしてくれよ」

正晃はめんどくさそうに言った。

「俺、別にあいつらと戦っていくつもりなんかないし」

「ダンスの仕事を失《な》くしたくないから？」

「いや、そんなことはどうでもいいけど。じゃなくて、めんどうなことに巻き込まれんのが嫌なだけ」

「じゃあ、めんどうなことになりそうになったら、別れるっていうこと？」

「うん」

夕子は自分の耳を疑った。夕子にとっては正晃と離れ離れになって生きることは死に等しかった。それなのに正晃はこんなにも簡単に、別れると言う。〉（前掲書242〜243頁）

正晃も新自由主義的な市場原理の世界で生きている人間だ。趣味でダンスをしているのではない。いつかブレイクして有名になることを狙《ねら》っている。それだから、市場における強者の芸能事務所と喧嘩《けんか》するようなことはしないのだ。正晃は、タレントの夕子の姿が虚像で、実権が事務所にあることを冷徹に見据えているのだ。

ある日、正晃が友人とともにやってくる。友人が〈「こいつ興奮するんだよ、撮られてると。前の彼女のも俺が撮った」〉（前掲書256頁）と言って、夕子と正晃のセックスの様子をビデオカメラで撮影する。この映像がネットに流出した。スキャンダルになった。夕子は、ストレス性の口内炎を起こして入院する。事務所はマスコミ各社にファックスを送って、映像は阿部夕子本人ではないとして逃げ切ろうとする。夕子の18歳版のチーズのCMもテレビに流れなくなった。仕事はまったく来なくなった。幹子は、週刊誌のインタビューに夕子が応じることで起死回生を図る。幹子はこれまでのスキャンダル報道をインタビューで打ち消そうとする。しかし、夕子は幹子の思惑と異なり真実を淡々と答えた。なぜ夕子はそのような選択をしたのだろうか。

ここで夕子の物語と幹子の物語が重なる。幹子は結婚するときにトーマが他の女性と付き合うことを認めた。古代ローマ法に「合意は拘束する」という原則がある。トーマはこの原則に従って生活した。トーマが日本にやってきたフランス人のサラの生活を助けていることを知って幹子は激怒した。幹子の怒りが、トーマをサラに一層近づけるようになった。トーマとサラは同棲《どうせい》するようになった。

あるとき幹子は夕子を連れて、トーマとサラの同棲先のマンションに押しかけた。

〈母親は目をつむりしばらくじっとしていたが、やがて目を開けて、サラのほうを見た。

「離婚はしないけれど、トーマはあなたに差しあげるわ」

するとサラは妙にきっぱりと言った。

「あげるとかあげない、とかはおかしい。トーマはだれのものでもなく、ひとりの人間」

母親は怒りでどんより曇った瞳《ひとみ》でサラを見つめ続けた。サラさんの言うとおりだ、と夕子は思った。〉（前掲書239〜240頁）

この物語の反復現象をスキャンダルに直面した夕子が起こす。

〈「もうやめて。お母さん」夕子は静かに口を開いた。「何を言っても私は前の仕事を取り戻すことはできない。もう二度とね」

「なに弱気なこと言ってるの。今こそ戦ってもう一度手に入れるときでしょう」

母親は小声で、しかし凄《すご》みをきかせて夕子にささやいた。しかし夕子は表情一つ変えなかった。

「無理やり手に入れたものは、いつか離れていく。そのことは、お母さんが誰よりも知っているでしょう」

「夕子、何を言ってるの」

「あのことをもう忘れたの。パパは、結局は今誰のものになったの」

母親は絶句し、夕子の目を見つめたまま固まった。

「二人で取り戻しに行ったじゃない、でもだめだった、パパは戻ってこなかった。どんなに強く望んでも手に入らないものはあるの」〉（前掲書301〜302頁）

人生は計画や計算によって構築できるものではない。夕子を商品として市場で競争させるという発想自体が夕子を徐々に破滅に追い込んでいったのだ。しかし、この破滅を見据えることで何かが生まれる。

作品の最後の週刊誌の記者のつぶやきに逆説的に夕子の今後への希望が暗示される。

〈「まあ痛い目に遭ってたしかに以前よりはかしこくなったんだろうな。でも人は、痛手を負ってかしこくなり簡単には笑わなくなった女の子を、テレビで見たいとは思わないものだよ」〉（前掲書304頁）

夕子は芸能界で商品として通用しなくなる。それ故《ゆえ》に人間性を回復する可能性が生まれることを暗示する。新自由主義的な競争社会から早く降りてしまえ、そうすれば人間を取り戻すことができるという声が、この作品の行間から聞こえる。

『資本論に学ぶ』

宇野弘蔵
東京大学出版会

経済の様子がおかしい。２００８年9月の米国投資銀行（兼証券会社）リーマン・ブラザーズの破《は》綻《たん》以降、世界的規模での不況が生じている。不況で済めばいい。世界恐慌《きょうこう》がやってくるのではないかという不安を誰もが感じている。11月28日、厚生労働省は、〈来春卒業予定の大学生や高校生らのうち、今月25日現在で87社の３３１人が採用内定を取り消されたと発表した〉（２００８年11月28日読売新聞夕刊）。過去4年の内定取消者は2桁《けた》台だったというから、２００８年に経済状態が急速に悪化したことがわかる。

この調査によると、〈10月～来年3月の半年間に、職を失ったか、失うことが決まっている非正規労働者は3万人に上る〉（前掲読売新聞）という。尋常でない事態が起きている。若者の貧困問題解決に精力的に取り組んでいる作家の雨宮処凛《あまみやかりん》氏は、記者の〈なぜ、ここまで深刻な状況になったのか〉という質問に対してこう答える。

〈政治の責任が大きい。競争の激化などで企業が厳しい環境にある時は、政治が労働者保護を強化すべきなのに、一部の非正規労働者を見捨てる政策を推し進め、格差と貧困の拡大を招いた。非正規労働者は40歳を過ぎると、年齢制限などで働く場が少なくなり、最後は自殺か餓死かホームレスか刑務所か、という最悪の4択が待っている〉（2008年12月2日読売新聞朝刊）

五・一五事件、二・二六事件の教訓

雨宮氏の指摘は重要だ。筆者はときどき雨宮氏と貧困問題の現状について意見交換をする。労働運動や貧困問題に従事している作家は、特定のイデオロギーを強くもっている事例が多いが、雨宮氏はそうではない。事実を淡々と積み上げていくというリアリズムの手法だ。ティッシュペーパーをしゃぶしゃぶの肉代わりにしてお腹《なか》を満たしている若者が雨宮氏の周囲には何人もいるという。また、大学院を卒業し、修士学位をもっているにもかかわらず、職がないため、高卒と学歴を詐称《さしょう》してコンビニで勤務している人も珍しくないそうだ。

また、大学を卒業して派遣労働者として働いている人も多いという。このような派遣労働者が職を失い、路頭に迷うと、ゴミ箱の争奪戦が始まる。ファストフード店ごとにゴミの出し方が異なるからだ。ある店では、フライドポテト、ミルクシェイク、パンやハンバーグなどを同じゴミ袋に入れて捨てる。こういう残食だと、食べるときに抵抗感がある。別の店は、賞味期限が切れたサンドウィッチ類をパックに入れたまま捨てる。これならば、店で売っているときと変わらない。それだからこの店のゴミ箱の争奪戦が起きる。

高等教育を受けてもその成果を生かす場がないばかりでなく、路上生活者となって残食を漁《あさ》る。誰も好きこのんでこのような生活をしているわけではない。議会制民主主義、マスメディアを通じて、社会構造的に弱い立場の人々の声が吸い上げられ、貧困を解消する政策がとられないと、テロやクーデターなどの非常手段に訴えた「世直し」を試みる人々がでてくる。田母神《たもがみ》俊雄元航空幕僚長の解任問題で、多くの人々がクーデターを思い浮かべ、元厚生事務次官夫妻等の殺傷事件で、当初、「年金テロ」という言説が流れたのも、「クーデターやテロが起きてもおかしくない」という怯《おび》えと、「現在の閉塞《へいそく》した社会状況は、クーデターかテロでも起きない限り変わらない」という期待感が入り交じっているかと筆者は解釈している。

しかし、クーデターやテロで、絶対に「世直し」はできない。テロは、民間が剝《む》き出しの暴力を用いて、国家に政策変更を迫ることだ。クーデターは、国家機関の一部が暴力を用いて国家権力の奪取を図ることだ。このような試みを国家は全力をあげて阻止する。国家は合法的に暴力を独占する唯一《ゆいいつ》の機関だ。国家は、嫉妬《しっと》深い。民間であれ、国家機関の一部であれ、国家総体の意志に反した暴力の行使を絶対に認めない。従って、テロやクーデターは国家によって、徹底的に潰《つぶ》される。その結果、国家が国民に対して露骨に暴力を行使するような社会が生まれる。

１９３２年の血盟団事件、五・一五事件などのテロ事件を国民は「手段はよくないが、動機は純粋だ」と肯定的に評価し、大規模な減刑嘆願運動が起きた。おそらくこのような国民の期待感なくして陸軍の青年将校が１９３６年に二・二六事件を起こすことはなかった。そして、二・二六事件を起こした皇道派は、陸軍の別の一派である統制派によって徹底的に弾圧され、軍部による強権体制が成立した。軍人も国家から俸給を得る官僚だ。特に１９３６年時点を振り返って考えると、日本がその直前に近代的な本格的戦争をしたのは１９０４〜０５年の日露戦争が最後だ。約30年間、本格的戦争をしていない軍隊の文化における評価は、事務能力が基準となる。二・二六時点の陸軍は、日本最大の官僚集団と考えた方がいい。官僚による「世直し」運動は、必ず国家の暴力性を強化するのである。

仮に二・二六事件で、皇道派が勝利していたとしても、クーデターによって権力を得た者たちが、暴力を剝き出しにした国家運営を行ったであろう。いずれにせよ、社会は閉塞していたと思う。

いまこそよみがえらせるべき宇野弘蔵の遺産

このような状況に陥ることを避けるために必要なのは、資本主義社会の構造がどのようになっているかという知識なのである。この場合、いわゆる近代経済学の知識では、資本主義の内在的論理をつかむことはできない。なぜなら、商品、貨幣（マネー）、資本、株式など、資本主義時代に特別の意味をもつものを、あたかもあらゆる時代に通底するがごとく扱っているからだ。資本主義の限界は、観察者の視点を資本主義の外側に置かなくては見えない。

同時に、イデオロギーが過剰で、資本主義から社会主義への革命を説くマルクス主義経済学も役に立たない。特に筆者の場合、ソ連時代の末期にモスクワに住み、社会主義体制の崩壊を目撃した。国家統制を本質とするソ連型社会主義が官僚にとって居心地の良い社会であることは間違いない。しかし、圧倒的大多数の一般国民にとって、現実に存在した社会主義が日本やアメリカの資本主義体制よりもずっと悪いものであったことは間違いない。そういう社会主義革命のための御用学問であったマルクス主義経済学は何の役にも立たない。

ただし、マルクスが『資本論』で展開した資本主義社会に対する批判的分析は現在も役に立つ。これをイデオロギー過剰のマルクス主義経済学と区別して、マルクスが展開した経済学という意味でマルクス経済学と呼ぶことにする。日本には宇野弘蔵(1897〜1977)という優れたマルクス経済学者がいた。宇野の遺産をいまこそよみがえらせるべきであると筆者は考える。

宇野の著作は難解なものが多いが、晩年の講演記録と対談をまとめた『資本論に学ぶ』(東京大学出版会、1975年)が宇野経済学の要点を知るのによい著作だ。

現下の貧困問題を解決するために、まず、労働価値説をきちんと甦《よみがえ》らせることが重要だ。人間一人が働く労働で、一人の人間が生活していくことができる以上の生産物を作り出すことができるという、ごく当たり前の現実から出発すれば、問題の本質が見えてくるようになる。

労働者は賃金を得て生活している。マルクス経済学では、賃金は労働力商品の対価であると考える。月20万円で働く青年労働者は、この賃金でアパートを借り、食事をし、服を買って、ちょっとしたレジャーをして、次の1カ月を働くことができるエネルギーを蓄えるのだ。

企業が月20万円の賃金で労働者を雇うのはそれ以上の収益があるからだ。即《すなわ》ち、資本家（経営者）は、労働者を雇い入れることで、利潤を得るのだ。しかし、ここに不正はない。労働者は月20万円の賃金で労働することが嫌ならば、それを拒否することもできる。労働力商品の価値は20万円であるが、この特殊な商品は、自ら価値を増殖することができるのである。そして増殖した価値のほとんどが資本家のものになり、一部が地代として土地所有者に渡される。江戸時代の年貢《ねんぐ》のように農民の生産物を国家が取り上げるのは、収奪であって、搾取《さくしゅ》ではない。

〈収奪というのは搾取というのと違うのです。搾取というほうは、労働力を商品として買って労働力の使用価値を使うというと、つまり六時間の代価を払って買った労働力を十二時間使うというと、あと六時間が搾取されるということになるのですね。収奪というほうは財産を取り上げるやつです。向こうの持っているものを取り上げるのです。これが収奪なのです。だから賃銀労働者になるというと、もう収奪の対象には理論的にはならんことになるわけです。搾取の対象になるわけですね。搾取と収奪というのは、経済学的にはどうしても区別しなければならないのです。〉（前掲書82頁《ページ》）

マルクス経済学の術語に慣れていない読者のために、少し付言しておく。この例に則せば、1日12時間の労働時間で1カ月働く場合の賃金が20万円である。しかし、資本家が労働者を1日12時間働かせて得る価値は1カ月に40万円になる。この差額20万円が搾取されるのである。純粋な資本主義のもとで、労働者はもはや自分自身で生産を行う道具をもっていないので、労働力商品しか売るものがない。収奪の対象となるような財産を労働者はもたないのである。自由で対等な条件で資本家と労働者の間で労働力商品と賃金が交換（売買）されるなかに搾取という形で階級支配が忍び込んでいるのだ。

かつては資本主義の限界を知っていた日本のエリートたち

マルクス経済学は、労働者や左翼的考え方をもつ人にしかわからないという「階級的科学」ではない。通常の論理連関が理解できる人ならば、マルクスの切り口、すなわち労働力商品化という前提を承認するならば、搾取の構造を承認せざるを得なくなる。どのような良心的資本家であっても、搾取せずに存在するということはできない。

裏返して言うならば、搾取をしない資本家は倒産した資本家である。この場合、労働者に対して賃金を支払うことができないので、労働者にとって搾取よりも悪い結果をもたらす。

一昔前までの官僚や大企業経営者は、大学で近代経済学と並行してマルクス経済学も学んでいた。資本主義社会の政治・経済エリートが、マルクス経済学によって資本主義の限界を知っていたということが、市場原理主義を礼賛《らいさん》することの歯止めになり、逆説的だが日本の資本主義が無理をすることを防いでいたのだ。

現在、日本で進んでいるような貧困化（窮乏化）は資本主義の宿命なのだろうか。宇野は、「そうではない」と断言する。

〈日本のマルクス主義者諸君や、あるいは西洋のマルクス主義者諸君もそうですけれども、この窮乏化法則というものを、マルクスの非常に重要な法則のように考えている人がいるのですが、これは困るのです。人口法則までは正しいのです。しかし窮乏化法則は、不断に生産方法が改善されていくという前提に立っている。しかし資本は不断に生産方法を改善してはいかないのです。大きい目で、明治、大正、昭和と時代的な流れを大きく見れば、不断に生産手法を改善してきたと言っていいと思うのです。しかし少し近寄ってみると、いっぺん資本を投じるとどうしても固定資本があるのです。この固定資本を無視して、新しい方法をどんどん採用していくということは資本主義にはできないのです。その点が、この窮乏化法則になる議論の落し穴になっているわけで、マルクスはそこをちょっと忘れてしまったんだな。〉（前掲書56〜57頁）

ここでいう人口法則とは、資本主義は新しい技術を導入して生産方法を改善していくと、生産にあたって労働力に依存する比率が低くなるということだ。それ故《ゆえ》に、窮乏化に至るとはいえない。機械などの固定資本が不断に改善されることはないからである。それから、生産にあたって労働力に依存する比率が低くなっても、生産の規模が飛躍的に大きくなる。

そもそも資本主義社会で作られる商品のほとんどが、労働者によって消費されているのである。資本主義自体に労働者の欲望を刺激し、生活を豊かにさせるという衝動が潜んでいるのだ。

労働力商品という特殊な商品は、労働者の消費によって作られるのである。作られる場所も工場や事務所ではなく、家庭によってだ。消費によって生産されるとともに、好況期に労働力不足が起きても、労働力の供給量を増やすことはできない。ここに恐《きょう》慌《こう》の原因がある。

〈つまり、恐慌現象というのは、景気の循環の過程の中で、ある時期には労働者がたりなくなる、ある時期には労働者が余ってくる、たりなくなるときがいわゆる好景気で、余ってくるときがいわゆる不景気なのです。資本主義はそういう循環過程を繰り返しながら発展してきている。その過程で労働者が余った不況期に、資本は新しい生産方法を採用する。資本主義はそういうときにとんちんかんな、つまりひっくり返ったことをやるのですね。不況期で失業者が多くて人口が余っているというときに合理化をやるのです。ちょうど正反対になる。儲《もう》けになるときには、合理化をやらないで、どんどん拡張するという傾向がある。どんどん拡張すると、必ず資本の方がよけい増殖される。つまり資本の蓄積の方がよけいになって、人間の方がたりない。好景気に生めよふやせよと言っても、そう生むわけにいかないのです、人間は。生めよふやせよと言って、生んだところで間に合わない。ナチスでも、それで弱っちゃったのです。生めよふやせよと一生懸命で言ったけれども、生んだ子が労働力になるまで、あるいは兵力になるまでには十何年かかるのですから、そう簡単にふやすわけにはいかない。〉（前掲書57～58頁）

資本主義は景気循環を繰り返す。いまは不況で、労働力が余っているが、この状況で新しい生産方法の採用、すなわち技術革新が行われ、再び好況期がくる。それまでの労働者の保護は、経済合理性以外の理屈に基づいて、国家と社会が行わなくてはならないのだ。

「労働者階級の再生産」こそ重要なのだが

ところで、賃金の水準はどのようにして決定するのだろうか。

〈労働者は一日の生活資料を得て生活しているのです。生活している結果が労働力になっている。それを再び商品化することになる。商品を生産しているのではなくても、労働力をいつも商品化していくほかないわけなのです。そういう関係があって、はじめて労働力を商品化するのですから、どれだけの生活水準を持っているかということは、実際上は景気の循環の中できまってくるのです。経済学的には、そう言わなければつじつまが合わない。労働力を生産するのに必要な労働時間というのは直接にはない。直接ないとすると、一日の生活資料できまる。一日の生活資料というのはどれだけか、ということになるというと、これは資本と労働者との関係で、景気の循環の中で水準ができる。つまり好景気の過程ではある程度生活水準が上がり、不景気の過程の中ではそれが下がる、また好景気がくれば、ある程度生活水準が上がるというので、一定の歴史的な生活水準ができてくるのです。

つまり、景気循環論、恐慌論というのは、結局、労働力商品の特殊な価値規定を明らかにするものだ、ということが言えるのです。ちょうど一般商品の価値が労働価値説によってきまるのと同じように、労働力商品の価値規定は、恐慌を中心とする景気循環の過程の中ではじめてきまるのだということ、つまり歴史的にきまるということが言えるわけです。〉(前掲書63頁)

労働力商品の価値、すなわち賃金は、景気循環の中で歴史的に決まっていく。歴史は国ごとに異なる。従って、国ごとの資本家と労働者の力関係で決まるのである。非正規雇用の労働者は、労働組合によって守られておらず、弱い立場にある。従って、賃金が低い水準におさえられるのである。

ここで重要なことは、労働力は世代を超えて再生産されていく。つまり、賃金には、労働者が家族をもって、子供を育て、教育するために必要な費用が含まれている。しかし、非正規雇用の労働者は、極端に弱い立場にあるために、家族をもち、子供を育てることができないほど低い水準の賃金に甘んじざるを得ない状況になっている。年収200万円以下の給与所得者が1000万人を超えているというのは、尋常な状態でない。かつて、マルクス主義者は、恐慌の研究を熱心に行った。恐慌によって生じる危機が革命を誘発すると考えたからだ。しかし、恐慌と革命はリンケージしていない。恐慌は、技術革新によって克服され、資本主義システムは崩れないのである。

もちろん、人間の意思で、資本主義とまったく別のシステムを構築するという理論的可能性も残っている。しかし、ソ連型社会主義が失敗した現状で、現実性をもつシナリオはイスラーム原理主義くらいしかないであろう。イスラーム原理主義が産業社会と調和できるシステムを構築できるかについては、大きな疑念がある。

この状況では、資本主義体制を維持、存続するための経営者（資本家）の良識が必要になる。市場メカニズムでは、構造的に弱い立場に置かれた労働者をまっとうな人間として取り扱わなくなり、労働者階級の再生産ができなくなり、日本の資本主義体制を弱体化させることを経営者が認識することである。そのためには、経済的合理性とは別の観点から、国家と社会が経済に介入することが求められる。マルクスの『資本論』や宇野弘蔵の著作がもっと読まれるようになれば、資本主義の限界についての認識が日本社会で共有されるようになる。限界を知る者は強いのだ。

論戦に勝つテクニック

『山《さん》椒《しょう》魚《うお》戦争』

カレル・チャペック
栗栖《くりす》継《けい》訳
岩波文庫

筆者は文学や文芸批評の専門的な訓練を受けていない。現役外交官時代は、対ロシア外交とインテリジェンス（情報）という専門分野をもって20年近く飯を食ってきたので、素人《しろうと》の世界とプロの世界の違いについてはよくわかっているつもりだ。素人がプロの世界に侵入すると大怪我《おおけが》をするので、たとえ小説や文芸批評書を取り扱う場合にも、別のアプローチをしたい。具体的には、実用性を重視する。筆者はあるロシア人政治家から本を実用的に読むことの重要性を教わった。

いまから振り返って思うことだが、筆者は人間関係には恵まれていた。中学生の頃から、人生の様々な局面でよい教師たちと出会った。

モスクワに勤務したときに出会った最大の教師で、筆者に本を実用的に読むことを教えてくれたのがゲンナジー・エドゥワルドビッチ・ブルブリス（元国務長官兼第一副首相、その後、国家院［下院］議員をつとめ、現在は連邦院［上院］議員）である。当初、エリツィン露大統領の最側近で、知恵袋でもあった。1991年のソ連崩壊シナリオを描いたのもこの男だ。

悪魔的な政治家からの忠告

ただこの男は頭は抜群に切れるのであるが、性格がよくない。徹底的な能力主義者で、「俺はバカは嫌いだ」と公言し、能力がないと見なした者に対しては何を言っても反論すら加えずに徹底的に無視する。敵と味方を峻別《しゅんべつ》し、歯向かってくる奴《やつ》がいると、ありとあらゆる手段を用いて再起不能になるまで叩《たた》きつぶす。「俺が教えた通りにやれ」というのが口癖で、いつも偏頭痛と不眠に悩まされていた。なぜか筆者はブルブリスに気に入られ、事務所のみならず私邸や別荘にも出入りを許された。

あるとき筆者は心配になって「こんなに敵が増えても大丈夫ですか」と尋ねると、ブルブリスは「大きな仕事をするときはかならず敵が出てくる。俺にはエリツィン大統領の信任がある。だから何とか政争を乗り切ることができた。いいかマサルよく聞いておけ。テーブルは一本脚でも、それがしっかりしているならば倒れない。君にほんとうにやりたいことができてきたら、力のある政治家と組むんだ。ただし、政治家は嫉妬《しっと》深い。女と付き合うときよりも難しい。だから本気で付き合うことができる政治家は一人しかいないと心得ておけ。つまらない政治家に惚《ほ》れるな」とちょっとずれた答えをした。筆者が「私が本気で付き合う政治家は、ロシアでは一人だけ、ブルブリス先生しかいません」と答えると「ロシアではという限定が、ちょっと気になるが、まあ、君は日本人だから、その答えで許してやる」といって、ブルブリスは筆者を引き寄せて、口元に軽くキスをした。ロシアでは男同士でも信頼する者は互いにキスをする。だから男の政治家が数名集まり、飲み会になると途中からキス大会のようになる。

ブルブリスは、政治家になるまではウラル国立大学の哲学教授で弁証法的唯物論《ゆいぶつろん》を教えていた。マルクス、エンゲルス、レーニンを徹底的に読み込んで体得した弁証法を駆使してソ連型共産主義体制をブルブリスが崩していくのを資本主義国の外交官である筆者は横から観察していたが、知的な興奮を覚えた。「古代ギリシアの哲学者のように真・善・美だけを追求していてはだめだ。実用性を求めるんだ」というのがブルブリスの口癖だった。突き放して見るとブルブリスの思想は初期マルクス、更にヘーゲル左派に親和的だった。反共的レトリックを用いながら、ブルブリスが目指したのはソ連社会で疎外《そがい》された人間を解放することだった。

筆者がもっていく手みやげでブルブリスが喜んだのは、ロシアでは知られていない本に関する情報だった。ニコライ・ベルジャーエフやセルゲイ・ブルガーコフなどレーニンによってソ連から追放された宗教哲学者、友敵理論で有名なカール・シュミット、ナチスのイデオローグだったアルフレト・ローゼンベルク、弁証法神学者のカール・バルトなど思想家を中心にソ連時代に禁書となり、ブルブリスの知識から欠落している本について話した。

小説について話したことは数回しかない。そのうちの一回がカレル・チャペックの『山椒魚戦争』(〔栗栖継訳〕岩波文庫、2003年)についてだった。

答えたくない質問への対処法

『山椒魚戦争』は、アンチユートピア小説、思想小説、ユーモア小説のいずれにも該当し、同時にそのどの枠組みにも収まらない奇妙な小説である。スマトラ(現インドネシア)の少し西にある島の入り江で古代の大型山椒魚が見つかる。この山椒魚は前脚を巧みに用い、ナイフを使って貝をこじあけ真珠をとってくることができる。これに目をつけた船長が山椒魚を手懐《てなず》けて大もうけする。この山椒魚は便利な労働力として活用されているうちに直立歩行と言葉を覚える。ロンドン動物園に収容されている山椒魚アンドリュー・ショイフツァー（愛称アンディ）が言葉を話すということが噂《うわさ》になったので、医学博士ら研究者が調査をする。以下はそのやりとりの一部だ。

〈――お名前は？

答　アンドリュー・ショイフツァー。

――年齢は？

答　知りません。若い姿でいたい方は、リベラのコルセットをどうぞ。〉（前掲書160頁《ページ》）

アンディの英語の知識は、飼育係から借りる英語のタブロイド判夕刊紙だけから得られている。イギリスの場合、高級紙と大衆紙はテーマ、内容、語彙《ごい》などが大きく異なっている。恐らく、「年齢は？」と問われ「知りません。若い姿で〜」というコピーが、チャペックがこの小説を書いていた頃にコルセットの宣伝で使われていたのだろう。

〈――五かける三は？

答　どうしてです？

――計算ができるでしょう？

答　できます。二十九かける十七は？

――質問はわれわれにさせておいて下さい、アンドリュー。英国の川の名を言ってみなさい。

答　テムズ。

――それから？

答　テムズ。

――ほかの川の名は、知らないのですね？　英国の今の王様の名は？

答　キング・ジョージ。神よ王を恵みたまえ《ゴッド・ブレス・ヒム》。

――よくできました、アンディ。それでは、英国最大の作家の名は？

答　キップリング。

――見事です。彼の作品を、何か読みましたか。

答　いいえ。メイ・ウェスト［グラマーで鳴らした戦前のアメリカの映画女優］は好きですか。

――質問は、われわれの方からしますよ、アンディ。英国史で知っているのは？

答　ヘンリー八世です。
――どんなことを？
答　最近の最優秀映画です。すばらしいセット、目のさめるようなスペクタクル。
――見たのですか。
答　見ていません。英国を知りたければ、小型車《フォード・ベビー》をお求めください。〉（前掲書160〜161頁）

ここで医学博士の質問に対して、アンディは質問で答えているが、これはユダヤ人が答えたくない質問をされたときに使う方法でもある。日常的にも応用可能だ。

「アメリカ議会の慰安婦決議についてどう思いますか」

「そうですね、人権問題ということなのでしょうが、あなたは広島、長崎への原爆投下についてどう思いますか」

というような使い方だ。答を回避しているのだが、会話は流れていく。人間には「質問されたことには答えなくてはならない」という刷り込みがなされているので、都合が悪くなったらうまく質問する側に回って、攻勢をとるのだ。攻撃は最大の防御である。アンディとの会話は続く。

〈――大陸はいくつありますか。

答　五つです。

――たいへんよろしい。名をあげてみてください。

答　英国その他です。

――その他、というのは？

答　ボルシェヴィキとドイツ。それに、イタリアです。

――ギルバート諸島は、どこにありますか。

答　英国です。英国は、大陸にコミットしない。英国は、航空機一万台を必要とする。

南英海岸においでください。〉（前掲書162頁）

チャペックは、大英帝国の一般市民の国際情勢に関する常識がどの程度であるかをアンディを通じて語らせているのだ。医学博士ら専門委員会の総括にはこう書かれている。

〈この山椒魚は読むことができる。ただし、夕刊だけである。普通の英国人と同じ問題に関心をいだき、同じような反応を示す。すなわち、きまりきった、世間一般の意見と同じ傾向なのである。その精神生活――そう言える範囲内でだが――を構成しているのは、その時どきに流行している概念や意見にほかならない。〉（前掲書163頁）

チャペックは、イギリス人の知的水準を揶揄《やゆ》しているのではない。小説の形でテオドール・アドルノとマックス・ホルクハイマーが『啓蒙《けいもう》の弁証法』（１９４７年）で展開したのと同じ問題を扱っているのである。科学技術が進み、知識が広範な国民に普及しているというのは表層の物語にすぎず、人間の啓蒙的理性などというものはあてにならないのである。

大量生産、大量消費社会を予見

山椒魚は平均的人間以上に高い知的水準と技術水準をもつようになる。しかし、人間と比較して、どうしても埋めることのできない差異がある。〈そもそも文明とは、他人が考え出したものを利用する能力のことではなかったか。たとえ、山椒魚には、独自の思想がなくとも、けっこうすぐれた科学を持つことができる。山椒魚には、音楽や文学はないが、彼らはそんなものがなくとも、ぜんぜんこまらない。こうなると、山椒魚のやり方が、すばらしくモダンに見えて、今度は人間の方で、彼らの動きを見守る始末である。

じっさい、人間が山椒魚から学ぶべきことは、今でもたくさんある。それも不思議ではない。山椒魚は巨大な成功をおさめているではないか。そして、人間がお手本にしなければならぬものが何かあるとすれば、成功こそ、それに当たるのではないか。人類の歴史で、この偉大な時代ほど、多くのものが生産され、建設され、利潤の得られた時はかつてなかった。ところが、そんなものはなんでもないのであった。山椒魚とともに世界には、「量」という、とてつもない進歩と理想がやって来たのである。山椒魚「われわれ山椒魚時代の人間は」と、誇りをもって言われたものだが、むべなるかなである。カビのはえた「人間時代」は、文化・芸術・純粋科学などといわれた、ぐずでくだらぬガラクタとともに、いったいどこへ行ってしまったのだろう！　山椒魚時代の自覚した人間は、もはや事物の本質を深く探究して時間を空費するようなことは、しないだろう、とのことである。事物の数と量産こそ、これからの人間の関心の対象になる、というのであった。世界の未来は、生産と消費をたえず高めることにかかっていたが、そうなると、もっと生産し、もっと食わせろというわけで、さらに多くの山椒魚が、必要になって来たのである。〉（前掲書３０５〜３０６頁）

『山椒魚戦争』は、１９３５年9月21日から36年1月12日まで日刊紙「リドベー・ノビニ（国民新聞）」に連載された。ヨーロッパでは大量生産、大量消費がまだ現実になっていない時期にチャペックは高度成長経済の予測をしているのだ。山椒魚の影響を受けて、人間が山椒魚化しているのである。〈山椒魚が人間と並んで立つと、まるで、ファウストの脇《わき》に立っている弟子のワグナーみたいなのである。彼らは、人間のファウストが使ったのと同じ書物で学んでいる。ちがうのは、彼らはそれで満足し、疑問に胸をさいなまれる、ということはぜったいにない、ということだけだ。〉（前掲書362頁）。疑問や悩みをもたなければ、宗教、哲学、文学はいらない。しかし、それだけではない。〈人間なら、形而上《けいじじょう》的な恐怖や生活上の苦悩からの救いや慰めを、何かに求めるものだが、山椒魚にはそんなものを求める必要がぜんぜんないことを、われわれは知っている。山椒魚は哲学や死後の生活はもちろん、芸術すらなくても、平気である。山椒魚は、空想・ユーモア・神秘・遊び、あるいは夢が、何か知らない。つまり彼らは、生活的には徹底したリアリストなのである。〉（前掲書352頁）

ここでチャペックが山椒魚はユーモアが何であるかを知らないと指摘したことが重要だ。筆者の理解では、ユーモアのない世界には笑いがない。喜んだとき、はにかんだとき、愉快なときの笑いだけでなく、冷笑すら消えてしまうのがユーモアのない世界だ。筆者の理解では、笑いとは人間が自らの意思で構築できると考える世界の限界に突き当たったとき、つまり此岸《しがん》と彼岸の境界線上で起きる現象なのである。笑いがない世界は、筆者のようなキリスト教徒からすると、神と人間の質的差異を人間が認めないという、人間の神に対する反逆の世界なのである。

歴史は反復する

数、知力、技術力のいずれにおいても人類を凌駕《りょうが》した山椒魚は、生存権、すなわち陸地を破壊し、海にすることを人間に要求する。人間は山椒魚の要求に屈し、中国やロシアも相当部分が水没し、脅威はヨーロッパに迫る。ところで、山椒魚も東洋のレムリア山椒魚と文明化・欧米化した西洋のアトランティス山椒魚に分化する。

〈そこ（筆者註　アトランティス）には、チーフ・サラマンダーという独裁者がいる。大征服者、技術者で軍人、山椒魚のジンギス・カン、大陸の破壊者なんだ。すごい人物だよ。

（「……ほんとうに、山椒魚なのかね？」）

（「……ちがう。チーフ・サラマンダーは、人間なんだ。本名は、アンドレアス・シュルツェといってね。第一次世界大戦当時は、曹長だったんだ」）

（「道理で！」）〉（前掲書418頁）

もちろん、チーフ・サラマンダーはアドルフ・ヒトラーを示唆《しさ》している。チャペックは、〈私がこの作品で描いたのは、ユートピアではなく、現代なのです。それは未来の事態についての臆測《おくそく》ではなく、現代の世界、いまわれわれが生きている世界を、鏡に映し出したものなのです。〉（前掲書11頁）と書いているが、それを額面通りに受けとめてよいと思う。最終的に、アトランティス山椒魚が対レムリア山椒魚用の生物兵器として製造した鰓《えら》ペストのため、山椒魚は滅亡してしまう。

〈「みんなかい？」

一匹残らず、みんなだ。山椒魚は、死滅した生物となり、エニンゲンで発見されたアンドリアス・ショイフツェリの古い痕跡《こんせき》だけが残る、ってわけさ。

「それで、人間は？」

人間？　ああ、人間か。人間は、陸地の名残りの海岸へ、山から徐々に帰ってくる。だが、海にはまだ長いこと、山椒魚の死体の腐臭がただよっている。陸地は、川の運んでくる沖積土《ちゅうせきど》で、また次第に大きくなってゆく。海も、少しずつ後退し、やがて、すべては、ほとんどむかしの姿にかえる。神が、罪深い人類の上にくだしたもうた、ノアの洪水の新しい伝説が、生まれる。〉（前掲書420頁）

以上がモスクワ中心部チェーホフ通り沿いのブルブリス邸で筆者が話した概要だ。ブルブリスは、筆者の話が退屈になると「もういい。ありがとう」と言って遮る。遮られないで最後まで話を聞いてもらうことができる確率は4割くらいだった。『山椒

魚戦争』についての筆者のブリーフィング（説明）をブルブリスは最後まで聞き、
「要は、歴史は反復するということか」とつぶやいた。

『ふぞろいな秘密』

石原真理子
双葉社

『負け犬の遠《とお》吠《ぼ》え』

酒井順子
講談社文庫

喧嘩《けんか》の指南書を2冊紹介したい。石原真理子氏の『ふぞろいな秘密』（双葉社、２００６年）と酒井順子氏の『負け犬の遠吠え』（講談社文庫、２００６年）である。読者は御存知のことと思うが、筆者は外務省と全面戦争を展開しているのであるが、その際にこの2冊から学んだ技法を最大限に活用している。戦争で重要なことは、まず標的を明確に定め、それに対して、結果として最大の打撃を与えることである。この点で『ふぞろいな秘密』の手法が実に参考になる。石原

氏は、標的を玉置浩二氏に絞り込んでいる。

〈玉置浩二――。

私がこの名前を初めて知ったのは18歳のときでした。

そして、19歳の夏、彼と恋に落ちました。

出会ってから大人の関係になるまでに、さほど時間は必要ありませんでした。〉

(『ふぞろいな秘密』77頁《ページ》)

相手に対する恨みをできるだけ隠し、さりげなく事実を羅列するという方法だが、実はこの中に棘《とげ》や毒をたっぷり撒《ま》いている。

〈彼(筆者註　玉置浩二氏)が本当に離婚するつもりだったのは確かだと思います。

「これ……、処分してほしいんだ」

一緒に暮らし始めて3カ月ほど経《た》ったとき、こう言いながら、彼が私の手のひらに小さなものを載せたことがあります。見ると、彼の結婚指輪でした。

「処分しろと言われても……。どうしよう……」

そう思いながらも私は無言で指輪を受け取りました。ただ、私に指輪を託すという行為は彼にとって、とても意味のあることだと思ったのです。

その1週間後、指輪は、仕事で訪れていたニューヨークで処分しました。ホテルで

休んでいるとき突如思い立ち、客室の窓から向かい側の公園に向かって放り投げたのです。〉（前掲書86〜87頁）

恐るべき心理戦を展開する石原氏

結婚指輪が放物線を描いて、ホテルの客室から落ちていく姿が目に浮かぶ。ここではそれなりに玉置氏は誠実な人物に見える。しかし、これは石原氏の戦略で、後で玉置氏を徹底的に貶《おとし》める伏線なのだ。本書では読者に映像が思い浮かぶように見事な工夫があちこちになされている。例えばシーツの使い方だ。

〈表向きには楽しそうにしていても、私はマスコミの激しい取材攻勢に、彼はなかなか決着がつかない離婚問題に、それぞれひどく悩まされ、共に疲れ果てていたのです。

二人は追い込まれていました。

「二人で死んじゃおっか……」

ポツリと言った私の言葉を聞き、彼は呟《つぶや》きました。

「そうだね。人生は、絶頂期にポーンと終わっちゃうのもいいかもね……」

深夜2時。私たちは覚悟を決めたのです。

人生最後の顔を残しておこうということになり、ポラロイドカメラで互いの顔写真を撮り合い、そして、共に泣きながら、〝遺書〟もしたためました。

「二人はこれで一生、一緒です。サ・ヨ・ウ・ナ・ラ」

と、ベッドの白いシーツに黒いマジックペンで。

他にも、彼は私への、私は彼への真実の思いをシーツいっぱいに綴《つづ》りました。それまで私たちは、自分たちの恋を堂々と胸を張って言えないもどかしさを感じていたため、「せめて最後だけは」と、まるで誰かに宣言するような気持ちで、二人で書き記した言葉も覚えています。

「二人の恋は本物だった」

私たちは大真面目《おおまじめ》でした。〉（前掲書100〜101頁）

ここまでは、若い愛し合う芸能人カップルの思い詰めた姿が出ている。しかし、これもその後、完全などんでん返しに遭う。玉置氏は石原氏に殴る蹴《け》るのDV（ドメスティック・バイオレンス）を散々加えた後、他に女友達を作る。当然、二人は別れる。その後、玉置氏が石原氏のマンションを訪れた。

〈ある日のこと。

映画『めぞん一刻』の撮影が終わって一段落した頃だったと記憶しているので、別れてからそれほど経ってはいないときだったと思うのですが、突然、彼が私の部屋を訪ねてきたことがあります。

彼を部屋に招き入れたものの、何となく気まずい雰囲気……。と、そのとき、彼が思い立ったように言いました。

「あのときのシーツって、まだある？」

熊本のホテルで二人で死のうとしたとき、黒いマジックペンで遺書を綴った、あの白いシーツのことです。

「あるけど……」

彼と同棲《どうせい》を解消しても、実はまだ私はそれを押し入れにしまったままでした。

私はシーツを押し入れの奥から取り出し、彼に見せました。すると彼は、近くにあったハサミを手に取り、シーツを無言で切り刻み始めたのです。まったく予期せぬ行動でした。

「どうして!?」

彼との関係を終わりにしようと自ら決めたはずなのに、〝愛の証《あかし》〟が切り刻まれるのを目《ま》の当たりにし、自分でも驚くほど大きな声で彼を問い質《ただ》す私がいました。

「人に見られたらマズイから」

確か、彼はこんなふうに言ったと記憶しています。

あのときのシーツが切り刻まれてただの布切れになっていく。その様を、私は言葉もなく、ただ黙って見つめるしかありませんでした。

「愛が完全に壊れて行く……」

そのとき、こんな言葉が私の心の中でこだましていました。〉（前掲書123〜124頁）

別れた女性のマンションに押しかけ、「人に見られたらマズイから」と言ってハサミでシーツを切り刻んでいる男の姿に、自己保身、小心、不誠実などのありとあらゆる否定的イメージが埋め込まれる作りになっている。石原氏は、玉置氏をひと言も非難しない。その方が読者に玉置氏の身勝手さと陰険さが伝わるという石原氏の計算に基づくものと思われる。このやり方で標的にされれば、通常の人物ならば神経が参ってしまう。

アリストテレス論理学を実践する酒井氏

石原氏が心理戦で敵に壊滅的打撃を与える方法を指南するのに対し、酒井順子氏は、『負け犬の遠吠え』において、論戦で相手を徹底的に打ちのめす技法を伝授する。まず「負け犬」についてこう定義する。

〈狭義には、未婚、子ナシ、三十代以上の女性のことを示します。この中で最も重要視されるのは「現在、結婚していない」という条件ですので、離婚して今は独身という人も、もちろん負け犬。二十代だけどバリバリ負け犬体質とか、結婚経験の無いシングルマザーといった立場の女性も、広義では負け犬に入ります。つまりまぁ、いわゆる普通の家庭というものを築いていない人を、負け犬と呼ぶわけです。

結婚していない女=負け犬、とすると、

「でも○○さんみたいに、美人で仕事もバリバリやってる人は、結婚していなくても負け犬ではないのでは?」

と、南アフリカにおける名誉白人のような例外を作り出そうとする人がいるものです。が、どれほど仕事が有能であろうと美人であろうとモテていようと、負け犬条件にあてはまる女は全《すべ》て負け犬である、というのが本書のスタンス。〉(『負け犬の遠吠え』8~9頁)

これに対して、「勝ち犬」の定義は次の通りである。

〈負け犬のカテゴリーに当てはまらない女性の意。いわゆる、普通に結婚して子供を産んでいる人達のことです。お金持ちの夫を得て子供のお受験にも成功して余裕のある専業主婦生活をしている人から、収入の少ない夫をパートで支えていたら子供はグレてしまったという主婦まで、一口に勝ち犬と言っても幅広い層がいるわけですが、世帯収入の多寡《たか》や家族仲の良し悪《あ》しにかかわらず勝ち犬は勝ち犬である、と負け犬の立場にいる者としては勝手に決めさせていただきます。〉（前掲書９頁）

ここで重要なのは、世の中の女性は「負け犬」と「勝ち犬」の２種類だけに分かれ、それ以外はいないという定義をしたことだ。これは、アリストテレス論理学で言うところの排中律《はいちゅうりつ》に該当する。詳しく説明すると長くなるので、結論だけを言うと、アリストテレス論理学では、同一律《どういつりつ》、矛盾律《むじゅんりつ》、排中律の三つを満たせば、論理整合性が崩れない議論を組み立てることができる。

同一律とは、酒井順子氏という場合、作家で『負け犬の遠吠え』の著者の酒井順子氏を指すのであり、同姓同名の別人ではないという意味だ。矛盾律とは、例えば、「２００７年９月６日午後３時に佐藤優がフォーラム神保町で《官僚国家論》の講義を行っていた」という命題と「２００７年９月６日午後３時に佐藤優がフォーラム神保町で《官僚国家論》の講義を行っていなかった」という命題が同時に成立しないということだ。

同一律、矛盾律は日本人にもそれほど抵抗なく受け入れることができる。しかし、排中律を皮膚感覚で理解できる日本人は少ない。なぜなのだろうか。ここで、排中律について、野矢茂樹東京大学教授の記述を紹介する。

〈排中律「A∨¬A」（筆者註 ∨は選言［または］、¬は否定［ではない］を意味する論理記号）は「〈A〉が真であるか、または〈Aではない〉が真である」という意味にほかならない。例えば、「シーザーはルビコン川でころんだ」について、われわれは、シーザーがころんだかどうかは知らないが、しかし「ころんだかころばなかったかどちらかだ」と考える。あるいは「宇宙人はいる」に関しても、ともかく「いるかいないかどちらかだ」と考えるだろう。（ここで、「シーザーがすべって手をついたのはどうするのだ」とか「宇宙人かどうか判然としない何か曖昧《あいまい》なやつが来たらどうするのか」といった、曖昧さの問題は除外して考える。直観主義との争点になるのはそこではないからである。）重要なことは、Aが真かどうかは知らなくても、「〈A〉が真であるかまたは〈Aではない〉が真である」ことまでは確定している、という考え方、つまり、世界の在り方はわれわれの認識とは独立だ、という考え方が古典論理の意味論には含まれている、という点である。〉（野矢茂樹『論理学』東京大学出版会、1994年、164頁）

人間が何を考えるかということと無関係に世界は存在しているというのは、神様が世界を作ったという文化圏ではごく自然の考え方だ。神様を持ち出さなくても、有であるとか第一質料といった類《たぐい》の「ありてあるもの」でも同じことである。この世界は黒か白かの二分法で、中間はないのである。

これに対して、諸行無常、すべては因果関係で変化するものだという存在理解が刷り込まれている日本人には、白か黒かという二分法が馴染《なじ》みにくいのである。欧米人、ロシア人、イスラエル人と議論するときはアリストテレス論理学が前提となる。特に排中律を適用すると背理法《はいりほう》を使うことができるので、便利だ。

〈日常的には、たとえば「君の言う通りだとすると、これこれのおかしいことが帰結する。だから、君の言っていることには誤りがある」といった論法が背理法的議論と言える。〉(野矢茂樹『新版論理トレーニング』産業図書、2006年、139頁)

古典的論理学から直観主義論理学への展開

現役時代、筆者は若手外交官の教育係をつとめていたが、そこではロシア人との論争に勝つためには論理学を勉強せよと強調した。東京大学の先生が、論理記号を使いながら、2〜3年かけて難しい講義で解き明かす論理学の本質を酒井氏は『負け犬の遠吠え』でわかりやすく説明しているのである。恐らく酒井氏は、論理学の専門書を片手にこのエッセーを書いたわけではないだろう。ということは、天賦《てんぷ》の才として酒井氏はアリストテレス論理学を身につけているということなのである。酒井氏は「地あたま」がきわめていい人物なのである。『負け犬の遠吠え』で展開される酒井氏の言説は、すべて論理の問題なのである。

〈三十代半ばというお年頃の勝ち犬達は、子育て真っ盛りの時期。自分のことになどかまけていられないので、この時期容貌《ようぼう》がガクッと衰えることがままあります。自分のことだけ考えていればいい負け犬とは、大きな違いといえましょう。

負け犬も、もちろん忙しいのです。三十代ともなれば、働き盛りのお年頃。職場においては、目を血走らせて仕事をしています。が、それは子育ての忙しさとは、質が異なるのです。負け犬は、たとえ深夜になろうと、帰宅をすれば自分の時間。アロマオイルをたらしたお風呂《ふろ》に浸《つ》かってみたり、ＳＫ－Ⅱのパックをしたりと、自分に手をかけられる。休暇をとれば、「きれいになる旅」などと称して、豪華エステに二日に一回通うという海外旅行も、できる。

勝ち犬には、このような余裕がありません。第一子と右手をつなぎ、第二子と左手をつないでスーパーに買い物に行くのでは、いくら日差しが強くとも日傘はさせない。子供を連れてハワイに行っても、なかなかホットストーンマッサージは受けられない。〉（『負け犬の遠吠え』２１０～２１１頁）

「負け犬」は必然的に「きれい」で、「勝ち犬」は必然的に「容貌がガクッと衰える」という論理なのである。

〈勝ち犬と負け犬が分裂してしまうのは、仕方の無いことです。人間というのは誰であっても、立場を同じくしている人と友情を育《はぐく》み易《やす》いもの。勝ち犬は勝ち犬同士、アカチャンホンポの話やお受験の話や日曜に子供のサッカーの試合に付き添うのが楽しい、という話をしたいわけだし、負け犬は負け犬同士、ハワイのホテルの話や孤独に過ごすであろう老後の話や当たると評判の占い師についての話をしたいのですから。

勝ち犬と負け犬の関係は全く断絶してしまうわけではなく、時には両者間の異文化交流も行われるのです。しかし昔の同級生、でも今は負け犬と勝ち犬という異なる立場になってしまった両者の関係は、まるで「鬼界ヶ島」において、流された島に一人残らなければならない俊寛と、罪が許され船で都に帰ることができる従者のようで、どうにも重苦しい空気が漂う。……おっと、古典芸能に詳しい負け犬っぷりの一端を、思わず見せてしまったようですね、失礼失礼。〉（前掲書２４０〜２４１頁）

そして、「負け犬」と「勝ち犬」は内在的論理を異にする世界を形成していくという作業仮説である。論理的に破綻《はたん》のない作業仮説だ。しかし、論理が全てでないことを酒井氏は十二分に認識している。

〈結婚していない三十女と話していて、

「で、あなたも私も負け犬なわけじゃない？」

と何気なく言ってみると、多くの負け犬は必死にかぶりをふったり、喰いついてきたりするのです。

「えぇっ、結婚してないと負け犬なワケ？　どうして？　結婚で勝ち負けは決まらないと思うわ！」

とムキになる人は、ムキになる時点で既に負けている。

「私、結婚してはいないけどボーイフレンドはちゃんといるし、先週も○○さんに誘われたしその前は××さんに旅行に行こうって言われたし……」

と「男には不自由してません」という事を必死にアピールする人は、「結婚相手として男性から選ばれたことはない」ということに負い目を感じているからこそ、言い訳をせずにいられないのだろうと推測される。〉（前掲書２７０～２７１頁）

ここから、「負け犬」と「勝ち犬」以外の範疇《はんちゅう》はないという図式が崩れ始める。論理学の世界でも、アリストテレスの古典的論理学に対して、〈認識とは独立に了解される実在論的な真理概念ではなく、われわれの認識・構成に内在した概念こそが、直観主義論理の意味論の中心概念となる。〉（野矢『論理学』１６４頁）ところの直観主義という新しい論理学が生まれるのである。『負け犬の遠吠え』は、かなり高度な哲学書なのである。

功利主義的観点から筆者は、『ふぞろいな秘密』、『負け犬の遠吠え』を参考書として、2007年6月に鈴木宗男氏と共著で『反省 私たちはなぜ失敗したのか？』（アスコム）を上梓《じょうし》した。『反省』において、石原氏に学び、敵を外務官僚だけに絞り込むとともにできるだけ事実を淡々と書いて打撃を与え、酒井氏に学び、北方領土問題については、口先だけで「四島一括返還」を唱えるが、いつまでも領土問題が解決せずに外務省からカネや情報をもらうことに活路を見出《みいだ》す「北方領土ビジネスパーソン」の論理破綻を徹底的に追及した。『反省』は9月初め現在で5万8000部で、商業的にもそれなりに成功した。この場を借り、石原真理子氏、酒井順子氏に対して深甚《しんじん》なる感謝の意を表明します。

実践的恋愛術を伝授してくれる本

『孤独の賭《か》け』上・中・下

五味川純平
幻冬舎文庫

筆者は人見知りが激しいので、見知らぬ人を相手に話をする講演はあまり好きでない。だから講演は原則として断っている。しかし、義理は大切にする。筆者が文筆に従事する以前、経済的にも余裕がない状況のときに公判を支援してくださった人からの依頼ならば、例外的に講演を引き受けることもある。東京地方検察庁特別捜査部に逮捕され、東京拘置所暮らしの先輩である村上正邦氏（元労働大臣）は、独房に閉じこめられ、弁護人以外との接触を禁止されている筆者にリンゴを差し入れてくれた。東京拘置所生活経験者でないとわからないことであるが、リンゴの差し入れには特別

の意味がある。

囚人は、週2回、自費で食料品を購入することができる。独房に座っていると午後1時頃に雑役担当の懲役囚が配達してくれる。なかなか便利だ。ただし、購入できる果物の種類は少ない。バナナは1年中購入可能だ。それ以外の果物については、4～6月が夏みかん、7～9月がバレンシアオレンジ、10～11月が梨《なし》、12～3月がみかんである。囚人がいくらカネをもっていてもリンゴを手に入れることはできないのである。ただし、外部の人が拘置所と契約した売店に頼んで囚人にリンゴを差し入れることは可能である。リンゴを食べている囚人は「外部に支援者がいる」ことを意味する。もちろん村上正邦氏もその辺の事情を踏まえて、あえてリンゴを差し入れてくれたのであろう。

それだから、村上正邦氏からの依頼は喜んで引き受けることにしている。3月末に福岡で中小企業経営者を相手に講演してほしいとの村上氏の依頼も二つ返事で引き受けた。

羽田空港で少し時間の余裕があったので、搭乗口そばの有隣堂書店で立ち読みでもして時間をつぶそうと考えた。平積みの本をのぞいてみると「五味川純平」という名前が目についた。

読者を辟易《へきえき》とさせるご都合主義のストーリー

五味川純平の『人間の條件』や『戦争と人間』は、同志社大学神学部で学んだ頃に熱中して読んだ本だ。外交官になってからも三一新書版の『人間の條件』6冊、『戦争と人間』18冊をロンドンとモスクワにもっていった。『人間の條件』はロシア語に訳されているので（ただしソ連軍による日本人に対する暴行の場面は割愛されている）、モスクワ大学で日本語を勉強しているロシア人学生に贈った。現在、私の本棚に並んでいる『戦争と人間』は、地球を半周して、再び日本にもどってきたのである。

ところで、有隣堂で見た3冊は『孤独の賭け』というこれまで見たことのない文庫本だ。版元は幻冬舎で、帯から推察すると、『孤独の賭け』がテレビドラマ化されたので文庫化されたようである。あの幻冬舎が「五味川純平が売れ筋」と読んでいることが、何となく面白くなって、3冊とも購入した。

早速、行きの飛行機の中で読み始めたが、ひどい駄作のように思え、時間が無駄になるので、読むのをやめようと考えた。しかし、3冊で1680円も出費している。結局、講演会と懇親会が終わった後、ホテルの部屋で午前4時までかけて読み終えた。全体の半分くらいまで読み進めたところで印象が変わった。

『人間の條件』は1958年に完結し、『戦争と人間』は、第一巻が1965年に上梓《じょうし》され最終の第十八巻が1982年に完結している。『孤独の賭け』は、五味川の2大作のまさに中間の1962〜63年に上梓されている。ホテルの窓から、夜が明けていく福岡の町を見ながら、五味川純平には『人間の條件』から『戦争と人間』に移行する過程で『孤独の賭け』を書く必然性があったと思うようになった。

『孤独の賭け』の筋書きは単純だ。金欲、性欲、名誉欲、権力欲の権化《ごんげ》のような女と男の物語である。

主人公の乾百子《いぬいももこ》は、満州からの引揚者で、叔父夫婦に家や財産を奪われた。その後、「ズベ公」になり、不純異性交遊を重ね、現在は「お針子」になって洋服を縫っている。いつかカネをためて、叔父夫婦から財産を奪い返し、復讐《ふくしゅう》をしてやろうと考えている。

もう一人の主人公である千種梯二郎《ちぐさていじろう》は極貧から身を立て、現在はキャバレーやナイトクラブを大規模に経営している。将来は飲食店、風俗店、カジノなどを集めた「娯楽のデパート」を作り、この業界の帝王になることを夢見ている。

二人が出会い、愛し合い、女の復讐計画は実現し、男の夢は崩れていくという筋書きで、その周囲に欲望と虚栄に生きる有象無象が出てくる。五味川純平が描く『俗物図鑑』という感じだ。

ストーリー展開も偶然に頼りすぎている。百子と梯二郎の出会いは実にいいかげんな作りになっている。部屋代を節約するために同居している同僚が男を連れ込む都合で、ある日、乾百子は繁華街を夜遅くまで歩いている。

〈ふいにクラクションが聞えて、磨き立てられた外国車のグリルが百子の腹の前へゆっくりと迫って停った。盛り場の裏通りなどではた迷惑な巨《おお》きな車である。運転手は立ちすくんだ百子に歯を見せて笑っていた。

「危いじゃないの！」

ぼんやりしていたのは百子の方だが、車の立派さが癇《かん》に障《さわ》って、百子の方からくってかかった。

「なぜもっと前に鳴らさないの！」

「どうもすみませんでした」

そう云《い》ったのは運転手ではなくて、後ろに坐《すわ》っていた男であった。まだ若い。この若さでこの車の持主だとしたら、職業を怪しみたくなる。服装がまたすばらしくよかった。

その男が車から降りて、車を行かせてから百子の真正面に立つまで、百子はなぜ立ち停っていたのか、自分でもわからなかった。

「どちらへ？」

男がきいた。

「別に」

百子はそっけなく答えた。ものほしそうに何かを待っていた、そう見えたらしいからである。

「じゃ、行きましょう」

男は、女には当然異存はないものときめているようであった。〉（五味川純平『孤独の賭け』（上）幻冬舎文庫、２００７年、19〜20頁《ページ》）

あり得ない口説き文句を連発

最も重要な二人の出会いを、路地でクラクションを鳴らした車に文句を付け、そこから御縁ができるという実に稚拙な物語に押し込んでいる。頭をまともに働かして構想を組み立てたとは思えない。交通事故に巻き込まれるとか、チンピラに絡《から》まれた百子を梯二郎が助けるといった類《たぐい》の話を作った方がまだましだ。また、その後の梯二郎の発言がありえない内容なのだ。

〈「食事に誘ったりすると、また理由をきかれそうだ」

「ききたいわ」

「つき合うかね？」

「ええ、でもききたいわ」

男は歩きだしてから云った。

「あんたが車に噛《か》みついてきたところが気に入ってね」

百子は、ちょうど男の肩の高さから男の横顔を見上げた。三十を越したばかりだろう。皮膚に張りがあった。彫りの深いきびしい顔立ちは好みに合っているが、若いくせに大物ぶっている、この男は！　あんなことぐらい、だれだって云うだろうに、何が気に入ったというのだ。

「しかし、あんな調子にひっかかるカモは僕ぐらいのもんだろう」

と、男の云い方がますますえらそうに聞えた。

「あまりりこうなやり方じゃない」

「やり方って……？」

百子は聞き咎《とが》めて、急に立ち停った。

「見そこなわないで頂きたいわ。男のカモを漁《あさ》る商売じゃありません！」

「それはどうも、おみそれしたね」

「口だけのことである。無礼さなど意識してはいないらしい。

「僕はそういう女性諸君にせいぜい稼いでもらっているもんでね、ついそう見えてしまうんだが。しかし、実際の話が、そうしたもんじゃないのかな、ウェイトレスやホステスから奥様族に至るまで」〉（前掲書（上）21〜22頁）

筆者は、モスクワで、外貨バーにたむろするロシア娘に冗談半分に「クルバ（雌鶏＝誰にでもヤラせる安売春婦というニュアンスがある）」と言った日本人商社員が、そのロシア娘から往復ビンタをされている情景を見たことがあるが、梯二郎のような物言いならば、場末の商売女だってついてこないであろう。この日、二人は豪勢な食事をして、梯二郎の経営するキャバレーやナイトクラブを何軒も回った。百子は相当酒を飲んだが、梯二郎にヤラせる隙《すき》を与えない。私が知る限り、ヤレそうでヤラせずに、そして、これいじょうヤラせないと男が離れていってしまうというタイミングではきちんとヤラせる女に男が入れあげるというのは、日本でもロシアでも普遍的法則だ。『孤独の賭け』では、ここから二人は惹《ひ》き合うようになり、更にビジネスパートナーになる。この辺はとてもよく描けている。二人の関係について三浦しをん氏の解説が面白い。

〈百子の最大にしてたったひとつの武器は、顔や肉体ではなく、彼女の脳みそなのだ。

（中略）

ほかの男なら無神経に、「そうは言ってもどうせ女だ、げっへっへ」と思うところを、梯二郎は「いや、そうではない。彼女は女であるまえに人間だ」と考え、しぶとく歯ごたえのある百子の真価を的確に見抜くのである。

でも見抜いてもやっぱり、百子の顔と肉体も魅力的であることには変化がないわけで、しかし百子の脳みそを尊重するがゆえに、梯二郎は悶々《もんもん》とする。この男はほとんど全編にわたって、洋服越しに百子のおっぱいを見ては苦悩してると言っても過言ではないだろう。梯二郎の精一杯の口説き文句は、

「そこんとこ（三浦氏註　もちろんおっぱいだ）が重いようなら、いつでも持ってやるよ」

だ。ああ、がんばれ梯二郎！〉（前掲書（下）３０７～３０８頁）

女の視座で「戦争」を描くために必要だったプロセス

『人間の條件』を五味川純平は誠心誠意書いた。主人公の梶は、五味川とほぼ等身大の知識人だ。過去にマルクス主義的な運動に関与した転向者である雰囲気が醸《かも》し出さ

れている。マルクス主義から離れた後はヒューマニズムを基準に生きていこうとする。そこから、収容所という特殊な環境を通してであるが、スターリニズムに対しても否《いな》を唱える。このヒューマニズムを基軸に据え、ソ連崇拝、社会主義幻想と距離をとることができたが故《ゆえ》に『人間の條件』はプロレタリア文学や反戦文学の枠を超えて、エンターテインメント小説として広範な読者に受け入れられたのである。

同時にヒューマニズムを徹底的に具現した梶は、どこか現実感に欠けるところがある。五味川もそのことを自覚していたと思う。主人公である梶は姓だけで、名前がない。姓は公的生活で使われる。あえてそうすることで、私的領域を作品から自然に排除したのだと思う。しかし、それではどうしても物足りないという思いが五味川にあったのだと思う。

そして、あの戦争を等身大の知識人の視座からでなく、さまざまな視座、特に戦争を引き起こした側の視座に立って、また男からだけでなく、女の視座からも描こうという欲望に取り憑《つ》かれたのだ。そのためのいわば実験として、知的で、性欲、権力欲をもち、モラルもある女と男を『戦争と人間』で描くために駄作となる危険を冒してでも『孤独の賭け』を書く必然性があったのだと思う。

本書でみるべきところは、女と男の間の会話、視線、動作などのインターアクションだ。神は細部に宿るのである。この観点から見ると『孤独の賭け』の細部が面白い。

例えば、梯二郎が百子と念願の情交をかなえた次の日の朝の描写だ。

〈翌朝、千種がめざめたときには、百子はもう起きて、板の間の方をすっかり片づけていた。

「すまんが、煙草《たばこ》をとってくれないか」

千種が、せっかくかち得た豊かな感じを一夜かぎりで吹き飛ばされるような第一弾に見舞われたのは、このときである。

「自分でとるの。とってあげるのは、なんでもないことよ。でも自分でとるの」

つづいて、第二弾が来た。

「ゆうべのことは、ゆうべで終りよ。ゆうべのムードを持ち越さないでいただきたいの。千種梯二郎さんは新世紀の社長で、もっと大きな仕事のできる人で、たいへん野心的な男性で、だからいまのあたしが先生にしたいと思うたった一人の男性だけれど、あたしは情婦じゃないわ。中川京子さんみたいに、黙って云いなりにはならない。奥さんみたいにおかねが目当てで、くっついていたりもしないわ」

「起きぬけに、すりこぎで頭をどやしつけられたみたいだな」

千種は服を着ながら、にが笑いした。〉（前掲書（上）190〜191頁）

ここでは、愛し、尊敬し合って、身体《からだ》の関係ももったことがあるのだが、人間としての自立性にあくまでもこだわる、無理をしながら生きていくというスタイルが好きな女と男のインターアクションが描かれている。これが『戦争と人間』では、二・二六事件の中で、反乱側の青年将校に同情的だが、鎮圧側で任務を遂行する状況に置かれた柘植《つげ》少佐と聡明《そうめい》で気が強い財閥令嬢の伍代《ごだい》由紀子のやりとりに変容する。満州で二人は一旦《いったん》結婚を誓って同棲《どうせい》を始める。特務機関に勤務する柘植は、阿片《あへん》摘発を本気で行おうとするが、そこには関東軍幹部と結託した伍代財閥がいる。そこで二人は別れることになった。二・二六事件で混乱する状況下、柘植が伍代邸を訪れる。

〈由紀子が送って出た。

玄関で、由紀子が囁《ささや》いた。

「五分だけ、時間をくださらない」

柘植は返事をする間がなかった。

由紀子の白い手が柘植の胸に触れ、押すようにして、二人は玄関脇《わ》きの小部屋に入った。柘植が来たとき、滝（筆者註　伍代家の家政婦）が待たせた部屋である。

部屋のなかは氷室のように寒かった。由紀子はガスに火をつけた。

立って、柘植と眼を見合ったとき、由紀子は慄《ふる》えているようであった。

「……つまらないこと、お尋ねしてもかまいません？」

「どうぞ」

「御結婚なさいました？」

柘植は棒のように立っていた。

「……満洲で一度したことがあります」

「どうなりまして？」

「ある日、簡単な手紙が来ました。旅行に出ると書いてありました。それきりになりました」

「そう？」

由紀子の眸《ひとみ》が逃げた。柘植の記憶にはなかったことである。

「その人がまた戻りたいと云って来たら、どうなさる？」

「もう一度出て行くためにですか」

逃げた眸が一閃《いっせん》して、衝突して来た。

「意地を張っていらっしゃる？」

「いいや」

「女にひざまずけとおっしゃる？」

「そんなことはありません」

「その人になんて伝えましょう？」

「……事件が片づくまで、待っていただくようにお伝え願います。いまは、一千数百の将兵が生きるか死ぬかの瀬戸際《せとぎわ》に立っています。気勢を上げているけれども、楽観できる情況ではありません。皇軍相撃にはならないとたかをくっているようですが、それは軍の長老たちが微温的な接触をしているからで、軍の中枢《ちゅうすう》の意志はもっと冷酷なもののように僕には感じられる……」

「五・一五事件のとき、わたくし、空想したものでした。あなたが、事件に関係していらっして、逮捕される身を、ほんのいっときでも会いに来てくださることを。何事もなかったような顔をしてらしてね。カチンと踵《かかと》を鳴らして、挙手の敬礼をなさるんですわ。お久しぶりでした、お変りありませんかって……夢みたいなお話ですわね。でも、切なくて、生き生きしていて、充実していました……」〉（五味川純平『戦争と人間　８』三一新書、１９６７年、１３１～１３３頁）

優れた作家は無駄なことはしない。伍代由紀子をつくるために乾百子は必要不可欠だったのだ。『孤独の賭け』が駄作に見えた私には、ライフワークとなる小説を生み出すために試行錯誤していた五味川純平の苦悶が理解できなかったのだ。深く反省している。

『我が心は石にあらず』

高橋和巳
新潮社

団塊世代は、日本の高度成長を支えてきた中核的世代である。筆者は団塊世代がこれから現役を退いても独自の「高齢者文化」を形成して、日本を牽引《けんいん》していくと考える。世代論を過度に重視するべきではないという声もよく聞くが、歴史において世代が与える影響は明らかにある。

筆者の個人的体験からしても、１９９１年のソ連崩壊への露払いをしたのは、１９５０年代後半から60年代前半のフルシチョフ時代に青春を送った世代だった。スターリン批判による「雪解け」の原体験が、社会を変えることは可能なのだという意識をこの世代に植え付けたのである。東欧の崩壊過程では20代の若者が中心になったが、ソ連ではブレジネフの安定し、停滞した時代しかしらない20代の若者は政治的に無関心で、フルシチョフ世代の40～50代が時代の牽引役になった。団塊世代の内在的論理はなかなかつかみにくい。どうすればよいかと考え、団塊世代の人々が学生時代に読んだ本にもう一度光をあててみることにした。団塊世代の好む本を分析することが、その内在的論理の解明に役立つからだ。筆者は、二つのカテゴリー（範疇《はんちゅう》）に本を分ける。第一は、学生時代に手にしたが、読み終えることができなかった本だ。マルクスの『資本論』やヘーゲルの『大論理学』といった類《たぐい》の本がそれにあたる。第二は、団塊世代の魂をつよくとらえ、一躍ベストセラーとなったが、その後の世代にはそれほど強い影響を与えていない本である。

本稿では第二カテゴリーから高橋和巳『我が心は石にあらず』（新潮社、１９６７年）を取り上げることにする。

筆者は１９６０年生まれなので、団塊世代からは一回り若い。しかし、高橋和巳は比較的身近に感じる。それは筆者が京都で学生時代を過ごし、しかも大学紛争が終息していなかった同志社大学で、神学というひじょうに不思議な学問を学んだこととも関係していると思う。神学生に高橋和巳ファンは結構多かった。それは高橋和巳が観念を食って生きていくような小説家だったことと関係している。

ここで『我が心は石にあらず』を取り上げるのも、社会的に恵まれた場所にいる知識人である主人公が、ちょっとした出来事を契機に転落していくという構成の観念小説としてよくできているからだ。

インテリ男の不倫の流儀

舞台は田舎町、主人公の信藤誠は、労働者家庭から実力ではい上がってきた技師だ。この町には、共同体理念が残っていて、貧困家庭出身者でも前途有為な若者に奨学金を与え、大学教育を受けさせるというシステムがある。信藤誠もその不倫相手になる久米洋子もそのシステムで教育を受けた「銅の会」のメンバーだ。信藤誠は、重役昇進を断り、組合活動を選ぶ。それと同時並行的に久米洋子との不倫が進む。最終的には、組合活動も不倫関係も破綻《はたん》し、出口がなくなったところで終わるという小説だ。内容がてんこ盛りで教養小説としての構成もとっている。本書を読めば、組合運動、社会主義運動についての教養と、生真面目《きまじめ》一本で今まで浮気などしたことがないインテリ男の不倫の仕方についての教養がつく。

まず、信藤誠は、自らの政治信条として科学的無政府主義という不思議な思想をもちだす。

〈科学的無政府主義は、老子的な原始村落やロシヤのミールを原基形態とする従来の無政府主義と異り、あるいはバクーニンの一揆《いっき》主義やスペインのアストゥリアスの蜂《ほう》起《き》とも今は様相を異にして、通信及び統計機具の極度の発達と生産手段のオートメイション化に対応する科学者及び労働者の運動形態であらねばならない、と私はつねづね説いてきた。しかし理想はどうあれ、実状は、自律主義の代償に、たえず資金難に悩まねばならなかった。もっとも、自主独立のために資金の乏しさに耐えるか、大組織に政治的に従属することによって、経済的にうるおうかという二者択一は、なにも私たちだけの悩みであるわけではない。おそらく、東南アジアやアフリカの新興国や後進国の指導者の悩みにも共通する。組織というものは、小さくても大きくても、当面せねばならぬ基本的課題は共通しており、たとえば仏教社会主義を説くセイロンの政治家やビルマやインドネシヤのナショナリストの苦悩も、いわば規模が大きいだけであろうと私は考えている。経済援助は喉《のど》から手が出るほど欲しい。しかし、対立する世界の、そのどちらから援助を仰いでも自主的判断の自由が奪われる。〉（前掲書58～59頁《ページ》）

日本の左翼系知識人がソ連に対する違和感を本格的に強めるのは、ソ連を中心とす

ことだ。1968年に「プラハの春」を叩《たた》き潰《つぶ》して以降のことだ。もちろん1956年のハンガリー動乱に対するソ連軍の侵攻に対しても新左翼系の知識人は激しく批判したが、その影響は限定的で、左翼系知識人の多くは、ソ連には否定的側面もあるが基本的に資本主義の矛盾が解消された社会主義国と考えていた。高橋和巳は、「プラハの春」前に、ソ連、中国の社会主義に関する幻想を完全に払拭《ふっしょく》するのみならず、マルクス主義を退けている。

『我が心は石にあらず』では、「科学的無政府主義」という、当時の常識では奇抜な構想を提示しているが、アントニオ・ネグリやマイケル・ハートが主張するグローバリゼーションの〈帝国〉の時代における抵抗の主体としてあげたネットワークによって作られる共同体〈マルチチュード〉と共通した構想である。マルクス主義全盛の1960年代の左翼的風土の中で、資本主義に対抗する主体として、無政府主義を復活させ、それがストライキで敗れていく姿を描いている。それと同時に、高橋和巳は、土地に結びつけられた人々がもつ共同体意識を前近代的なものとして退けるのではなく、資本主義を超える共同体の基礎として位置づけようとする。ロシアのナロードニキ（人民主義者）思想とともに戦前の尊皇の農本主義者の影を筆者はそこに読み込む。

不倫小説としての教養も面白い。生真面目な知識人のように見えながら、不倫をしながらドッボにはまらないコツを信藤誠は十分身につけている。

〈——だが今、久米洋子は、そうした天真爛漫《らんまん》な笑顔を失って、聞かでもがなの私の日常の些事《さじ》にこだわった。

「ね、それから、どうなさるの」

「着物を服に着換えます」

「それから」

「会社へ行きます」

「嘘《うそ》、会社へ行かれる前にもっと何かなさるはずだわ」

「いや、何もしませんよ」

「隠さないで」

「…………」

「奥さまが、お嬢さんを抱いて、疏水《そすい》べりまでお見送りなさるわね。解《わか》ってるのよ。私は千里眼だから、全部見えるのよ」

私の顔を覗《のぞ》きこんでいた久米洋子の左右の瞳《ひとみ》が斜視のようになり、そして彼女はぱらぱらと涙を流しながら、私の胸を拳《こぶし》で打った。〉（前掲書140〜141頁）

不倫相手に家族生活の温かさを臭《にお》わせるのは禁じ手であることを信藤誠はよくわか

っている。だいたい知識人などというものは簡単なことをあえて難しくするのが趣味なのだ。〈自分自身の心の中を覗き込んでみるとき、私を支えている原理はあまりにも恥かしかった。人の心に深淵《しんえん》などという比喩《ひゆ》を用いることは文学的な粉飾か偽瞞《ぎまん》にすぎない。底の浅い欲望が、ごまかしようもなくうごめいているだけなのだった。／それから逃れるために、私は組合運動に挺身《ていしん》したのだったろうか。私の欲していたのは矛盾に満ちたこの世の変革であるよりも、変革の大義名分だけではなかっただろうか。〉（前掲書164頁）などと信藤誠は述べるが、平たい言葉でいえば「不倫相手が妊娠して、うろたえてしまったので、組合運動で大暴れして、当面の個人的危機について考えないで済むような状況を作る」という実に身勝手な発想に過ぎない。

家庭を決定的に崩さないための男の知恵

当然、こんな男が夫だと、妻も参ってしまう。この辺の描き方が実にリアルだ。親の形見のダイヤモンドの指輪をなくしてしまったときの妻の様子だ。〈妻の藤乃はテーブルに両肘《りょうひじ》をつき、幼い子供のようにチョコレートを頬張っていた。（中略）私は妻を叱《しか》りつけようとし、そしてその時、藤乃のチョコレートの食べ方が、飢えた浮浪児が残飯をあさるようながつがつ
いい
つき方であることに気付いた。私は何か見てはならない

ものを見たような気がし、妹のいる台所の方へもどった。（中略）放神したようにしてチョコレートを頰張っているその様子には、なにか過去の怨霊《おんりょう》にとりつかれたような異常な気配があった。人の正常と異常の境は紙一重というけれども、高価なものを紛失したショックに放神している妻の異常のあらわれ方が、私には、なんとも言えない悲しいもののように思われたのだ。〉（前掲書94〜95頁）。チョコレートを食べる様子を描くことで妻の精神が変調を来《きた》しはじめている様子を見事に示す。

〈藤乃は、ダイヤの紛失とも関係なく、また私の内心の乱れとも無縁に、ぞっとするような溜息《ためいき》をもらした。幻聴ではなく、私は確かに、妻が卓子にうつぶせてうめくように呟《つぶや》くのを聞いたのだ。

「ああ、わたしはもう疲れはてた……」〉（前掲書99頁）

家庭を壊さない不倫などないのである。主人公はそのことをよく自覚している。久米洋子との逢瀬《おうせ》のシーンでも愛人とのセックスは楽しみつつ、家庭は決定的に崩さないようにする男の知恵が披瀝《ひれき》されている。

〈私の掌《てのひら》全体からもこぼれる見事な乳房の隆起にも拘《かかわ》らず極端に小さな乳首を吸うとき、あるいはまた不意に何の脈絡もなく私の胸に顔を埋めたまま彼女が少女時代の日常茶飯事を語りはじめるとき、幾度か私はどうなってもいいと思った。だが私は、それを口にすることだけはしなかった。言ってしまえば、本当にそうなるかもしれないからだ。〉(前掲書171頁)〈「あなたをとってしまいたい」と逢瀬のある瞬間に久米洋子が呟いた時、私は本能的に彼女から身をひきはなした。愛からではなく、現状をこわしたくないために。決定的な事態になれば、家庭をまもる側に自分が廻ることを知っていたからだった。〉(前掲書167頁)。同衾《どうきん》して、どんなに感情が高ぶっても決定的にヤバイことは言ってはいけないという教訓だ。

不倫にも組合活動にも疲れ果て、信藤誠は家族が待っている温泉地に逃げる。そして、自分の中で結論を出す。

〈ことさらに冗談めかして軽口をたたきながらも、視界のかすむ湯気の中で、私はふと、戦いに敗れたのではなく、この平和に勝てなかったのかもしれぬと、思った。最低限、自分の志は守ったつもりでありながら、私には志を貫いたことの昂揚《こうよう》も満足もなかった。限界的な状況で身構えるすべは知っていても、変りばえのしない日常の中で、名誉も称讃《しょうさん》もない自己との闘いを闘うすべを私は知らなかったのだ。

「何処《どこ》か別の町へ行きましょう」と先刻と同じ言葉を妻は繰返した。夫の昇進よりも住まう場所を替えることに重点をおく妻の言葉には、言外に、場所を変えれば、私の内面の病気、心の惑いも薄らぐだろうという意味がこめられていたようだった。薄々ながら、すべてを妻は知っていたのだ。おそらく、それは共に生活している者として当然のことだろう。私もまた隠しおおせるものとも、思ってはいなかった。

そして、その時ほどはっきりと実感したことはなかった。久米洋子とのことも、もう終ったのだ、と。〉（前掲書362頁）

生活保守主義の限界

「闘争に敗れたのではなく、家庭の平和に勝てなかったということが見えたので不倫相手との関係はこれで終わりだ」というのもまた実に身勝手な論理だ。生活保守主義そのものである。政治的に進歩的な言説を唱え、行動する男が、家庭では「家長の言うことをつべこべ言わずに聞け」といった類の封建的暴君であるということは、珍しくないが、それは言っていることとやっていることが分離しているみっともない現象と見られていた。しかし、高橋和巳はここで生活保守主義を理論武装する。〈文化的な伝統の尊重や日々の生活の規律において、人が保守的であることは決して悪いことではない。平和を愛する感情の中には常にある程度の現状維持的な気分が混入しており、そして個個人の生活や知識や情操の向上には何よりまず安定が必要である。集団的な淘汰《とうた》は闘争の中で行われるものであっても、個人的な進歩や向上は、あまりに過激な変化のない日々の上に築かれる。〉（前掲書165頁）からだ。

全共闘運動が全盛だった1970年前後に社会運動を経験した団塊の世代に属する学生は、身勝手な生活と生活保守主義に向けた理論的根拠を高橋和巳の小説を読むうち、知らず知らずのうちに身につけ、その後の生活で活《い》かしていく。「個人的な進歩や向上は、あまりに過激な変化のない日々の上に築かれる」のであるから、生活保守主義は、反動ではなく進歩を担保するために不可欠なのだ。その意味での高橋和巳の教養は、団塊世代のみならず現在の日本の男社会にもきちんと根付いている。この男世界の生活保守主義の限界を破ることができていないところに、現下日本が停滞している原因があるのだと筆者は考える。

居心地の悪さから逃れるために

夫人の高橋たか子氏は、高橋和巳を追悼してこう述べている。

〈主人は要するに自閉症の狂人であった。私がこう書いて、驚く人があれば、その人の洞察力がにぶいのである。私との関係では、私に甘える気持から、それがはっきりした形をとり、他の人々との関係では薄らいで表われたにすぎない。主人をあたたかい人と言う人もあり、反対に冷たい人と言う人もある。どちらの言葉も当っていない。自分の想念を撫《な》でさすってくれるものに出会った時にたまたまあたたかい顔をしたのであり、自分の想念とは異質なものに出会った時にたまたま冷たい顔をしたのである。他人と酒を飲んで大声で笑っている時も、議論に熱中している時も、主人のまわりには透きとおる膜がたれさがっていて、主人は生身の手を他人にさし出すことはなかった。それに気づいていない人があれば、その人の洞察力がにぶいのである。〉（高橋たか子『高橋和巳の思い出』構想社、1977年、106頁）

高橋和巳自身は観念的な人間であったにもかかわらず、作品で示す想念が社会革命的と受けとめられたことに何とも表現できない居心地の悪さを感じたのだと思う。『憂鬱《ゆううつ》なる党派』、『邪宗門』などの一見社会性をもったような作品で高橋和巳が描きたかったのは、政治や革命ではなく、人間の友情だったのだと思う。高橋和巳は小説で、旧制高校的な教養主義の匂《にお》いがする中での男の友情を描きたかったのだと思う。しかし、世間は高橋和巳を社会的関心の強い、革命思想をもった知識人と考えた。世間的な評価が高まれば高まるほど、高橋和巳は、自分の置かれた場所に居心地の悪さを感じたのだ。

そして、その居心地の悪さについてできるだけ考えないようにするために、ひたすら書いて書きまくって、飲みまくって、死期を早めたのだ。高橋たか子氏は、夫の悲喜劇を読者に過激な言葉で伝えたかったのだと思う。

「交渉の達人」になるための参考書

『北方領土交渉秘録 失われた五度の機会』

東郷和彦
新潮社

2008年3月2日にロシア大統領選挙が行われた。予想通り、プーチン大統領が推薦するメドベージェフ候補（第一副首相）が、7割以上を得票して、当選したが、筆者にはとても嫌な予感がする。国防省機関紙「クラスナヤ・ズベズダー（赤い星）」（週刊版、3月5〜11日号）に、軍における大統領選挙の模様を伝える記事が出ていた。

〈新大統領選挙にもっとも積極的に参加したのが第58軍の師団と旅団である。選挙人名簿に記載されたほぼ100パーセントの投票率であった。例外は、北コーカサスの

他の部隊に長期出張中の軍人だけであった。これらの軍人も出張先で投票した。〉

100パーセントの投票率を誇るというのは、棄権が認められていないということだ。この一点だけをとっても今次大統領選挙が非民主的だったことがわかる。第58軍はチェチェン平定作戦の最重要部隊だ。大統領選挙への投票が国家への忠誠と同一視されているのである。

大統領選挙が行われた2日夜、プーチンとメドベージェフが、「赤の広場」で行われていたコンサートに「飛び入り参加」した。もちろん、暗殺を極度に警戒しているこの二人が、人混みで行われる行事に「飛び入り参加」するようなことはない。「赤の広場」のコンサートでは、入場者の持ち物検査が徹底的に行われ、また、会場では、大統領警護局と連邦保安庁（FSB）の私服警護官による警備がなされていたはずである。

この会場でプーチンは、「共に進もう」と若者たちに呼びかけた。それに応《こた》える若者たちの「プーチン！　プーチン！」という大コールがやまなかった。

今回の大統領選挙を機に、ロシアでは、動員型の政治が行われるようになった。選挙の結果、プーチン＝メドベージェフ二重王朝が成立したわけであるが、この王朝のイデオロギーが、ファシズムに類似したものになることを筆者は危惧《きぐ》している。

ファシズムの入り口に来ているロシア

ここで読者に誤解がないように、ひとこと説明しておきたい。筆者は、ナチズムとファシズムは別の概念ととらえている。アドルフ・ヒトラーが展開したナチズムは、「アーリア人種（実態はドイツ人だが、それにノルウェー人などが恣意《しい》的に加えられる）の優越性」という荒唐無稽《むけい》な神話と進化論が結びついた、知的には相当御粗末なイデオロギーで、運動としても支離滅裂だ。

これに対して、1920年代にイタリアでベニト・ムッソリーニが展開したファシズムは、知的に相当複雑な操作を加えた、かなり洗練されたイデオロギーなのである。まず自由主義的資本主義（市場原理主義）を野放しにした結果生じた、極端な格差と貧困の是正を国家の力によって行う。資本家のエゴイズムを規制するのである。現代では有力な近代経済学者と見なされ、厚生経済学を提唱したビルフレド・パレートも、当時はファシズムの理論家と見られていた。それと同時に、共産主義の処方箋《しょほうせん》も拒否する。共産主義が、階級という切り口で国家や民族を破壊することにファシズムは忌避反応を示す。イタリア人のためのイタリアというスローガンで国民をまとめ、国家を強化していくのだ。

ここでいうイタリア人とは誰なのであろうか？　ファシストは、イタリア人を自明の概念とは考えない。イタリア人になろうとして、自分の能力を社会のために活《い》かそうとしている人はすべてイタリア人なのである。そこに、ジェンダーの差別はない。エスニシティーや人種による差別もない。ユダヤ人であっても、イタリア人同胞のために努力するならば、立派なイタリア人なのである。ファシストの自己理解では、国家や国民は、自明で静的な存在概念（英語でいうbeing）ではない。ファッショとは、イタリア語で束を意味する。国民を束ねていく運動の中で、国民も国家も生まれてくるのである。従って、国民や国家は、動的な生成概念（英語でいうbecoming）なのである。

2月8日、クレムリンで行われた国家評議会でプーチンは、「2020年までのロシア発展の戦略に関する演説」（以下、戦略演説と略す）を行った。その中で、「今後、政府はイデオロギーと戦略策定のセンターとなる」とさりげなく述べた。ソ連時代、マルクス・レーニン主義イデオロギーは重要な意味を持った。ブレジネフ時代にイデオロギー問題を担当したスースロフ政治局員こそがキングメーカーだった。ブレジネフ、アンドロポフ、チェルネンコ、ゴルバチョフの4人の共産党書記長人事において、スースロフが重要な役割を果たした。イデオロギー担当政治局員は、「神の言葉」（すなわちマルクス・レーニン主義ドクトリン）を正しく解釈する司祭なのである。ソ連崩壊後のロシアは、脱イデオロギー国家を建前とした。従って、大統領が国家戦略について述べることがあっても、イデオロギーについて述べたことはなかった。2007年4月26日の大統領年次教書演説で、プーチンは大統領職を離れた後に「民族理念の探究」に従事すると述べた。メドベージェフ新政権下でプーチンは首相職に就任する意向を示している。ここで、民族理念を探究し、国家イデオロギーを構築し、プーチンは21世紀ロシア国家の司祭に就任するのである。そして、この国家イデオロギーは、自明なものとはされず、「大統領、首相と国民が一緒に作っていく」生成概念として提示されることになる。

どうもロシアはファシズムの入り口に来ているようだ。もちろん、プーチンやメドベージェフはファシズムなどという、手垢《てあか》がつき、否定的響きのある言葉は用いない。しかし、重要なのは包装紙ではなく、中味だ。ロシアがファッショ国家に変容しようとしていることに日本の外務官僚は気づいているのであろうか？　恐らく気づいていない。それは外務官僚の知的基礎力がかつてなく弱っているからだ。あまりに弱っているので、今や自らの能力が基準に達していないことすら気づいていないのだと思う。

トップエリートならではの欠陥ゆえに

こういうときに、筆者は、「東郷和彦さんが現役外交官として残っていてくれれば、状況はまったく異なっていた」と思い、ため息をつく。そこで、本稿では、東郷氏の『北方領土交渉秘録　失われた五度の機会』（新潮社、2007年）をとりあげる。

東郷氏の祖父は、太平洋戦争開戦時と終戦時に外務大臣をつとめた東郷茂徳《しげのり》、父は外務事務次官と駐米大使をつとめた東郷文彦《ふみひこ》である。東郷氏は、文字通り、「外務省サラブレッド」の家系に属する。

東郷氏は、身のこなしも、酒や食事の趣味も洗練されている。それに物腰が柔らかく、尊大なところがない。日比谷高校から東京大学教養学部国際関係学科に進学した。教養学部国際関係学科は、法学部よりも難しい東大の超エリート学科だ。ちなみに普通の大学生ならば、英語だけでもてあますが、東郷氏は、英語はもとよりフランス語も上手に操る。外交官試験もフランス語で受験して合格した。東郷氏が筆者に打ち明けたところでは、「僕ははじめは、フランスの文芸批評をしたかったのです。しかし、能力に限界を感じたので、外交官にでもなろうと思いました」ということだ。

ロシアの政治家や高級官僚には、知識人が多い。東郷氏は、プラトンをよく読み込んでいるので、こうした知識人たちと、ギリシア古典を引用しながら話をすることができる。筆者は、モスクワの日本大使館で、東郷氏が特命全権公使をつとめているときに、政務担当の二等書記官としてお仕えした。東郷邸の食事はおいしかった。食材は、モスクワの自由市場で購入するだけでなく、スウェーデンからも取り寄せ、日本から調理人を、フィリピンからメイドを連れてきて、ロシア人を接待する。

こういうやりかたをすると外務省から支給される経費では足が出るが、東郷氏はその分を給与から負担していた。他の外務官僚と異なり、蓄財傾向がないのも東郷氏の特徴だった。要するに自分の能力に自信があるので、蓄財などしていなくても、何とかなると思っていたのだ。それから、外務省の上司や政治家に取り入って出世しようとしない。仕事で実績をあげれば、ポストはそのまま ついてくるというのが東郷氏の哲学だった。

事実、２００２年に鈴木宗男疑惑の絡《から》みで東京地検特別捜査部の手が及びそうになり、東郷氏は「亡命」を余儀なくされたが、オランダのライデン大学、アメリカのプリンストン大学、カリフォルニア大学サンタバーバラ校、韓国のソウル国立大学から、次々と客員教授としての招請がきた。現在も東京のアメリカ系某大学で英語で教鞭《きょうべん》をとっている。（筆者註　２００９年４月からは京都産業大学客員教授）

こういうと、東郷氏は良いことずくめのようだが、そうではない。人間だから欠陥もある。東郷氏は人当たりが柔らかく、言葉遣いもていねいなので、鈍感な人は気づかないが、筆者が見るところ、同氏は極端な能力主義者だ。東郷氏は、自らが能力があると評価した政治家、部下はたいせつにする。

しかし、能力がないという評価をすると、そのような人物は視界から消え去ってしまうのである。後に東郷氏は、ムネオ派官僚として外務省を追われた。それは当時、田中真紀子騒動で有力次官候補がすべて傷ついた隙《すき》をついて偶然、外務省の事務方トップになった竹内行夫外務事務次官が、権力の絶頂期の鈴木氏に擦り寄ったが、能力に限界があるので、相手にされなかったことを根にもって行った報復人事と筆者は見ている。

東郷家「秘伝」の交渉哲学

東郷氏の交渉術もトップエリートならではのものだ。ここではそのうち最も重要な交渉術を一つだけ紹介しよう。東郷氏は、相手に51パーセント譲れと言う。外交の世界では、「相手に譲れ」ということはよく言われる。しかし、その場合も、引き分けにならないように、ほんの少しだけでもいいからこちら側が勝つように49パーセントが譲る歩留《ぶど》まりだということが言われる。しかし、東郷氏は51パーセント譲れという。これが東郷家の「秘伝」なのである。

〈私には忘れえぬ出来事がある。

祖父茂徳の一人娘である母いせは晩年に癌《がん》を患《わずら》い、一九九七年夏、すでに死の床にあった。

七月の末、たまたまベッドの脇《わき》にいた私に、母はふいに、祖父が外交の仕事で何が一番大切だと言っていたのか知っているかと問いかけてきた。

一瞬、答えに窮していると、母は「交渉で一番大切なところに来た時、相手に『五一』を譲りこちらは『四九』で満足する気持ちを持つこと」と言った。

その答えは私には意外に思えた。

祖父は、交渉においては不屈の意志と徹底したがんばりを貫き通した人物だった。ノモンハン事件の事後処理に際してはソ連のモロトフ外務人民委員とぎりぎりの交渉を繰り広げ、太平洋戦争末期には「国体の護持」を唯一《ゆいいつ》の条件として戦争終結を主張し、徹底抗戦を唱える主戦派をねばり強く説得し続けた。

実務面のかなめとして終戦時、鈴木貫太郎内閣を支えた迫水久常《さこみずひさつね》内閣書記官長は、一九四五年八月十三日夜、陸軍参謀総長と海軍軍令部長が東郷外務大臣に会い、国体の護持について「日本国の最終の政治の形態は、日本国民の自由に表現せられたる意思によって決定するものとす」という連合国の回答では納得できないから再度米国に話をしかける道はないかと申し入れた時のことを、次のように記している。

「ときどき私は部屋に入ってみたんですが、両総長は非常にものを言われるんですが、東郷外務大臣は黙ったきりで何も言われない。何か返事をする必要が出てくると、『そういうことはできません』と言われるだけでした。（中略）そういう言葉で徹底的に強情を張っておられたことを覚えています。（中略）ほかの人でしたら、両総長がそれほど言うならばもう一度話をしてみようかというようなことにでもなり、とても戦争終局というところまではこぎつけられなかったでしょう。徹底的に抵抗されたことを、私は非常によく覚えています」（霞関会著・河野洋平編『劇的外交』二〇〇一年成甲書房）

さて、私と母の問答に話を戻すと、当惑した私に母は、「外交ではよく、勝ちすぎてはいけない、勝ちすぎるとしこりが残り、いずれ自国にマイナスとなる。だから、普通は五〇対五〇で引き分けることが良いとされているでしょう」と続けた。

「でも、おじいちゃまが言ったことは、もう少し、違うのよ。交渉では、自分の国の、眼の前の利益を唱える人はいっぱいいる。でも、誰かが相手のことも考えて、長い目で自分の国にとって何が一番よいかを考えなくてはいけない。最後のぎりぎりの時にそれができるのは、相手と直接交渉してきた人なのよ。その人たちが最後に相手に『五一』あげることを考えながらがんばり通すことによって、長い目で見て一番お国のためになる仕事ができるのよ」

この会話から数日たって、母は他界した。〉(前掲書389〜391頁《ページ》)

東郷茂徳は、タフネゴシエーターとして有名だった。その東郷茂徳が「51パーセントを相手に譲る」という交渉哲学をもっていたのである。筆者の理解では、この哲学は二つの意味をもつ。

第一は、人間の認識の非対称性である。人間の認識は、どうしても自分に都合がよくなるようにできている。こちら側が、50パーセント譲ったつもりでいても、相手からすれば、49パーセントの譲歩にとどまっているように見える。51パーセント譲る腹を括《くく》ったところで、はじめて相手もこちらが本気で譲歩していると認識する。ここから、交渉をまとめ上げようとする信頼と意欲が湧いてくるのだ。

第二は、時間の要素である。時間の経過とともに、彼我《ひが》の力関係は変化する。相手が弱っているときに、こちらが勝ちすぎると、あとで必ずしっぺ返しを食う。第一次世界大戦後、ベルサイユ講和条約で連合国はドイツに多額の賠償金を課した。その結果が、ヒトラーによるナチス・ドイツの台頭と第二次世界大戦をもたらした。

「北方領土交渉」の失敗から何を学ぶか

東郷氏は、「51対49」という祖父の遺言のもつ意味を更に掘り下げていく。

〈それから折に触れ、私は、東郷茂徳にとって「五一を相手に譲り、四九をこちらに残す」ということが、何を意味していたのかを考えるようになった。

明らかに、ここでいう「五一対四九」とは、足して二で割るとか、大体半々くらい譲歩するとか、そういうことを意味してはいなかった。私には、母が死の床から述べていたように、それは交渉がぎりぎりの時点に来たときに、自分の立場だけではなく、相手がどういう立場にたっているかを理解する意思と能力の問題であるように思われた。

第二次世界大戦開戦の経緯に照らせば、交渉の最終局面でアメリカがハル・ノートによって自国の全条件を日本に飲ませようとした態度は、この茂徳の考えからすれば、まさに、あってはならない外交態度のように感ぜられた。

終戦に際しては、茂徳は国体護持の一条件でポツダム宣言を受諾すべしとして軍部の追加三条件に徹底して反対したが、当時の日本の国内状況を考えるならば、もしかしたらそれが、連合国側に「五一」を与える覚悟をもって対処したことなのだろうかとも考えた。

この「五一対四九」というテーゼは、ほんとうに真剣に交渉に取り組んだ経験がある人には、それぞれ思い当たる点があるのではないだろうか。

私自身の経験で考えても、成功した交渉には確かに交渉のどちらかの当事者に、または両方の当事者に、相手のことを考えるという気配が色濃く存在していた。

父、東郷文彦も交渉当事者は、「交渉が半ばを越して双方でだいたいの輪郭が浮かび上がって来るころになると、今までいわば敵であった交渉相手が今度は後ろを向いて自分の国内の説得にかかる」と、だいたい同じ考え方を述べている。

一方、失敗した交渉においては、例外なくどこかの時点で、相手にとって何が肝要であるかについて慮《おもんぱか》らなかったり、相手が譲歩の兆《きざ》しをみせたときに、自分の国の利益をさらに一歩取ろうとする思惑が働いていた。〉（前掲書391～392頁）

東郷氏が、『北方領土交渉秘録』第六章「ロシア『九二年提案』と東京宣言」において、はじめて真実の一端を明らかにした、ロシア側からの秘密提案が実らなかった理由も、「相手が譲歩の兆しをみせたときに、自分の国の利益をさらに一歩取ろうとする思惑」が日本外務省に働いたからなのである。

「交渉がぎりぎりの時点に来たときに、自分の立場だけではなく、相手がどういう立場にたっているかを理解する意思と能力の問題である」というのは、確かに東郷氏の指摘通りだ。そして、東郷氏も筆者もこの原則に従って、外交交渉を行った。しかし、筆者たちは、外務省内部の「内交」にあまりにも配慮しなかった。結果が出れば、誰もがついてくると考えていた。また、結果が出なくても、東郷氏の意図は正確に理解されると思っていたが、見通しが甘かった。「官僚の良心は出世である」、「褒められるのが好きで、叱《しか》られるのは嫌い」という外務官僚の文化を忘れていた。このような平均的外務官僚が「どういう立場にたっているかを理解する意思と能力」が東郷氏にも筆者にも欠けていたのである。

いつの日にか、『北方領土交渉秘録』に記された東郷式外交術を継承する外交官が生まれてくることを功利主義者である筆者は望んでいる。そうすれば、ファッショ化したロシアと五分《ごぶ》の交渉が可能になる。

『カラマーゾフの兄弟』1〜5

フョードル・ミハイロヴィチ・ドストエフスキー
亀山郁夫訳
光文社古典新訳文庫

翻訳は実に割に合わない仕事である。モスクワ国立大学での9カ月間の研修を終え、1987年6月に筆者は在ソビエト社会主義共和国連邦日本国大使館政務班で勤務を開始した。身分は三等理事官（アタッシェ）だった。大使館の役職は、偉い順に並べると、大使、公使、参事官、一等書記官、二等書記官、三等書記官となるが、更にその下に三等理事官（アタッシェ）という官職がある。アタッシェは見習い外交官というような意味で、大使館の外に出て外交交渉をすることはない。

便所掃除と翻訳の日々

政務班は、大使館の司令塔で、秘密文書が山のようにある。従って、ロシア人現地職員を一切部屋に入れないようにしていた。特別のカードと暗証番号の入力によって鉄扉が開くというシステムになっていた。政務班は約10名だが、女性職員は、庶務で書類回しや掃除を担当する1名だけだった。筆者が政務班で勤務を開始したときは、結婚で女性職員は退職し、「モスクワ大使館政務班の勤務環境はこの世の地獄」という悪評が外務本省と全世界の日本大使館に広まっていたため、人事の手当がつかず、急遽《きゅうきょ》、研修を終えた筆者が押し込まれたのである。

女性職員がいなくなった途端に、男達の生活ががさつになる。モスクワでも7月の2週間は30度を超える暑さになる。そうなるとシャツとトランクスになって仕事をする中年男がでてくる。トランクスの隙間《すきま》から毛むくじゃらの睾丸《こうがん》がはみ出しているので何ともいえず気味が悪い。それから政務班横のトイレに糞《くそ》がこびりつき、床には陰毛が山をなしている。おぞましいのでこのトイレは使いたくないのだが、朝9時から午後10時くらいまで職場に拘束されるので、使わざるをえない。官僚の物理の法則で、汚い仕事は下に流れる。あるとき意地の悪い先輩から、「トイレが汚いじゃないか。

君、何とかしろ」と言われた後、便所掃除も見習い外交官である筆者の重要な仕事になった。

その中で、唯一《ゆいいつ》、知的な作業がロシア語の新聞や雑誌を翻訳し、公電（外務省で公務に使う電報のこと）で外務本省に報告することだった。ロシア語は、イギリスの陸軍語学学校とモスクワ国立大学で2年間みっちり勉強したはずなのに、いざ新聞記事を翻訳してもなかなか意味の通る日本語にならない。当時、政務班の上司でゴルバチョフの通訳を担当するロシア語の達人がいた。もちろん専門職員（ノンキャリア）だ。この人から、「文法をきちんと押さえた上で、意味を訳すんだ」と厳しく指導された。筆者が、コムニストを共産主義者と訳すと、「ソ連では、共産党に帰属しない共産主義者はいないという建前になっているので、共産党員と訳せ」、ソ連科学アカデミー通信員という肩書きについては、「科学アカデミー準会員と訳せ。ロシア語を知らない人が見て、わからないような翻訳はダメだ」と指導された。便所掃除と比べれば、翻訳はずっと面白いので、見習い外交官時代の1年間に、単行本に換算すれば5、6冊の量になる公電を送った。

公電は上司の決裁をとってから送るが、その過程で、文法ミスや訳語を手厳しくチェックした直しが入る。初め、「なんてロシア語ができる上司たちなのであろう」と尊敬したのだが、後に筆者が若手外交官の翻訳をチェックするようになると、誤訳はすぐに気がつくことがわかった。まず日本語として意味が通じないところは、文法的に取り違えている可能性が高い。翻訳能力がそれほど高くない人でも当該言語の基礎知識があれば誤訳は発見できるのだ。

無理な翻訳を避けたことがもたらす感銘

今回、亀山郁夫氏（東京外国語大学教授）がフョードル・ドストエフスキーの古典『カラマーゾフの兄弟』（光文社古典新訳文庫、全五冊）の新訳を公刊した（以下、亀山訳という）。たいへんな勇気が必要になる仕事だ。ロシアにかかわる学者、新聞記者、外交官たちには一癖も二癖もある奴《やつ》が多い。苦労して新訳を出しても「ここの解釈が間違っている」とか「先行訳の焼き直しに過ぎない」といった類《たぐい》のやきもち半分の悪口を言う輩《やから》が必ずでてくる。悪口も耳に入ってこなければ気にならないのであるが、ロシア屋さんの世界は狭いので必ず聞こえてくる。他人の訳に文句があるならば、対案で自分の翻訳を提示すればよいのに、それはしない。それだけの語学力がないからできないのだ。

亀山訳を通読して、筆者は何とも形容しがたい感銘を受けた。筆者自身が、『カラマーゾフの兄弟』のテキストの中に吸い込まれてしまい、フョードル、ドミートリー、イワン、アリョーシャ、そしてスメルジャコフをすぐ横で眺めているような印象をもつ。亀山訳において、他の訳本で読んだ場合よりもずっとドストエフスキーのリアリティーが迫ってくるのだ。その秘密がどこにあるのか、何度も考えてみたが、大審問官伝説の箇所を読んでいるうちに、その秘訣《ひけつ》が無理な翻訳を亀山郁夫氏が避けているからだということがわかった。

大審問官伝説とは、『カラマーゾフの兄弟』に挿入されたイワンの創作で、イエス・キリストが生誕した1500年後、つまり16世紀の南スペインに復活のキリストが再臨するという物語だ。この地では、自由に耐える力がない人類を救済するために独裁者として君臨する大審問官が統治している。大審問官はキリストに対し、議論を挑み、また自らの行為について釈明するが、キリストは沈黙を通す。最後にキリストが大審問官に接吻《せっぷん》する。接吻で大審問官は心を動かすが、これまでの信念を変えないという物語で、20世紀になってから神学者や哲学者にも大きな影響を与えた。

〈その彼が自分の王国にやってくるという約束をして、もう十五世紀が経《た》っている。彼の預言者が『わたしはすぐに来る』と書いてから十五世紀だ。彼がまだ地上にいたとき述べたように『その日、その時は子も知らない。ただ父だけがご存じである』であっても、人類はかつての信仰、かつての感動をいだいて彼を待ちつづけている。いや、その信仰は昔よりもむしろ大きいくらいだ。なぜって、天から人間に与えられた保証が消えて以来、もう十五世紀が過ぎているんだからな。

心が語りかけることを信じることだ
天からの保証はすでにないのだから

つまり、心が語りかけることに対する信仰だけがあったんだ！　たしかに、当時は奇跡もたくさんあった。奇跡的な治療をおこなう聖人もいたし、『聖者伝』によると、厳しい戒律を守っている義《ただ》しい人々のもとへ、聖母が自分から天くだったとされている。でも悪魔だってそうそう昼寝ばかりしてたわけじゃない。人々のあいだに、そういった奇跡の信憑性《しんぴょうせい》に対する疑いが早くも生まれはじめたんだ。ドイツ北部に恐ろしい新しい異端が現れたのはまさにそのときだった。『松明《たいまつ》に似た、大きな星が』つまり教会のことだが、『水源の上に落ちて、水は苦くなった』ってわけだ。〉（亀山訳、第二巻、253〜254頁《ページ》）

イエス・キリストは「然《しか》り、私はすぐに来る」（『ヨハネによる黙示録』第22章20

節）と言って弟子たちから去っていった。イエス・キリストが来るときは世界の終わりで最後の審判がある。弟子たちは、自分たちが生きている内にこの最後の日がやってくると思い、悔い改め、イエス・キリストを信じなければ救われないと説いて回った。しかし、いつになっても世界の終わりがやってくる兆《きざ》しも、イエス・キリストが再臨する気配もない。そこでキリスト教徒たちはイエス・キリストに関する証言を文書化し、それが新約聖書の基礎になった。神学的にはこれを終末遅延問題という。イエスは紀元30年頃に刑死したのだから、本稿を執筆している時点で終末は1977年くらい遅れていることになるが、それでもキリスト教徒はこの世の終わりがいつか突然やってくると信じているのである。この終末の日が、神によって選ばれた人々には救いの日なのである。

チェルノブィリ事故を契機として

この世界の終わりは突然やってくるのだが、それには印がある。その印の一つが「松明に似た、大きな星」なのである。逆説的だが、「大きな星」が苦難をもたらすことで救いの時期に入るのだ。

〈第三の天使がラッパを吹いた。すると、松明のように燃えている大きな星が、天から落ちてきて、川という川の三分の一と、その水源の上に落ちた。この星の名は「苦《にが》よもぎ」といい、水の三分の一が苦よもぎのように苦くなって、そのために多くの人が死んだ。〉（『ヨハネによる黙示録』第8章10〜11節）

実はロシア語で苦よもぎをチェルノブィリ（чернобыль）という。1986年4月にウクライナで発生したチェルノブィリ原子力発電所の事故について聞いたとき、ロシア人の多くが、「チェルノブィリ」という大きな星が、落ちてきて、水源を汚染し、多くの人が死ぬという『ヨハネによる黙示録』の預言が成就《じょうじゅ》したと考えたのである。ちなみにロシア正教会欽定訳《きんてい》（宗務院［シノード］版）聖書では、「苦よもぎ」に「ポルィニ（полынь）」を充《あ》てているが、これは本質的な問題ではない。標準的なロシア人がチェルノブィリと聞いて、大審問官伝説のこの箇所を思い出せばいいのだ。チェルノブィリ事故には、危機管理、情報管理、環境問題などソ連型社会主義体制が抱える問題の矛盾が集約していた。この事件を解明するとともに、ソ連の解体過程が進んでいったのである。言い換えるならば、『カラマーゾフの兄弟』もチェルノブイリ事故を契機に、現代を読み解く書としてロシアに甦《よみがえ》ったのだ。

このポイントになる「大きな星」の部分を、標準的定本である『ドストエフスキー三十巻全集 第十四巻』（レニングラード、1976年）から直訳するとこうなる。

〈「松明に似た」巨大な星が（それは諸教会のことである）「水源の上に落ち、そして水源が苦くなった」〉（２２６頁 Огромная звезда,《подобная светильнику》(то есть церкви)《пала на источники вод, и стали они горьки》.）

括弧をつける部分が少し違っているが、亀山訳は原文に忠実だ。この点について、先行の米川正夫訳（岩波文庫、１９２８年、１９５７年改版）、原卓也訳（新潮文庫、１９７８年）と比較してみよう。

〈ちょうどその頃、北方ゲルマニヤに恐ろしい邪教が発生した。『炬火《たいまつ》に似た』（つまり教会に似た）大きな星が『水の源に隕《お》ちて水は苦くなれり』だ。〉（米川訳、第二巻、78頁）

〈北国ドイツに恐るべき異端が現われた（訳注　宗教改革のこと）のは、ちょうどこのころだよ。《たいまつに似た》（つまり、教会に似た）巨大な星が《水源の上に落ち、水が苦くなった（訳注　ヨハネ黙示録第八章）》のだ。〉（原訳、上巻、４７６頁）

原文を素直に読む限り、「松明に似た大きな星」が教会を指すのである。つまり「大きな星」が教会そのものにたとえられるのだ。そして、『ヨハネの黙示録』によれば、その星の名前が「苦よもぎ」と言うのだから、ここから読者の印象が大きく広がっていく。亀山訳だと『カラマーゾフの兄弟』が聖書の世界に連結していく。米川訳、原訳の「教会に似た大きな星」という解釈では、意味がまったくわからない。

更に米川訳の邪教では、キリスト教以外の宗教になるので、原文から意味がずれる。原訳、亀山訳のロシア正教から見たキリスト教の異端、すなわちこの異端はプロテスタンティズムを示唆《しさ》しているという解釈が正しいのである。黙示録の「松明のように燃えている大きな星」は、旧約聖書に出てくる裁きを象徴する。〈それゆえ、イスラエルの神、万軍の主は言われる。「見よ、わたしはこの民に苦よもぎを食べさせ、毒の水を飲ませる。彼らを、彼ら自身も先祖も知らなかった国々の中に散らし、その後から剣を送って彼らを滅ぼし尽くす。」〉（『エレミア書』第9章14〜15節）。ここから、あたかも救いの星のごとく現れたプロテスタント諸教会が人類に大きな災いをもたらすというドストエフスキーの反西欧主義が見える。大審問官伝説でドストエフスキーが拒絶しているのは、イエズス会型のカトリック教会のみでなくプロテスタント諸教会を含む西欧のキリスト教総体であるということが、亀山訳を通じれば、ロシア語の知識がない読者にも明らかになる。「神は細部に宿り給《たま》う」というが、このような重要な細部を正確に翻訳することができる亀山郁夫氏のような翻訳者をもつわれわれは幸せだ。

現代の大審問官たちと渡り合うために

大審問官のクライマックスであるキリストの接吻に関する部分の翻訳は次の通りだ。これも実に丁寧かつ正確な翻訳である。

〈「で、兄さんの物語詩は、どんなふうにして終わるんです？」下を向いたまま、彼はいきなりたずねた。「それとも、もう終わっているんですか？」

「そう、こんなふうな終わりにしようと思っていた。審問官は口をつぐむと、囚人が自分に答えてくれるのをしばらく待つ。相手の沈黙が、自分にはなんともやりきれない。囚人は自分の話を終始、感慨深げに聴き、こちらを静かにまっすぐ見つめているのに、どうやら何ひとつ反論したがらない様子なのが自分にもわかる。老審問官としては、たとえ苦い、恐ろしい言葉でもいいから、ひとことふたこと何か言ってほしかった。

ところが彼は、無言のままふいに老審問官のほうに近づき、血の気のうせた九十歳の人間の唇に、静かにキスをするんだ。これが、答えのすべてだった。そこで老審問官は、ぎくりと身じろぎをする。彼の唇の端でなにかがうごめいた。彼はドアのほうに歩いて行き、ドアを開けてこう言う。『さあ、出て行け、もう二度と来るなよ……

ぜったいに来るな……ぜったいにだぞ、ぜったいに！』そして彼を『町の暗い広場』に放してやるんだ。囚人は立ち去っていく」

「で、老人は？」

「キスの余韻が心に熱く燃えているが、今までの信念を変えることはない」〉（亀山訳、第二巻、２９５〜２９６頁）

ここで細かく論じることは差し控えるが、第五巻の解説部分で展開されている大審問官伝説に関する亀山郁夫氏の読み解きも秀逸だ。

〈「神がなければ」の前提を捨てようとしないイワンに対し、アリョーシャは立ち上がり、何も言わずに彼の唇にキスをするのである。イワンは、なぜかしら有頂天になって叫ぶ。「実地で盗作と来たか！」

このキスは、たんなる「盗作」と軽々しく扱うわけにはいかない。なぜなら、キスの理解は、イワンとアリョーシャとでは百パーセント異なっていたはずだからである。イワンは、おそらく自分自身が「大審問官」のラストに託した意味を、そのキスに重ねようとしていた。つまり、キリストに擬せられたアリョーシャが自分の世界観を承認した、ととらえたにちがいない。しかしアリョーシャは、おそらくそれとは逆の解釈を施していたにちがいない。

「オウム返し」というアリョーシャの特性に照らして言うなら、彼はただ静かな気持ちで、イワンの「傲慢《ごうまん》」を許そうとしただけかもしれない。しかし、この有頂天がアリョーシャの「承認」として受け止められたとすれば、話は根本から変わることになる。そしてこの「キス」の意味は、ことによると「第二の小説」において根源的な意味を持ちはじめるのかもしれない、との予感を抱かせる。なぜならアリョーシャは、イワンに「フリーメーソン」としての資質を嗅《か》ぎ分けていたからである。

かりにアリョーシャのキスが「承認」を意味し、イワンがそれを感じたとするなら、「大審問官」の最終的な結論はどのようなものになるのか。「彼」すなわちイエス・キリストは、大審問官が行ってきた事業を承認する、という意味に変わる。つまり、イエス・キリストは無力だという、イワンの認識そのものである。〉（亀山訳、第五巻、310〜311頁）

筆者の解釈では、このキスには両義的な意味がある。キリストが大審問官の世界観を承認するとともに、大審問官がキリストの世界観を受け入れるということなのだ。それだから、大審問官は、「今までの信念を変えることはない」にもかかわらず、「キスの余韻が心に熱く燃えている」のである。接吻を受け入れるということは、積極的に接吻することと本質的に変わらないのである。

筆者の解釈では、大審問官はヒューマニストなのである。従って、大審問官とボリシェビキ（ロシア型共産主義者）は類比可能だ。ボリシェビキの本質は過剰なヒューマニズムである。他方、大審問官をアドルフ・ヒトラーと類比することはできないと思う。

ヒトラーが展開したナチズムは、ニヒリズムを基盤とした革命で、本質においてアンチヒューマニズムであるからだ。

沈黙のキリストに接吻された場合、ヒトラーもスターリンも、今までの信念を変えることはないが、ヒトラーは接吻の余韻など全く感じず、平静だが、スターリンは接吻の余韻で心が熱く燃えるのだと筆者は思う。

ロシアのプーチン大統領や北朝鮮の金正日《キムジョンイル》国防委員会委員長などはいずれも大審問官型の政治家だ。功利主義者の筆者としては、亀山訳『カラマーゾフの兄弟』から大審問官型の政治家の心を燃えさせる秘訣をうまく引き出したいと考えている。

『カクテル・パーティー』

大城立裕
岩波現代文庫

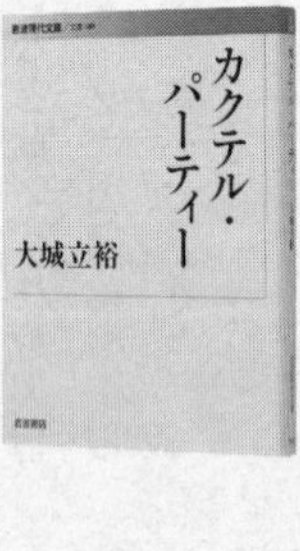

恐らく10年後に2008年は、国際秩序が大きく変化した年として記憶されることになるであろう。同年8月のロシア・グルジア戦争で、国家間対立を武力によって解決する際のハードルが著しく低くなった。さらに同年9月の米国の投資銀行（兼証券会社）リーマン・ブラザーズの破綻《はたん》によって、各国が保護主義的傾向を強めるようになった。新自由主義によるグローバリゼーションの時代は終わった。それに代わって、国家機能が強化され、経済と結びついた19世紀末から20世紀初頭の帝国主義時代に類似した国際秩序が再び形成されつつあるように筆者には思えてならない。

カクテル・パーティーという戦場

こういう時代には、インテリジェンス（情報）力、交渉力などのソフトパワーの外交力が重要になる。紛争が起きた場合には、外交官の、交渉力、さらに普段からの人脈がものをいう。

外交の世界では、宴会がよく行われる。宴会は、着席型と立食型に分かれる。着席型だと両隣、それに向かいあった人くらいとしか話ができない。しかし、立食だと積極的に人脈を構築することができる。

立食のうち、「コクテル」（カクテル）というパーティーは、ドリンクが主体という建前だ。ただし、実際には「つまみ」という名目で、結構、よい食事がでることもある。筆者も現役外交官時代にモスクワで何度もカクテル・パーティーに出席した。キャビア、イクラ、蝶鮫《ちょうざめ》の薫製《くんせい》のオープンサンドウィッチ、小海老《こえび》のフリッター、マッシュルームのグラタン（ジュリアン）、サワークリームとホースラディッシュ（西洋わさび）をハムで巻いたゼリー固めなどが「つまみ」で出るので、これで十分お腹《なか》がいっぱいになる。表面上、和気藹々《わきあいあい》とした話し合いをしながら、相手が隠している情報をうまく引きだしたり、相手の腹を探るのにカクテル・パーティーほど重要な場はない。

同時に、カクテル・パーティーではほんとうの友人はできないともいう。外交やインテリジェンスの業界用語で「カクテル・サーキット（cocktail circuit）」というが、カクテル・パーティーをいくつもはしごして、情報を収集することがある。カクテル・パーティーは、いわば情報戦争の戦場なので、そこで出会う人々は、潜在的な敵なのである。そのような場でほんとうの友人が得られるというのは、幻想だ。外交やインテリジェンスの世界では、自国の国益がすべてであり、友情も愛情も、すべて国益のために利用するというのが「ゲームのルール」だ。

見え隠れする中国の影

いまからもう42年前の小説であるが、大城立裕氏の『カクテル・パーティー』（文藝春秋、１９６７年、第57回芥川賞受賞作品）をインテリジェンス小説として読み解くことには、現代的な意義がある。

時と場所は、１９６０年代、米軍統治下の沖縄だ。まだ、沖縄の本土（沖縄以外の日本）復帰の具体的目途もたっていなかった。戦後、沖縄（琉球）の統治機構は、米軍の機関である軍政府（のちに琉球列島米国民政府）と、間接統治機関である群島別の民政府（のちに統一された琉球政府）に分かれていた。いずれにせよ全権は米軍に握られていた。主人公の「私」は、沖縄人で、中国の「学院」（東亜同文書院を示唆《しさ》）で中国語を勉強した。主人公の家の裏座敷には、ロバート・ハリスという米兵が部屋を借りて、そこに沖縄人の愛人を住まわせている。ハリスは週に2回くらいこの部屋に泊まっていく。片言の日本語で故郷カリフォルニアの農場や家族の話をする好青年だ。

この小説は、前章と後章に分かれる。前章において、主人公は「私」と称している。もっとも主人公の名字も名前も最後まで明らかにされない。また、主人公は役人であるが、琉球政府の職員なのか、どこかの市役所の職員なのかもわからない。一見、私小説のような筆致で、物語が進んでいく。それが、後章になると主人公は「お前」と呼ばれるようになる。これによって、小説の視座が転換する。つまり、超越者によって語りかけられる旧約聖書の預言者のような位置を主人公は占めることになる。

それでは、前章の物語を見てみよう。

米軍の将校は、基地に付属した軍人住宅に住んでいる。そこは金網で囲われて、許可なくして沖縄人や日本人が立ち入ることはできない治外法権地域だ。ここにある日、主人公は、ミスター・ミラーに自宅で行われるカクテル・パーティーに招待された。

被招待者十数名、そのなかにミスター・ミラーが作っている中国語を話すグループのメンバーが入っていた。ミスター・ミラー、主人公、中国人の孫氏、N県出身の小川氏の4人でグループは構成されている。カクテル・パーティーは和気藹々と進んだ。

〈「あなたがたが沖縄で中国語をしゃべりあうグループを作っているということは、たしかにリアリティーがあります」

コールマン髭《ひげ》（筆者註 ミスター・ミラー邸の東隣に住んでいる米陸軍営繕部の技師ミスター・モーガン）が、気取った言いかたをした。いよいよ来たなと、私は思った。沖縄は明治以前は中国の属領だった、という考えかたが、多くの日本人やアメリカ人にどれほど支配的であることか。――私がターキーを頰ばっているあいだに、ミスター・モーガンは小川氏をつかまえて切りこんでいた。

「あなたは日本の新聞人《プレス・マン》だ。沖縄が日本に帰属するということについて、その必然性があると考えますか」

「必然性はどうか分りませんが、必要性はあると判断しますね」

プレス・マン小川氏は馴《な》れたように動じなかった。

「なぜ？」

「いま行なわれているような占領体制を自然なものだと考えないからです」

「それは分る」コールマン髭はうなずいて、「それならば独立ということも考えられるわけだ」〉（『カクテル・パーティー』岩波現代文庫、2011年、153～154頁《ページ》）

こんな調子で、パーティー参加者は、沖縄や中国の歴史や文化について話をする。そこで、突発事態が発生した。ミスター・モーガンの3歳になる息子が行方不明になったのだ。カクテル・パーティーの参加者は、急遽《きゅうきょ》、子供の捜索にあたることにした。

主人公は孫氏とともに捜索にあたる。そこで二人は誘拐の可能性について話す。22年前、重慶近郊のある市で孫氏の4歳の長男が行方不明になった。最終的に息子は見つかった。日本軍の憲兵隊に保護されていたのである。

主人公は、〈日本軍の憲兵隊ははたして保護していたのか。あるいは誘拐していたのか。いまモーガン二世を誘拐している沖縄人がいたとしたら、それはなんのためだろう。〉（前掲書174～175頁）と自問する。

結局、沖縄人のメイドが、一日休暇をもらい、主人に黙ってモーガン二世を里帰りに連れて行ったということがわかり、誘拐騒動は終結した。カクテル・パーティーは続いた。

レイプ事件とミスター・ミラーの正体

淡々と物語が進んだ前章は、舞台が暗転する後章のための「仕込み」だ。大城立裕氏の構成は実に見事だ。主人公の人称は、「私」から「お前」に転換する。〈お前がパーティーから微醺《びくん》をおびて帰宅したとき、娘はもう床をとって横たわっており、妻が緊張した表情でお前を迎えた。妻は、娘が脱いだ制服をお前に示した。ところどころが汚れ破れていて、それだけでもうお前は大きな事故がおこったことを理解させられた。

驚きと狼狽《ろうばい》は、矢つぎばやにやってきた。娘を犯したのは、裏座敷を借りているロバート・ハリスであった。事故のおこる三時間前、つまりお前が家族部隊のゲートをはいって、きょうこそはなんの怖《おそ》れもなくこのなかを歩けるのだと、いい気もちでミスター・ミラーのハウス・ナンバーをさがしていた時分、お前の娘は、友達の家から帰る途中、町内にはいってから、ロバートの車によびとめられた。二人は、借間人と家主の娘という気安さで、街で夕食をとったあと、M岬に夕涼みにでかけた。なるほどM岬は、その蒸し暑い晩の夕涼みには好適であった。が、街から十里もはなれたM岬は、近くの部落からも二キロははなれており、その晩、ほかに夕涼みの客はみあた

らなかった。そこで突然不幸はおこったのである。〉（前掲書１７８～１７９頁）

主人公は、娘にロバートを告訴するように説得した。しかし、娘は告訴に強く反対した。主人公は、その理由を羞恥心《しゅうちしん》によるものと考えたが、そうではなかった。この事件は深刻な要素をはらんでいたのだ。

〈翌日（筆者註　事件から4日目）、一人の外人が二世の通訳を伴って訪れ、お前の娘を連行していった。娘はＭ岬でロバートに犯されたあと、彼を崖《がけ》からつき落として大怪我《おおけが》をさせたのだと判明した。もっとも娘がロバートから犯されたということは、この際問題でなかった。ＣＩＤ（筆者註　Criminal Investigation Division、米陸軍犯罪捜査隊）から派遣されたと自称した男たちの話では、娘は米軍要員にたいする傷害の容疑で逮捕されたものであった。被害者ロバートはいま軍の病院に入院しているということであった。その告訴によるものだときいたとき、お前は口ばやに、それが正当防衛だということを説明しようとしたが、甲斐《かい》はなかった。それは別途に告訴すればよい、という示唆があたえられただけで、娘は連行された。告訴はＣＩＤにするのかと質問すると、琉球政府の警察署にするのだといった。〉（前掲書１８０～１８１頁）

被害者と加害者が逆転してしまった。琉球政府の民間裁判所は、米軍人を証人に喚問することができない。従って、いくらレイプの被害を訴えようとも、それは証拠不十分でロバートは無罪になることが明らかだ。これに対して、娘は傷害の刑事責任を追及される。

この状況から娘を救い出すために、主人公はミスター・ミラーの助けを借りようとする。しかし、ミスター・ミラーは、口先で同情を示すだけで、いっさい動こうとしない。

〈「悲しいことだと思います。これはアメリカ人と沖縄人との決定的対立の事件になる可能性がある」

「可能性がある、ではない。現にそうだと私は考えます」

「いや。私はそうは考えない」ミスター・ミラーの視線がするどくお前に迫り、お前も緊張した。

「もともとひとりの若い男性とひとりの若い女性のあいだにおこった事件です。あなたも被害者だが、娘の父親としての被害者だ。つまり世界のどこにでも起こりうることだ。沖縄人としての被害だと考えると、問題を複雑にする」〉（前掲書187頁）

ミスター・ミラーは、レイプを若い男と女の問題に普遍化することにより、米軍による沖縄に対する暴力的支配を隠蔽《いんぺい》しようとする。ちなみにミラーはユダヤ系に多い名字だ。大城立裕氏は明示していないが、ここでミラー夫妻をユダヤ人として解釈すると物語の奥行きが深くなる。

　中国語を習得し、東洋文化に関心をもつミスター・ミラーは知識人である。ミラー夫人は、主人公の娘を含む沖縄人の子供たちに英語を教えている心優しき人だ。ナチスのホロコーストを含め、虐《しいた》げられたユダヤ人の運命をわがこととして受け止める感性もある。しかし、それが沖縄人に対しては及ばない。それは、ミスター・ミラーが、米国軍人、それもスパイ摘発とそのためのエージェント（協力者）網構築を担当するCIC（Counter Intelligence Corps、米陸軍防諜《ぼうちょう》部隊）の将校だからだ。ミスター・ミラーにとって、主人公、小川氏、孫氏は対等の友人ではなく、米国の沖縄占領政策を有利に展開するための協力者なのである。

　主人公は、小川氏からミスター・ミラーの素顔について教えられる。

〈小川氏は起《た》っていって、手帳をもってきてみせながら、「これは、米琉親善会議のメンバーのリストです。こないだペルリ来航百十年祭行事のときにはじめてしらべたのですがね……」

「あ」お前は目ざとく一行をみつけて、小さなおどろきの声をあげた。「ミスター・ミラーの名がでている。職業はCIC！」

「そうなんです。すると、あなたもはじめてこのことを?」

「ちょっと待ってください。これだけつきあっていて、どうしていままで知らなかったのだろう」

「教えてもらえなかったというだけでしょう。あなたは彼とのつきあいはじめは、どういうきっかけからです?」

「彼のほうから訪ねてきたのです。誰かに私が中国語ができると聞いて、つきあってくれといってきたのです」

「私のばあいとまるで同じだ。その情報網がだいたい見事ではありませんか。……さて、ほかに私の秘密の何を知られたか」

小川氏はかるく笑った。〉(前掲書191～192頁)

ミスター・ミラーは、諜報のプロの典型的な接近手法をとっている。

タフネゴシエーターに求められる勇気としたたかさ

ロバートを法廷に引きだすために小川氏も協力してくれることになった。翌朝、二人は、弁護士である孫氏を訪れ、協力を要請した。孫氏はひとり暮らしだった。孫氏は妻子を共産党支配下の中国大陸に残しているという話だ。主人公は孫氏の家族について、〈じつはもう死んでしまって、孫氏がそれを確認してからここへ渡ってきたのではないか、と疑った。すると、不思議にお前の用件を切りだすことが容易になった。〉（前掲書196頁）。孫氏は、勝ち目のない告訴は断念した方がよいという意見を述べたが、ロバートを説得するために病院に赴くことは引き受けた。

主人公は、小川氏、孫氏とともに病院に行き、かなり強引にロバートと面会した。ロバートは、〈「私たちは、合意の上での行為をおこなったのだ。そして、私は裏切られたのだ」〉（前掲書203頁）と言い張り、証人として出廷することを拒否した。

帰路、小川氏が孫氏に、〈「中国は、戦争中に日本の兵隊どもから被害をうけた。いま沖縄の状態をみれば、その感情も理解できるのではありませんか」〉（前掲書206頁）と質《ただ》した。この一言で、いままで孫氏の心の中で抑えられていたマグマが噴き出した。そして、孫氏は、主人公と小川氏を、1945年3月20日に何をしていたかと詰問《きつもん》する。前章で孫氏が語った4歳の長男が日本の憲兵隊に保護された一件が起きた日だ。孫氏は、〈「三時間も捜しまわったでしょうか。日本軍の憲兵隊に子供が保護されているところに出会ったときの気もちは、ほんとうに何といったらよいか。たとい、この保護がじつは誘拐されてきたものであったとしても、そのときの気もちは感謝で一杯だったわけです。そして、長男を連れて、すっかり暗くなった街を家へ帰ってき

ました。そのとき、妻が日本の兵隊にすでに犯されていたのです」〉（前掲書208頁）

結局、主人公は、娘の様子を見て、ロバートを告訴することを断念した。あたかも何事もなかったがごとくミスター・ミラーの、中国語を話す人々を招く昼食会が開かれ、主人公、小川氏、孫氏が招かれた。そこで、ミスター・モーガンが、恐らくは誘拐の嫌疑で沖縄人メイドを告訴したという話題がでた。その瞬間、主人公の心の奥底から形容しがたい「何か」が浮かび上がってきた。その「何か」が、主人公にロバートを告訴すると言わせた。その「何か」が、主人公には徐々にわかってきた。

〈孫先生。私を目覚めさせたのは、あなたなのです。お国への償いをすることと私の娘の償いを要求することとは、ひとつだ。このクラブへ来てからそれに気づいたとは情けないことですが、このさいおたがいに絶対的に不寛容になることが、最も必要ではないでしょうか。私が告発しようとしているのは、ほんとうはたった一人のアメリカ人の罪ではなく、カクテル・パーティーそのものなのです。〉（前掲書225頁）

カクテル・パーティーという表象に、国家、民族、文化が疎外《そがい》された形態で現れている。この疎外された状況に安住せずに、あるがままの現実を見る勇気をもつのだ。

超越的な力が、孫氏の物語を通じて、主人公に入ってきた。

沖縄人も日本人である。あの戦争において、自らが加害者の側に立っていたということに主人公は気づいた。暴力行為による加害者、被害者の関係を、国家や民族の関係という一般論に解消してはいけない。いまここにある不正を、米国の施政権下にある沖縄で、裁判に訴えれば負けることが確実な状況であっても、告発し、是正する努力を最後まで続けなくてはならない。過去の歴史に対して、責任を負うということは、歴史に対する考察ではない。現在の生との連関のなかで、リスクを取らなくてはならない責任なのである。嫌がる娘を法廷に立たせ、世間の晒《さら》し者にすることも、過去、沖縄人を含む日本人が中国人に対しておこなった加害を、いまの時点で真剣に受け止めるということにつながる。その勇気をもった者のみが、構造的に弱い立場に置かれた他者と連帯する可能性をつかむ。ここで、主人公は、超越的な言葉を預かる預言者の機能を果たすようになった。

インテリジェンスは国家の機能である。ミスター・ミラーのように国家の立場に固執する者に、国家間の親善はあっても、他者とのほんものの相互理解と連帯はないのだ。同時に、職業的良心に基づいてミスター・ミラーのようにしたたかなカクテル・パーティーが行えるような日本の外交官が育たない限り、北朝鮮による日本人拉致《らち》問題の解決や、北方四島の日本への返還は実現できないと功利主義者の筆者は考える。

『カクテル・パーティー』の主人公について、「私」にも「お前」にも固有名詞がない。この物語が沖縄人にとって普遍的であると考えるから、大城立裕氏はあえて固有名詞を用いることを避けたのだと思う。この作品には、個別的なことに徹底的にこだわることで普遍性を獲得することができるという弁証法がよくあらわれている。

大不況時代を生き抜く智慧《ちえ》

『恐《きょう》慌《こう》論《ろん》』

宇野弘蔵
岩波書店

『恐慌前夜　アメリカと心中する日本経済』

副島隆彦
祥伝社

2008年9月15日、アメリカの大手投資銀行（兼証券会社）リーマン・ブラザーズが、連邦裁判所に対して連邦倒産法第11章（民事再生）の適用を申請し、事実上、破《は》綻《たん》した。その影響を受け、全世界的に株価の下落が続いている。ドルとともにユーロも下落している。それとともにアメリカ発の世界恐慌が懸《け》念《ねん》されはじめている。新聞や雑誌に恐慌という文字が躍るようになったが、いったい恐慌とはどのような現象なのだろうか。

伊藤誠東京大学名誉教授は、恐慌についてこう説明する。

〈恐慌 きょうこう crisis ＝ Krise［ドイツ］＝ panic ＝ Panik［ドイツ］

資本主義的商品経済にしばしばくり返されてきた経済的な攪乱《かくらん》、麻痺《まひ》、破綻状態を指す。原語に2系統あり、そのうち、クライシスはもともとは病気の危機的峠を意味し、パニックはギリシア神話の牧神パンの気まぐれのひきおこす狼狽《ろうばい》を意味していた。それゆえ、パニックは資本主義経済の市場機構に生ずる急性的崩壊現象にあてはまり、クライシスはそれをも含めより構造的な経済危機に妥当する用語であって、恐慌という訳語は、文脈によってその両方の事象を含みうる。典型的な姿においては、恐慌は好況から不況への転換を媒介する景気循環の一局面をなしていた。第2次大戦後１９６０年代にかけての持続的な経済成長のなかで、経済恐慌はすでに歴史的に過去の事象となったとひろく信じられていたのであるが、73年末以降の長期世界不況の進展に伴い、ふたたび恐慌の歴史と理論に大きな関心がよせられつつある。〉（平凡社『世界大百科事典』ネットで百科）

マルクス経済学で資本主義の限界を解き明かした宇野学派

この見解は、マルクス経済学の立場を基礎にして書かれている。日本のアカデミズムにおいてソ連崩壊までマルクス経済学の影響が強かったにもかかわらず、現在はほとんど淘汰《とうた》されてしまった。その結果、日本の経済学は視野狭窄《しやきょうさく》におちいっている。資本主義自体に限界があることを考えない近代経済学の視座では、恐慌や格差問題の本質が見えてこない。

ひと昔前まで、日本の官僚は、東京大学や京都大学で、大学の単位取得の関係でマルクス経済学を学んだ者が多い。官僚志望の学生だから、社会主義に対する共感はもちろんないが、資本主義の限界についてマルクス経済学がどう考えているかという論理は理解する。ここで染《し》みついた論理（あるいは論理の残滓《ざんし》）が重要だ。資本主義に限界があることをわかっている官僚は、無理をしない。また、経済が人間の理性によって制御可能であるという工学的発想もとらない。

日本のマルクス経済学者には、マルクスが『資本論』で展開した論理的整合性を重視し、社会主義的イデオロギーにより整合性が崩れている言説は、マルクス自身のものであっても経済学の論理からは排除すべきであると主張した宇野弘蔵（１８９７〜１９７７）というユニークな人がいる。

宇野は、イデオロギーが過剰で社会主義革命の実現という観点から『資本論』を読む大学教授を、マルクス主義経済学者と規定した。そして、宇野自身はマルクス主義者でないことはもとより、広義の意味での社会主義者でもないと自己規定し、自らの立場を体系知（科学）としてマルクスが展開した『資本論』の遺産を継承するマルクス経済学に基づくと主張した。この見解に立つ人々は、宇野学派を形成し、一時期、日本のアカデミズムでとても強い影響力をもった。伊藤誠氏もその一人だ。

宇野の言説の特徴は、恐慌論にある。一般にマルクス主義経済学者が、恐慌を革命の前哨《ぜんしょう》ととらえるのに対し、宇野は資本主義の矛盾は基本的に恐慌によって解消され、資本主義はあたかも永続するがごとき運動を示すという。このような見解は、１９５３年に上梓《じょうし》された『恐慌論』（岩波書店）で明確にされた。結論から先に言うと、恐慌は好況期に起きる。資本は自己増殖を追求するので、生産を拡大する。ほとんどの生産手段（機械、原料など）は資本の力によって作り出すことができるのに対して、資本は労働力を任意につくりだすことはできない。従って、好況期には労働力不足が起こり、賃金が高騰《こうとう》する。その結果、資本家はいくら生産をしても利潤がでなくなり、恐慌が発生する。要するに資本は十分にあるのだが、社会システムがそれをうまく消化できないのである。

〈労働賃銀は、労働力の再生産に必要な生活資料を労働者に保障しないという程に下がってはならないが——といっても実際上は労働力の再生産に必要なる限度なるものが社会的に、歴史的に決定され、生理的限界までに多かれ少かれ余裕を残すものであって、決して一定の固定した限度を有するものではないし、また労働力なるものが理論的に想定されるような意味での無産労働者によってのみ供給せられるものではないので、価値以下にも下がり得るのであるが――また他方では資本にとってその蓄積によって利潤量の増加が得られないという程に騰貴してもならない。それは一定の階級的関係に制約された限度をもって変動するのである。他の商品と異って需要が増加したからといって供給が増加されるということにはならないので、所謂《いわゆる》産業予備軍によってその商品としての供給を調節せられる外はないのであるが、それと同時に需要の増加が直ちにその価格を価値以上に騰貴せしめるとは限らないにしても、資本家もその騰貴を抑制し得るというものではない。勿論《もちろん》、資本家はあらゆる場合に出来得る限り安く買うことに努力するといってよいであろうが、それは決して個々の資本家によって任意にそう引下げ得るものではない。好況期には資本の蓄積の増進と共にその騰貴を避けることは出来ないのである。〉（前掲書117～118頁《ページ》）

資本主義の矛盾を解消するシステムとしての恐慌

恐慌が発生し、企業は倒産し、失業者が街に溢《あふ》れる。このような状況で、個別資本は自らの利潤率を増大するために技術革新を行い、生産手段を更新する。その結果、景気は徐々に回復し、好況が訪れる。しかし、景気の過熱とともに必然的に恐慌が起きる。このような円環的展開を資本は行うのである。

〈恐慌現象は資本主義社会に内在する根本的矛盾の、資本主義に特有なる現実的解決の形式に外ならない。それは、しかしその矛盾を根本的に解決するものではない。したがってそれはさらにより大なる矛盾としてあらわれる解決の方法であって、繰り返えす性質を有し、そこにその必然性としての法則性があらわれるのである。しかしこの必然性は、一面では何人にもまた如何《いか》なる政治的権力によっても動かし得ない力をもってあらわれるものとして自然法則の如《ごと》き作用を有しながら、他面ではまた資本主義社会においても具体的にはその一定の発達段階においてのみ典型的にあらわれるものであって、決して単なる機械的必然性ではなく、歴史的必然性たることを明らかにしている。いうまでもなく恐慌現象の根拠をなす資本主義社会の根本的矛盾は、資本主義をして一定の歴史的過程たらしめる歴史的なるものであって、それは発生と同時にその終末を予想せしめるものに外ならない。その点ではこの同じ矛盾は資本主義社会を他の社会形態に転化せしめる動力ともなるものであるが、しかし恐慌現象はそれ自身ではそういう解決を示すものではない。いい換えればそれは直ちに資本主義社会崩壊の必然性を表示するものではない。そこに恐慌の必然性を解明する経済学の原理論の限度がある。〉（前掲書166〜177頁）

恐慌は資本主義システムの矛盾を解消する形式だ。従って、資本主義社会において恐慌を回避することはできないのであるが、同時に恐慌が〈資本主義社会においても具体的にはその一定の発達段階においてのみ典型的にあらわれるものであって、決して単なる機械的必然性ではなく、歴史的必然性たる〉というところに宇野の洞察力の鋭さがある。

すなわち、頭の中で考えられた純粋な資本主義のモデルにおいては、恐慌は必然であるが、国家が経済過程に介入する状況では、恐慌も純粋な形態ではあらわれない。例えば、戦争による有効需要の創出は、恐慌現象を攪乱する要因となる。それでも国家が工学的に経済過程を統御して恐慌を阻止することは不可能であると宇野は考える。2008年9月のリーマン・ブラザーズの破綻が、恐慌をもたらさないように主要国の政府は懸命な努力をしているが、それがどういう結果になるかは不透明だ。ここで近未来に恐慌が発生すると仮定する。その場合、それは資本主義の内在的論理から発生する、すなわち賃金の騰貴によって発生する恐慌とは異なる。むしろ、資本主義以前の、例えば17世紀に発生した投機行為による恐慌との類比が可能と思う。産業資本が成立する以前の恐慌について、宇野はこう述べる。

〈元来、恐慌なるものは貸付資金の回収不能が時を同じうして相当広汎《こうはん》に生ずるところに現われるものであって、現象的には必ず金融恐慌をなすものである。したがってその限りでは資本家的商品経済が或《あ》る程度普及して来れば生じうる現象であって、十七、八世紀のオランダ、イギリス等においても屢〻《しばしば》勃発《ぼっぱつ》したのであった。例えば一六三四—七年のオランダの諸都市における恐慌は、所謂チューリップ恐慌として知られているものであるが、それは全くチューリップ球根の取引が投機的に行われたことに起因するものであった。〉（前掲書24頁）

副島氏はなぜリーマン・ショックを予測できたのか

経済学者で今回のリーマン・ブラザーズ危機を正確に予測した人はいなかった。しかし、評論家で常葉《とこは》学園大学教授の副島隆彦氏が、的確な予測をした。2008年9月15日奥付の『恐慌前夜　アメリカと心中する日本経済』（祥伝社）で、アメリカ経済は危機的状況に陥りつつあるとしてこう記している。

〈ことの始まりは、7月に入って米大手証券のリーマン・ブラザーズが「GSE《ジーエスイー》（住宅公社）は、会計基準が厳格化されれば750億ドル（8兆円）の増資が必要だ」と記したリポートを発表したからだ。このリーマン自身の破綻の日も近い。人（他人）のことを評論（分析）している暇はない。〉（前掲書34頁）

9月15日の奥付ということは、遅くとも7月末には原稿を書き終えている。もちろんまぐれ当たりではない。副島氏独自の情報収集と分析からそのような結論を導いたのだ。

〈私は金融・経済の先読みで予測・予言をはずさない。これまでずっとはずさないでやってきた。その評価をすでに得ている。読者になってくれる人々の信頼を得てきた。私はいよいよ、次は霊能者《サイキック》になることを目指そうと思う。〉（前掲書247頁）

副島氏独特のレトリックであるが、要は金融派生商品などというものが市場を席巻するようになり、偏微分方程式などの高等数学を駆使しているため精緻《せいち》に見える金融工学はその基盤が実にいいかげんなので、現代経済を分析するなどということは不可能な課題で、この「不可能の可能性」に挑むのは霊能者とか予言者のようなものだと言っているのだ。

副島氏は、『人類の月面着陸は無かったろう論』（徳間書店、2004年）で有名なので「トンデモ系」学者と見られることもあるがそうではない。筆者は副島氏と数回、仕事でお会いしたことがある。筆者が現役時代にインテリジェンス機関の分析部局でときどき会った、特殊な才能をもつ分析官と似た臭《にお》いを副島氏から感じた。常識にとらわれず、分析対象の個性をつかむ天賦《てんぷ》の才を副島氏はもっている。

「人類の月面不到達説」も読んでみるとよくわかるが、何をもって論証とするかという論理実証主義の問題を人類の月面到達の事例に即して面白おかしく書いているのだ。20世紀初頭のウィーン学団や初期ウィトゲンシュタインと同じテーマに取り組んでいる。

ちなみに筆者は人類は月面に到達したと思っている。筆者は死人（イエス）が墓から復活したと信じるキリスト教徒なので、人類の月面到達を含め、きちんとした論証がなされていないことでも、偏見によって信じてしまうからだ。とにかく副島氏と話していると知的活性化が起こる。こういう独特のエネルギーを発出する力がある人がインテリジェンスの世界では重要だ。

さて、副島氏は、デリバティブと呼ばれる金融派生商品の本質が保険であることから説き起こす。

〈将来の不確実性（uncertainty）を「リスク計算」してお金に替えたのが保険業（保険商品）というものである。私たちはいつ死ぬか、殺されるか、事故に遭うか分からない。だから、その時のリスク（危険）を計算して、それを「お金に替える」という手口をユダヤ商人たちが編み出した（創意工夫した）のである。

もっと分かりやすく金融先物取引とは何かについて説明しておこう。

あなたが40代のサラリーマン（給与所得者）だとして、生保《せいほ》のおばちゃんに勧められて5000万円の生命保険に入っているとする。今は昔と違って、日本のほとんどの生命保険商品は実質掛け捨てである。配当や利子など1円もつかない。大手の保険会社でも潰《つぶ》れかかっている。

5000万円の保険で月に掛け金（保険料）4万円を払っている。これは年額では48万円、約50万円である。10年間で500万、20年間で1000万円である。これだけの掛け金を払う。めでたくころっと死んだら、奥さんや子供に5000万円が入る。自分の勤めている会社の厚生年金その他から、それなりの見舞金やらも出るだろう。

だから東京で、朝のJR中央線の電車に飛び込む人々がいるのである。なぜなら駅員と、やがて駆けつける警察官に死体を片づけてもらい、死亡の証明がしてもらえるからである。都会から遠く離れた足摺岬《あしずりみさき》や石廊崎《いろうざき》で飛び込んだら、誰にも死亡を証明してもらえない。だから朝の電車に飛び込むのである。年間自殺者が日本は3万3000人に達したそうである。そのうちの半分は高齢者で、病気の苦痛が理由の自殺者であろう。そして残りの何割かが社会的自殺である。

このように、保険は「将来の不確実性」を「リスク計算」してお金に替える商品だ。掛け金という〝元手〟（20年間で１０００万円）で、将来の死亡保険金（５０００万円）を〝取引〟しているのである。金融先物取引もこれと同じことなのだ。〉（前掲書85〜86頁）

ここまでならば、他のビジネス書を読んでも（記述がくねくねとしていてわかりにくいが）、情報を得ることができる。問題はこの先だ。デリバティブの基本哲学にユダヤ思想から生まれたラチオ（ratio、合理性、理性）があると副島氏は喝破する。

〈デリバティブ金融商品の元々の姿は保険（業）である。金融（業）の故郷は保険業なのである。決して単純なお金の貸し借り（融資）である銀行業ではない。

ユダヤ思想の本質であろうと私が解明した ratio（ラチオ、レイシオ、合理）と reason（リーズン、レゾン、理性）は、強欲、拝金の思想である。だが、この ratio には、ただ単に「分け前」や「配分」の意味だけでなく、将来の不確実なことに対する不安定で不安な掛け目（レイシオ）が含まれるのである。だから賭《か》け事（バクチ）の掛け目のことを odds オッズとか ratio と言うのである。

もう一度言おう。現在の危険な金融商品の、元々の本当の姿は保険商品である。そしてアメリカの今の金融業界は、ここからズルい利益だけを引き出してきた。このことがついに判明したのである。〉(前掲書88〜89頁)

「最悪シナリオ」を提示する必要性

副島氏の洞察は正しい。恐慌《きょうこう》は、合理的思考に対する信頼が崩れ、人々の間に不安が高まり、伝播《でんぱ》することから生じるのである。経済現象の形をとるが、恐慌は基本的に思想の問題なのである。哲学・思想史をひもといてみれば、理性によって真理が解明できると人間が考えるようになったのは近代以降のことであり、たかだか250年くらいの歴史しかもたないのである。理性に対する信頼が崩れれば、金融工学が成立する土壌が根底から崩れてしまうのだ。

理性が恐慌をもたらすのならば、それを阻止するのは、理性以外の方法に頼った方がいいということになる。そこで意志の役割が重要になる。意志の力で理性の限界を乗り越えるのだ。そうなると強力な指導者の意志に特別の権利を付与する思想が現れてくる。副島氏はそのような事例が現下ロシアに認められるという。

〈ロシアの勢いには目を瞠《みは》るものがある。ロシアのプーチン首相(前大統領)は、強権発動型の新たな国家思想をつくることに熱心になっている。この思想は、〃イル・

ドゥーチェ〟と呼ばれたイタリアのムッソリーニ首相がつくって自ら体現したものだ。それは「ネオ・コーポラティズム」とも呼ばれる、独裁者管理型国家である。

これが元祖ファシズムである。同様に世界中が金融ファシズム体制、あるいは官僚統制ファシズム（警察国家）への政治体制の移行という問題が厳然として出てきた。〉（前掲書182頁）

メドベージェフ＝プーチン二重政権の本質が、「ロシアのファシズム」であるという副島氏の洞察も正しい。今後、恐ろしいのは、アメリカに保護主義が台頭することだ。そうなると、世界各国に保護主義が伝染するとともに市場の合理性とは別の原理で社会を動かそうとする「ネオ・コーポラティズム」の動きがつよまる。これに2008年8月のロシア・グルジア戦争で見られるように懸案を戦争で解決しようという動きが加わるとファシズムが世界的に流行する。インテリジェンスの世界における分析専門家の重要な仕事は、最悪シナリオを提示して、危機管理を政治エリートに促すことだ。副島氏が警鐘を鳴らすファシズムの危険性を過小評価してはならないと功利主義者の筆者は思う。

『経済学の国民的体系』

フリードリッヒ・リスト
小林昇訳
岩波書店

１９９１年12月のソ連崩壊後、新自由主義（市場原理主義）が、社会主義的な計画経済はもとより、国家が経済に介入するケインズ政策に対しても勝利したように見られた。日本でも、２００１年に成立した小泉純一郎政権が「聖域なき構造改革」というスローガンを掲げ、新自由主義的改革路線を推進した。その結果、二つの問題が生じた。

第一は、格差が拡大して、深刻な貧困問題が生じたことだ。国税庁の民間給与実態統計調査でも、２００６年度に年収２００万円以下の給与所得者が１０００万人を超えた。これはもはや格差という生温《なまぬる》い言葉で表現するような事態でなく、貧困である。この貧困は個人の責任に帰される範囲を超えた社会構造上の問題だ。

大正末期に、貧困問題（当時は貧民問題と呼ばれた）が深刻になった。そして貧困問題を中心とする社会問題に国民の関心が集まった。商魂たくましい新潮社が、このようなビジネスチャンスを逃すはずがない。当時、論壇で人気があった国家社会主義者・高畠素之《たかばたけもとゆき》編著の『社会問題辞典』を上梓《じょうし》し、この辞典はベストセラーになった。

貧民問題に関する高畠の視点は鋭い。まず、貧民を〈貧民即《すなは》ち貧乏人とは如何《いか》なるものを意味するかといへば、個人の属する社会的関係に於《おい》てその肉体的並に精神的維持発達に必要なものと認められた物質を得られないものをいふ。換言すれば、健全なる生存をなす上に於て、なくてはならない資料を得ることが出来ないものをいふ。〉（高畠素之『社会問題辞典』新潮社、1925年、226～227頁《ページ》。今後の引用を含め新漢字、旧仮名遣いとした）と定義する。

そして、高畠は、貧民問題を解決しなくてはならないのは、人道問題だけでなく〈多数の貧乏人が存在するといふことは、社会生活の健全なる維持及び進展に多大の障碍《しやうがい》を来たすことが明瞭《めいれう》であるを以《もつ》て〉（前掲書227頁）とする。要するに、貧民が多数存在することによって、社会が不安定になっていくということだ。

更に貧困の原因について、高畠は、イギリス労働党のウェッブ夫妻の調査を基礎に、〈貧乏人の六割乃至《ないし》八割は悉《ことごと》く外的原因、即ち社会的原因によるものだといふ。即ち貧民は自らの怠惰、悪癖によるのではなく、大部分は貧民の発生を防ぎ得ない社会的及び経済的原因によるものであることが知られる。〉(前掲書同頁)と説明する。国家が経済に介入し、再分配を行うことで貧民問題を解決することを高畠は考えた。高畠の国家社会主義は、福祉国家政策を先取りしていた。

新自由主義的改革の結果生じた第二の問題は、日本人の同胞意識が稀薄《きはく》になったことだ。新自由主義は、個人、企業などの経済主体の競争で社会を理解する。アトム(原子)的世界観をもっているのである。この世界では、カネさえあれば欲望を満たすことができる。「カネで買えないものはない」というのは、新自由主義においては真理なのである。そして、カネと権力が代替可能になる。

新自由主義モデルでは、「規制緩和」ではなく「無規制」が、「小さな政府」ではなく「無政府」が理想となる。個体がすべてなので、民族、国家など、「われわれの同胞」という感覚が薄れていく。北朝鮮による日本人拉致《らち》問題、北方領土問題に関して世論の関心が以前よりも低くなっていることも新自由主義的世界観が日本全体を覆《おお》い始めたことと関係している。

ただし、経済合理性と逆行する地域共同体の助け合いの伝統が強い沖縄には、新自由主義が浸透しにくい。その結果、沖縄の人々は連帯意識を強くもつ。沖縄戦の集団自決をめぐる歴史教科書検定問題で、沖縄の同胞意識と内地（本稿では、沖縄以外の日本を指す）における新自由主義の浸透度の違いから考察することも可能と思う。

国民主義による資本主義システムの超克

新自由主義がもたらす否定的現象をどう克服するかについて、19世紀の自由主義的資本主義に異議申し立てをした二人の経済学者の見識から得るところが大きい。一人は、カール・マルクス（1818〜1883）だ。

マルクスは、労働力商品化を止揚することで、資本主義システムを超克することを考えた。これとは別の方向で、資本主義システムの超克は考えないが、国家、民族、文化の力で資本主義の弊害を克服することを考えたのがドイツの経済学者フリードリッヒ・リスト（1789〜1846）である。筆者は、EU（欧州連合）、現下ロシアの経済政策の背後にリストの思想が潜んでいると見ている。

リストは、1789年8月6日、西南ドイツのロイトリンゲンに皮なめし職人の子として生まれた。テュービンゲン大学で学び、1815年以降、ビュルテンブルク王国の近代化に尽力し、テュービンゲン大学教授として国家経済学部の創設（１８１７年）に尽力する。１８２１年に政争に巻き込まれ、亡命を余儀なくされた。１８３２年にアメリカから帰国し、１８４１年に主著『経済学の国民的体系（Das nationale System der politischen Ökonomie)』を上梓した。

同書で展開したリストの思想を端的にまとめると、自由主義を掲げるイギリスの普遍主義的な世界支配に対して、ヨーロッパ大陸諸国が保護主義による関税同盟を結んで対抗するということだ。もっとも晩年にリストはイギリスと対決するよりも、独英同盟の構築によってドイツ帝国を強化することを主張したが、両国で受け入れられず、心身ともに健康を害し、１８４６年11月30日、オーストリアのチロル山中でピストル自殺をした。享年《きょうねん》57。

リストは、自由貿易に反対する保護主義者であるという評価以外は、ほぼ忘れ去られていたが、ナチス・ドイツが同人を再評価した。ナチス・ドイツの同盟国であったわが大日本帝国でも『経済学の国民的体系』の全訳が、『国民経済学体系』という表題で太平洋戦争前になされている。その訳者序文では、次のように記されている。

〈リストは単なる政策論者でもなければ、また謂《い》はゆる歴史学派の単なる先駆者でもない。彼はスミスの個人主義・万民主義・自由放任主義を否定して国民主義を掲げ、国土と時代とを無視する普遍妥当的な自然法則に対して、具体的歴史的法則の存在することを認め、以てドイツ国民主義経済学を創設したのである。今日のナチス・ドイツにおいて、『リスト復興』が叫ばれ、その思想がドイツの国民精神を鼓舞する強い力となつてゐることは、国民主義経済学の創設者としてのリストの経済学を、今日のドイツが力強く要求してゐる一つの現はれであらう。〉(フリードリッヒ・リスト[谷口吉彦/正木一夫共訳]『国民経済学体系(上)』改造文庫、1940年、3頁)

ナチスによって評価されたため、戦後、しばらくドイツでリストについて肯定的に言及されることはなかったが、1950年代に入ると東ドイツでリストの再評価が始まった。西ドイツでも、それより少し遅れてリストの著作が復刊されるようになった。

富を作り出す力を重視するリスト

それでは、『経済学の国民的体系』におけるリストの言説を検討してみよう。

〈理論は自由貿易の原理を採るべきだとさし示していた。この原理はわたしにはたしかに合理的に思われたし、フランスの諸州間の関税の撤廃や島国イギリスでの三王国の合併の効果を見るならば、それは経験によっても確認ずみのことであった。しかし、大陸制度 Kontinentalsystem のおどろくべき効果とその撤廃の破壊的帰結とは当時まだ眼前にあって、とうてい見のがすことはできなかった。これらのことはさきに見たところとはいちじるしく矛盾しているように思われたのである。そしてこの矛盾の原因をあきらかにしようと努めているうちに、わたしはつぎのような考えに到達した。すなわち、あらゆる国民が互いに自由貿易の原理に従うとして、およそそうするのが真理なのは、それが国内諸州相互で自由貿易の原理に従う場合と同様であるようなときにかぎられるということである。この考えをつうじて、わたしは国民国家 Nationalität の性質を知るところまでみちびかれた。右の理論がたんなる人類やたんなる個人だけを見て国民を見ていなかったことをわたしは知った。文化の点で大いに進んだ二国民のあいだでは、両者にとって自由競争は、この両者がほぼおなじ工業的発達の状態にあるときにしか有益に作用しないということ、また不運のために工業、貿易、海運の点で大いに遅れている国民は、それでもこれらのものの発達に必要な精神的・物質的資源を所有しているならば、なによりもまず自分で努力して、もっと進んだ諸国民と自由競争を行なうことができるようにならなければいけないということが、わたしにはあきらかになった。〉（フリードリッヒ・リスト［小林昇訳］『経済学の国民的体系』岩波書店、１９７０年、１～２頁）

ここにリストの基本認識が端的に現れている。〈あらゆる国民が互いに自由貿易の原理に従うとして、およそそうするのが真理なのは、それが国内諸州相互で自由貿易の原理に従う場合と同様であるようなときにかぎられる〉という表現を言い換えれば、自由主義的な自由貿易の原理が通用するのは、同胞意識が存在する枠内だけであるということだ。この同胞意識が、国民という形態で現れる。現在は、さまざまな不運のために遅れている国民も、精神力と物質的資源があるならば、時間の経過とともに最先進国に追いつく。リストはその条件がドイツには備わっていると考える。

リストは富自体と富を作り出す力を区別する。そして、富を作り出す力の方を重視する。そして、経済における交換と生産を区別し、それぞれ別の理論が必要と考える。〈人間の社会は二重の観点から見ることができる――すなわち全人類を眼中におく世界主義的 Kosmopolitisch 観点のもとでと特別な国民的利益や国民的状態を顧慮する政治的 politisch 観点のもとでとである――が、それとおなじように、私人の経済と社会の経済とを問わずあらゆる経済は、二つの大きい観点から見ることができる。すなわち富を生みだす個人的、社会的、物質的諸力を顧慮する場合と、物質的諸財の交換価値を顧慮する場合とである。

こういうわけで、世界主義経済学と政治経済学、交換価値の理論 Theorie der Tauschwerte と生産諸力の理論 Theorie der produktiven Kräfte とがある。――それらは互いに本質的にことなり、独立に発展させられなければならない学理なのである。

諸民族の生産諸力は、たんに個々人の勤勉、節約、道徳、知能によって、あるいは自然資源および物質的資本の所有によって制約されているだけではなく、社会的、政治的、市民的な、制度と法律とによっても制約されており、なかでもとくにその国民国家の存続、独立、勢力によって制約されている。個々人がどれほど勤勉、節約、独創的、進取的、道義的、知的であっても、国民的統一 Nationaleinheit がなく国民的分業 nationale Teilung der Arbeit および生産諸力の国民的結合 nationale Konföderation der produktiven Kräfte がなくては、国民はけっして高度の幸福と勢力とをかちえないであろうし、またその精神的、社会的、物質的諸財をしっかりと所有しつづけることがないであろう。〉(前掲書56〜57頁)

リストにとって、政治とは、個別的な部分の利益を代表するものなのである。従って、全人類の福祉の増進などというのは、宗教の目標ではあっても、政治問題ではない。個人の能力は、国民国家の枠組みの中で発揮される。

〈個々人がどれほど勤勉、節約、独創的、進取的、道義的、知的であっても、国民的統一(略)がなくては、国民はけっして高度の幸福と勢力とをかちえないであろうし、またその精神的、社会的、物質的諸財をしっかりと所有しつづけることがない〉というリストの洞察は、21世紀初頭の日本の現状について語っているようである。自由主義（新自由主義）の経済観は、コスモポリタニズムを前提にした国家なき世界での交換について語っているにすぎない。現実の世界には国家がある。国家を無視した経済理論は無効なのである。

リストとマルクスの相違点

リストは、ドイツの国益だけを考えた偏狭な排外主義者ではない。経済学は、実学であるが、それは哲学と（国家）政策と歴史に裏付けられると考える。

〈経済学は哲学 Philosophie と政策 Politik と歴史 Geschichte との上に立脚する。哲学は未来と全人類とのためにつぎのことを要求する。諸国民相互のますますつよい接近、戦争の全力的な回避、国際的に法が支配する状態の樹立と発展、現在国際法と呼ばれるものから国家連合法への移行、精神上および物質上の国際交流の自由。最後に、法規のもとでの全人類の結合——すなわち世界連合 Universalunion。

これに対して、政策は各個の国民のためにつぎのことを要求する。国民の独立と存続とに対する保障、その文化と幸福と勢力との発達を促進するための、また、それがあらゆる部分に向って十分かつ調和的に発展しつつみずからは完備し独立した国家の一つを成すような社会状態を形成するための、特別な方策。

歴史はまた歴史で、未来が要求するものに答えてはっきりと語って、どんな時代にも人間の物質的・精神的幸福はその政治的統一と商業的結合との拡大に比例して増大したものであることを教える。しかし歴史はまた現在と国民国家との要求をも是認して、みずからの固有の文化と勢力との促進に特別に留意しなかった国民が滅亡しているということや、先進諸国民とのまったく無制限な交易はどんな民族にとってもその発展の初期の段階ではたしかに有益だったが、同時にどんな国民も、その国際交易をある程度制限することによってのみさらに高度の発達をとげて他の諸先進国民国家と並びうる点にまで到達したのだ、という事情を教える。このようにして歴史は、哲学と政策との両面の要求のあいだの仲介の道を示している。〉（前掲書45～46頁）

リストは、哲学の課題として、戦争を回避した世界連合を考えている。ここでリストがカントの『永遠平和のために』を念頭においていることは明白だ。究極的な価値として、リストは世界連合を希求する。しかし、究極的価値は、それぞれの国民国家が、国益を追求するという媒介項を経て実現される。一人の人間がいきなり究極的価値に到達することはできず、国家や民族という究極以前の価値を通じる必要があると考える。ここが国家を超克したアソシエーション（共産主義的共同体）の建設が可能であると考えたマルクスとリストの基本的視座の違いだ。

更に、この政策という究極以前の価値に関しても、歴史的条件という制約要因がある。歴史は、〈みずからの固有の文化と勢力との促進に特別に留意しなかった国民が滅亡しているということ〉を教える。これを近代の経済に適用した場合、将来、先進国になる潜在力をもつ後発諸国は、自由貿易によって先進国の商品を得て欲望を満たすことを抑制して、国民国家の経済的基礎体力を蓄える必要がある。そして、先進諸国と肩を並べるような状況になったときに自由貿易に踏み切ればよいと考える。そうでなくては、後発諸国はいつまでもその状況から脱することができなくなるからだ。この禁欲に耐え、自らが帰属する国家と社会を発展させる精神力が重要なのである。リストは、この精神力を「精神的資本」と名づけた。

〈肉体的労働だけが富の原因だというならば、近代の諸国民が古代の諸国民にくらべて問題にならないほど豊かで、人口が多くて、強力で、幸福だということの理由は、いったいどうやって説明がつくのか。古代の諸民族の場合には、近代の諸民族の場合よりも、全人口との割合でははるかに多くの人手が労働をしていたし、その労働ははるかにつらいものだったし、個々人ははるかに多い土地を持っていながら、大衆の衣食ははるかに劣悪であった。この現象を説明するためには、われわれは、過去幾千年にわたって科学と技芸との上で、私的・公的の施設の上で、精神の陶冶《とうや》と生産能力との上で行なわれてきた、進歩のすべてを指摘しなければならない。諸国民のこんにちの状態は、以前に生きていたすべての世代のあらゆる発見、発明、改良、完成、努力の堆積《たいせき》の結果である。これらのものは現存する人類の精神的資本 das geistige Kapital を形成する。そしてあらゆる国民は、まえの諸世代の右の成果を受け入れてそれを自分の獲得したものでふやすことのできた程度に応じてのみ、生産的なのであり、また自分の領土の自然力、この領土の面積と地理的位置、自分の人口と政治的勢力が、その国民に、国境の内部のすべての生業をできるだけ完全かつ均衡的に発達させ、みずからの道徳的、知的、工業的、商業的、政治的影響を他の後進諸国民に、さらにひろく世界の諸問題にまでおよぼさせうる程度に応じてのみ、生産的なのである。〉（前掲書203〜204頁）

精神的資本は、教育によって蓄積される。この教育を担保するのが書籍、新聞、雑誌などの活字メディアである。従って、活字を読む文化を定着させることが、真に愛国的行動と言えるのである。

〈本や新聞は啓発によって精神的および物質的生産に効果をおよぼす。しかしそれらを入手するには金《かね》がかかり、だからそのかぎりでは、それらが提供する享楽《きょうらく》もまた物質的生産への刺激である。

青年の教育は社会を向上させる。だが両親はその子供たちに良い教育を授ける手段を手に入れるために、どんなに多くの労苦を忍ぶことだろうか。

もっと良い社会に交わろうとめざしての努力から、精神的生産にあっても物質的生産にあっても、どれほど莫大《ばくだい》な仕事が生み出されていることであろうか！〉（前掲書359頁）

日本では出版不況が続いているが、リストの言説を適用するならば、それは日本の精神的資本が弱体化しているからである。リストは、〈もっと良い社会に交わろうとめざしての努力〉が活字文化の特徴と考える。言い換えるならば、同胞意識の強化、社会の強化は活字文化によってなされるのである。こうして活字文化によって作られる精神は物質に転化するのである。ヨーロッパやロシアで、リストが注目されているのも、経済発展の背後には、精神力があるということが再認識されているからと思う。

『蟹《かに》工《こう》船《せん》・党生活者』

小林多喜二

新潮文庫

小林多喜二の『蟹工船』がブームになっている。ワーキングプア、格差・貧困問題と精力的に取り組んでいる作家の雨宮処《あまみやか》凛《りん》氏がこのブームの火付け役であるという。毎日新聞学芸部の鈴木英生記者はこう記す。

〈「これって、今とまるで同じ……」。作家の雨宮処凛さん（33）は2007年12月17日夜、プロレタリア文学作家、小林多喜二（1903〜1933年）の代表作「蟹工船」を初めて読み、涙を落とした。内容が、ワーキングプアの現状や自身が関係するフリーター労働運動と二重写しに見えたからだ。

半年後、雨宮さんの涙は奔流となった。新潮文庫の『蟹工船・党生活者』は２００８年、例年の47倍を超す23万７０００部を増刷し、オリコンの文庫ランキング（５月19〜25日）で11位と大健闘している。この動き、雨宮さんとほぼ同い年の私には、旧来の左翼の思想や運動を知らない世代が、時代の羅針盤を求めてもがく現状の反映に思える。

新潮社によると、『蟹工船』の新しい読者層は19〜29歳が30パーセント、30〜49歳が45パーセント。推計で５割強が30代以下だ。中でも、20代半ばから30代半ばは、平成不況のただ中で社会に出た世代である。派遣労働者などのワーキングプアが多い。いわゆる「ネット右翼」も、この世代が中心とされる。

『蟹工船』は１９２９年に書かれた作品だ。カムチャツカ沖でカニを捕り缶詰に加工する船の労働者が、過酷な労働条件に怒り、立ち上がる話である。雨宮さんは『蟹工船』を読んだ翌日、作家の高橋源一郎さん（57）と対談した。雨宮さんが語った感想に高橋さんも共感。この対談を今年１月９日、毎日新聞朝刊文化面（東京本社版）に掲載したのがきっかけになり、ブームが始まった。

雨宮さんは「今、『蟹工船』のように露骨な奴隷《どれい》労働はないが、同じように逃げられない状況なら確かにある」と話す。雨宮さんによれば、派遣労働の現場では寮の備品にいちいちレンタル料を取られ、まともに給料が残らない例もある。寮の合鍵《あいかぎ》を使って、労働者が逃げないか部屋をチェックする会社もある。過酷な労働を「蟹工」と表現する若者もいるという。〉(2008年6月3日毎日新聞朝刊)

注目すべき『蟹工船』の虚構性

確かに、これが『蟹工船』ブームに対する、標準的というか、素直な読み方なのだろう。筆者の読み方は、このような素直なものではない。筆者は、『蟹工船』を含む多喜二の小説を「プロレタリア・インテリジェンス小説」として読んでいる。「プロレタリア・インテリジェンス小説」というのは、筆者の造語であるが、社会主義(プロレタリア)革命を実現するために、嘘《うそ》のようなほんとのことと、ほんとのような嘘を適宜混ぜて作った戦略的な小説ということだ。要は小説を通じ、革命に読者を誘うことが多喜二の目的なのである。

小林多喜二は、プロレタリア・リアリズム作家といわれるが、筆者の理解では、観念小説家だ。むしろ多喜二の独自の観念が、仮想現実としての『蟹工船』を作る。資本家を代弁する役割で出てくる監督の浅川は、労働者をリンチにかけて殺害するようなことを平気で行うが、海の世界でそうした行動をとれば、労働者が浅川を北の海に突き落として、物語は終わりだ。筆者に、筆者と同業でインテリジェンス（情報）を扱う自衛隊のある幹部が述べたことがある。

「自衛艦の中には独自の掟《おきて》があるんですよ。セクハラやパワハラが限度を超え、蛇蝎《だかつ》のように嫌われる上官がいると海に突き落とされてしまうんです。特に艦《ふね》の後半部から突き落とされる」

「どうして後半部なのですか」

「ここから落とされると相当の確率でスクリューに巻き込まれて〝人肉ミンチ〟になってしまうからですよ。この種の話は事故死で処理されます。そのことを知っているから、艦の中で、滅茶苦茶《めちゃくちゃ》に威張り散らす奴《やつ》はいませんよ」

現実の世界に浅川のような奴が登場すれば、確実に〝人肉ミンチ〟にされていると思う。

多喜二は、当時、北海道帝国大学よりも難しいと言われていた小樽高等商業学校を卒業し、北海道拓殖銀行に勤務していたエリート銀行マンなのである。労働者の生活現場を皮膚感覚では知らない。それだから、もっぱら伝聞と活字によって仕入れた知識で仮想空間のプロレタリア世界を作ったのであると筆者は見ている。

多喜二と比較した場合、実際に下級船員として勤務したことがある葉山嘉樹《はやまよしき》の『海に生くる人々』(初出1926年)はプロレタリア・リアリズムの優れた小説だ。この作品で、葉山の分身である藤原六雄《ろくお》が〈人間が万物の霊長だなんて問題に、コビリつくことはもうよそう。が、全く人間も他の動物と同様に食うため、生殖するために、地上で蠢動《しゅんどう》してるんだね〉(葉山嘉樹『海に生くる人々』岩波文庫、1971年、33頁《ページ》)という覚めた目で、室蘭・横浜間の石炭運搬船内の出来事を淡々と描いているこの手法がリアリズムなのだと思う。筆者の理解では、多喜二の魅力は、仮想現実を描き出す構想力にある。

インテリゲンチャのマゾヒズム

地下共産党の一斉摘発を描いた『一九二八年三月十五日』(初出1928年)の魅力も記録文学ではなく、拷問《ごうもん》を描いた部分のマゾヒスティックな仮想現実にあるのだと思う。

〈渡は裸にされると、いきなりものも云《い》わないで、後ろから竹刀《しない》でたゝきつけられた。力一杯になぐりつけるので、竹刀がビュ、ビュッとうなって、その度に先がしのり返った。彼はウン、ウンと、身体《からだ》の外面に力を出して、それに堪えた。それが三十分も続いた時、彼は床の上へ、火にかざしたするめのようにひねくりかえっていた。最後の一撃（？）がウムと身体にこたえた。彼は毒を食った犬のように手と足を硬直さして、空へのばした。ブル〳〵っと、けいれんした。そして次に彼は気を失っていた。然《しか》し渡は長い間の拷問の経験から、丁度気合術師が平気で腕に針を通したり、焼火箸《やけひばし》をつかんだりするそれと同じことを会得《えとく》した。だから、拷問だ！　その緊張――それが知らず知らずの間に知った気合だかも知れない――がくると、割合にそれが堪《こた》えなかった。

こゝでは、石川五右衛門《ごえもん》や天野屋利兵衛の、あの残虐《ざんぎゃく》な拷問は、何百年か前の昔話では決してなかった。それは、そのまゝ今だった。然し勿論《もちろん》こういうことはある。――刑法百三十五条、「被告人に対しては丁寧親切を旨《むね》とし、其《その》利益となるべき事実を陳述する機会を与うべし。」（!!）

水をかけると、息をふきかえした。今度は誘い出すような戦法でやってきた。

「いくら拷問したって、貴方《あなた》達の腹が減る位だよ。――断然何も云わないから。」

「皆もうコッちでは分ってるんだ。云えばそれだけ軽くなるんだぜ。」

「分ってれば、それでいゝよ。俺の罪まで心配してもらわなくたって。」

「渡君、困るな、それじゃ。」

「俺の方もさ。――俺ァ拷問には免疫《めんえき》なんだから。」

後に三、四人拷問係（！）が立っていた。一人が渡の後から腕をまわしてよこして、首をしめにかゝった。「この野郎！」「この野郎一人で、小樽がうるさくて仕方がねェんだ。」

それで渡はもう一度気を失った。〉（小林多喜二『一九二八年三月十五日・東倶知安《ひがしくっちゃん》行』新日本文庫、1974年、72〜73頁）

石川五右衛門は、安土桃山時代に出没した盗賊である。釜《かま》ゆでになったと伝えられている。天野屋利兵衛は、赤穂《あこう》浪士を支援した故《ゆえ》にひどい拷問を受けた商人だ。多喜二は民間伝承と特高《とっこう》（特別高等警察）の拷問をうまく結合し、仮想現実の世界を見事に作り出している。気合術師の技法を身につければ拷問にも耐えられるというのが多喜二のメッセージである。

しかし、そんなことが生身の人間に可能なのだろうか。

〈次に渡は裸にされて、爪先《つまさき》と床の間が二、三寸位離れる程度に吊《つる》し上げられた。

「おい、いゝ加減にどうだ。」

下から柔道三段の巡査が、ブランと下った渡の足を自分の手の甲で軽くたたいた。

「加減もんでたまるかい。」

「馬鹿《ばか》だなァ。今度のは新式だぞ。」

「何んでもいゝ。」

「ウフン。」

渡は、だが、今度のにはこたえた。それは畳屋の使う太い針を身体に刺す。一刺しされる度に、彼は強烈な電気に触れたように、自分の身体が句読点位にギュッ、、ンと瞬間縮まる、と思った。彼は吊されている身体をくねらし、くねらし、口をギュッとくいしばり、大声で叫んだ。

「殺せ、殺せ――え、殺せ――え!!」

それは竹刀、平手、鉄棒、細引でなぐられるよりひどく堪えた。

渡は、拷問されている時にこそ、始めて理窟《りくつ》抜きの「憎い――ッ！」という資本家に対する火のような反抗が起った。拷問こそ、無産階級が資本家から受けている圧迫、搾取《さくしゅ》の形そのまゝの現れである、と思った。渡は自分の「闘志」に変に自信が無くなり、右顧左顧を始めたと思われるとき、何時《いつ》でも拷問を考えた。不当に検束され、歩くと目まいがする程拷問をされて帰ってくると、渡は自分でも分る程「新鮮な」階級的憎悪《ぞうお》がムチ〳〵と湧《わ》くのを意識した。その感情こそは、殊《こと》に渡達の場合、マルクスやレーニンの理論を知って「正義的」な気持から運動に入ってきたインテリゲンチャや学生などの夢にも持てないものだ、と思った。「理論から本当の憎悪が虱《しらみ》のように湧くかい！」渡と龍吉はこの事で何時でも大論争をやった。

針の一刺毎《ごと》に、渡の身体は跳ね上った。

「えッ、何んだって神経なんてありやがるんだ。」

渡は歯を食いしばったまゝ、ガクリと自分の頭が前へ折れたことを、意識の何処《どこ》かで意識したと思った。——「覚えてろ！」それが終《しま》いの言葉だった。渡は三度死んだ。〉（前掲書74～75頁）

この部分を創作しながら、「インテリゲンチャ」である多喜二は、拷問によって真の革命家になることに憧《あこが》れたのである。渡が三度目に死ぬときの様子も恍惚《こうこつ》としている。究極のマゾヒズムの世界だ。

「拷問の文法」を知らなかった悲劇

ところで、拷問には文法がある。拷問は、リンチではなく、相手がもっている情報を最大限に引き出すための技法なのである。エジプトの秘密警察による拷問を受けた経験があるモサド（イスラエル諜報《ちょうほう》特務庁）の伝説的工作員ウォルフガング・ロッツの以下の記述が「拷問の文法」を正確に示している。

〈拷問されながらも英雄的な沈黙を守り通すというスパイの物語は、いずれもフィクションの部類に属す。ゲシュタポの拷問によって死にいたりながらも一つも秘密を漏らさなかったという第二次大戦中の地下組織の戦士たちについての報告を私も読んだことがあるが、そんなものは一語も信用しない。不器用で嗜虐《しぎゃく》的なゲシュタポの尋問者が、犠牲者に話す機会をあたえる前に殺してしまったということなら大いにありうることだろう。しかし、それは、どんな拷問であろうと賢く冷静に用いて、最大限の情報抽出という目標を達成すべきであるということを示すにすぎない。尋問者がかっとしてしまい、捕虜を相手にうっぷんばらしをしようなどということになれば、しまいには血まみれの惨状になるが情報はほとんど得られないということになりやすい。〉(ウォルフガング・ロッツ〔朝河伸英訳〕『スパイのためのハンドブック』ハヤカワ文庫、1982年、167〜168頁)

多喜二は、特高の拷問によって、殺害されてしまうが、これは担当した特高が「拷問の文法」をよくしらないレベルの低い連中だったからだ。特高の職業的良心としてやるべきことは、まず拷問によって多喜二から最大限情報を引き出す。その上で、特高の協力者となる約束をさせ、微罪のため起訴猶予《ゆうよ》か証拠不十分による不起訴にして再び地下共産党で活動するようにし向けるか、あるいは見せしめの公開裁判にかけ、そこで転向を表明させ、愛国作家として活動するようにし向けるかである。インテリジェンス能力の高い秘密警察ならば、多喜二のような能力の高い人を殺すようなことはしない。特高が考える国益に貢献するように多喜二を最大限に活用することを考えたはずだ。

どうしようもなくリアルな性処理の描写

『蟹工船』において、リアリズムがもっともよく現れているのは、性処理の部分だと思う。「糞壺《くそつぼ》」と呼ばれる労働者がたむろする船室がある。〈煙草《たばこ》の煙や人いきれで、空気が濁って、臭く、穴全体がそのまゝ「糞壺」だった。区切られた寝床にゴロ〳〵している人間が、蛆虫《うじむし》のようにうごめいて見えた。〉（小林多喜二『蟹工船・党生活者』新潮文庫、2003年、19頁）。この糞壺に男たちのやり場のない性エネルギーがたまっている。

〈漁夫達はだん〳〵内からむくれ上ってくる性慾《せいよく》に悩まされ出してきていた。四ヵ月も、五ヵ月も不自然に、この頑丈な男達が「女」から離されていた。――函館で買った女の話や、露骨な女の陰部の話が、夜になると、きまって出た。一枚の春画がボサ〳〵に紙に毛が立つほど、何度も、何度もグル〳〵廻わされた。〉（前掲書57頁）

この箇所を読んだとき、年収200万円以下の給与所得者が1000万人を超えたことが話題になった際に、筆者が親しくする青年誌の編集者が言っていたことを思い出した。

「年収200万円くらいだと彼女を作って結婚することはできない。パラサイト（親と同居）していなければ、家賃で5万円はもっていかれるので、ひと月に自由になるカネは、食費や水光熱費を引けば5万くらいしか残らない。僕らの雑誌の購買者層は、この辺をターゲットにしています。ただ、貧困がもっと厳しくなると、雑誌を買うカネを節約して、インターネットの無料画像でオナニーをする。いま、雑誌売り上げの最大の障害は無料画像ですよ」

蟹工船の中での毛羽《けば》だった春画の機能をインターネットの無料画像が果たしているのである。

〈漁夫達は寝てしまってから、

「畜生、困った！どうしたって眠《ね》れないや。」と、身体をゴロ〳〵させた。「駄目だ、伜が立って！」

「どうしたら、え〻んだ！」——終《しま》いに、そう云って、勃起《ぼっき》している睾丸《きんたま》を握りながら、裸で起き上ってきた。大きな身体の漁夫の、そうするのを見ると、身体のしまる、何か凄惨《せいさん》な気さえした。度胆《どぎも》を抜かれた学生は、眼だけで隅の方から、それを見ていた。

夢精をするのが何人もいた。誰もいない時、たまらなくなって自瀆をするものもいた。――棚の隅に、カタのついた汚れた猿又や褌《ふんどし》が、しめっぽく、すえた臭《にお》いをして円められていた。学生はそれを野糞《のぐそ》のように踏みつけることがあった。

――それから、雑夫の方へ「夜這《よば》い」が始まった。バットをキャラメルに換えて、ポケットに二つ三つ入れると、ハッチを出て行った。

便所臭い、漬物樽《つけものだる》の積まさっている物置きを、コックが開けると、薄暗い、ムッとする中から、いきなり横ッ面《つら》でもなぐられるように、怒鳴られた。

「閉めろッ！ 今、入ってくると、この野郎、タ、キ殺すぞ！」〉（前掲書57〜58頁）

勃起したキンタマを握っている男を見て驚き、精液がついてすえた臭いのするトランクスや褌を「野糞のように踏みつける」という感覚をもつ学生の視座は、実は知識人である多喜二の視座なのでもある。

雨宮氏は、「今、『蟹工船』のように露骨な奴隷《どれい》労働はないが、同じように逃げられない状況なら確かにある」という。確かに『蟹工船』と現在のワーキングプアが置かれた状況を類比（アナロジー）することは可能だ。しかし、当時においてもこのような露骨な奴隷労働はなかったと筆者は考える。この奴隷労働は、優れた作家である多喜二の観念の中で組み立てられた仮想現実だからだ。しかし、糞壺での性処理の世界は現実そのものである。それが現在にもリアリティーをもって迫ってくるのだ。

　年収200万円以下では、家族をもって子供を養い、教育することは事実上不可能だ。そのような給与所得者が1000万人を超えるということは、もはや格差社会という生温《なまぬる》い言葉で表されるような事態ではなく、絶対的貧困が日本に到来したということだ。

　多喜二は、ソ連型社会主義に貧困から脱出する希望をつないだ。しかし、われわれはソ連型社会主義が、資本主義以上の地獄絵を描き、自壊していったことを知っている。

　多喜二はエリート銀行員として、将来を保証されていた。しかし、その道を選ばずに、悲惨な境遇に置かれた労働者を解放する運動に献身することに、自らの喜びを感じた。重要なのは、同胞である労働者が置かれた境遇に対する多喜二の共感力なのだと思う。

「世直しの罠《わな》」に嵌《はま》らないために

『邪宗門』上・下

高橋和巳
朝日文庫

高橋和巳の小説はどれも面白い。まず、どの作品も、徹底的な調査（主として文献資料に基づく）の上、書いているので、小説を読む中で知識がつく。更に、現実には存在しないような観念的な対話が繰り返される。ここに何とも形容しがたい楽しさがある。

もっとも高橋和巳の小説を発表とリアルタイムで読んだ人々は、筆者とは別の感想をもっていたようだ。現役外交官時代、1989年のモスクワでのことだ。20世紀初頭ロシアの「社会革命党」のテロリストが書いた小説や詩を訳した大学の先生が、日ソの学者交換でモスクワに長期滞在していた。ゴルバチョフ・ソ連共産党書記長が進めるペレストロイカ（改革）の下、インテリが政治に対する関与を深めている時期だった。

バリケードの中で

この先生が滞在するソ連科学アカデミーのホテルの部屋に電気コンロを持ち込み、スモークサーモン（ただしロシア製なので、スモークの度合いはあまり強くなく、塩味が強いので、日本の塩鮭《しおざけ》に似ている）を焼いてつまみにしながらウオトカを一杯やっているときに、この先生が「全共闘時代に似ているね」と言った。最初、私は、コンロで塩鮭を焼きながら一杯やるのが全共闘時代のバリケードの中の光景に似ているという意味と思ったが、それは筆者の勘違いだった。

「佐藤さん、モスクワのこの雰囲気が、全共闘時代を思い出させる」

「よくわかりません」

「知識人が政治化して、一見、時代が大きくよい方向に変化するように見える。しかし、実際は全《すべ》てが悪い方向に向かっているんだ。ある日、全てが逆転して、破滅する。サビンコフ＝ロープシン（社会革命党のテロリスト）がもっていた革命に対する予感もきっとこんなものだったんだと思う」

「僕も何か嫌な予感がします」

「バリケードの中で単行本になった『邪宗門』を読んでいたころを思い出す」

「高橋和巳の『邪宗門』ですか」

「そうだよ。いつ機動隊が突入してきて破滅するのかと、『邪宗門』に出てくる『ひのもと救霊会』の最後と自分たちを重ね合わせて捉《とら》えたよ」

「高橋和巳は先生たちの魂をどうして捉えたのですか」

「よくわからないな。和巳さんは僕たちにほんとうに近かった。僕は全共闘の仲間たちと一回、和巳さんの家まで訪ねていったんだよ。家にあげてくれて、話をした。ただし、奥さん（高橋たか子氏）はけわしい顔をしていたけどね」

『邪宗門』は「朝日ジャーナル」1965年1月3日号から1966年5月29日号まで74回にわたって連載された。単行本は1966年11月に刊行されている。1968〜69年に、これまでの党派を中心とした運動ではなく、「自立した個人」の責任で参加する新しい形の学生運動（全共闘運動）が高揚した時期に『邪宗門』はよく読まれた。

21世紀の預言の書としての『邪宗門』

筆者は、この機会にもう一度、この小説を読み直したが、功利主義者の眼から見ても、21世紀の日本において、これから生じるであろう異議申し立て運動を理解するのに役に立つと思った。

マルクス・レーニン主義を基軸とする社会主義はもはや異議申し立て運動としての有効性を喪失している。そのような状況で、新自由主義に対抗して生まれるであろう異議申し立て運動は、恐らく宗教の形態をとるのではないかと筆者は考えている。宗教が内包する人間の平等、救済への憧《あこが》れが政治的性格を帯びることは、イスラーム原理主義に顕著なように、社会主義以降の時代においては、むしろ普通の現象なのだと思う。

高橋和巳は、「ひのもと救霊会」という架空の教団を作り、その破滅に向かう過程について描く中で、自らの想念を、思いつきのようなものを含めできるだけ言葉にするという些《いささ》か乱暴な方法をとっている。この乱暴さが魅力なのだ。

教団の場所は、京都から鉄道で約2時間離れた、山間部の神部《かんべ》（架空の町）にある。ここに「ひのもと救霊会」という新宗教の教団本部がある。治安維持法で2回の弾圧をうけた。これは、「ひのもと救霊会」がだから淫祠《いんし》邪教《じゃきょう》ということではなく、国家権力に近寄りすぎたために、この教団の力が国家によって警戒されたからである。

外形的に高橋和巳がある老舗《しにせ》新宗教をモデルに設定していることは明白だが、筆者はあえてその教団の名称をあげない。「ひのもと救霊会」はあくまでも作家の観念の中で組み立てられた「高橋和巳教」であるからだ。

ある日、栄養失調の子供が教団本部にやってくる。東北の飢饉《ききん》で孤児となった千葉潔だ。千葉潔には秘められた過去がある。飢饉のため母親を食べたのである。

〈さよなら、お母さん、と潔は小声で言った。僕はお母さんのいいつけ通りにした。出稼ぎに出たまま帰ってこないお父さんを待って、この飢饉に二人とも餓死するよりは、お前だけでも町へおりなさい、とお母さんは言った。周囲の山の松の甘皮もはがしつくした。蟬《せみ》の幼虫も自然薯《じねんじょ》も掘りつくした。ふきもわらびも食べつくした。お母さんはもう動けない。お前も動けないようだけど、私が死んだら、腐らないうちに、まだ少しは残っている私の腿《もも》の肉をお食べ。お母さんがそう言うのだから、お母さんのだからかまわない。お前と私はもともと同じ血、同じ肉なのだから、神さまもそれだけは許してくださる。いいね。わかったね。お前だけでも生きておゆき。お前は若いから、食べさえすれば、動けるようになる。泣かんでいい。昔ね、お前をみごもった時、お母さんはお前を堕《おろ》そうとした。こんな炭焼小屋みたいなところで、子供を生んでも、食わしてゆけるあてもなく、その頃も数年つづきの冷害で凶作ばかりだったからね。生れた時にも、男の子だとわかった時には、しめ殺そうかと考えたんだよ。女の子なら売れるけれどね。堪忍《かんにん》しておくれ。だから、お前は私を食べてもいいんだよ。そういうめぐり合わせなんだから。そして元気になったら私の骨を、神部盆地の救霊会のお墓に埋めておくれ。誰にも言うんじゃないよ。三十軒あった部落の人も全部いなくなってしまった。犬の子一匹いない。お母さんとお前だけのことなんだから。食べておくれ、私をお食べ……。私は死んでも潔の体の中に、肉といっしょに魂も入って、お前を守っててあげる……。お前と私は、もともと一つなんだから……。〉（『邪宗門』（上）朝日文庫、1993年、417～418頁《ページ》）

このモティーフは、キリスト教的だ。キリスト教徒はパンをキリストの体、ワインをキリストの血と考える。父親を食べることによって、人間は生きている。キリストの肉と血とともにキリストの魂も人間の中に入っていくのだ。

千葉潔は、教団で養われるが、教団幹部の指示で、伊勢で天皇に直訴状を渡そうとする事件を起こす。逮捕され、少年刑務所に収容された後に感化院（児童自立支援施設）に送られる。そして感化院を脱走し、労働者になり、独学で高等学校受験資格をとり、第三高等学校（京都大学教養部の前身）に入学するが、徴兵にとられる。敗戦後、千葉潔はふたたび教団に戻る。そして、そこで「世直し」を行おうとする。いわば、加入戦術によって、この教団を利用して、社会主義革命を行おうとするのだ。もともとニューヨーク市立大学のトロツキストとして「武力による世界共産主義革命」という夢を追った学生たちが、成長するにつれて「政治とは力である」という認識を深め、共和党に加入し、「武力によってでも自由と民主主義を世界に実現する」新保守主義者（ネオコン）となった事例と類比的な発想だ。高校の友人で、千葉潔のカリスマ性に惹《ひ》きつけられて救霊会にやってきた吉田秀夫が根源的な問題提起をする。

〈欲望と利益に釣られて傷つくのなら、それはその人々の自己責任だ。だが救霊会の人々は、欲望で動くのではない。なるほどひのもと救霊会は日本民族の文化的伝統を尊重し、日本的規模でものを考え、出来れば人類や世界の観念もとりこもうと努力はしている。しかし俺のみるところ、救霊会が過去にも現在にも特色ある一つのまとまりを持ちえたのは、それが自然発生的な地域共同体に立脚していたからだと思う。人為的な、人工的な国家の権力に反抗する感情的地盤が自然にそなわっていた。だが同時にそれは救霊会が踏みこえてはならぬ限界をも暗示していると思うのだ。もし、君の計画が成功しても……この集団が国家的規模のものに膨脹《ぼうちょう》してしまっては、かえってその美点がくずれる。救霊会はあくまで地域集団であることにとどまり、資本家が牛耳ろうと共産主義者が主人になろうと、ひたすらに集中しようとするだろう国家権力に対する分散的な抵抗基体として、政治的には消極的なしかし生活と精神の自由は断乎《だんこ》として売りわたすことのない団体として活躍するように助力すべきだとおれは思う。人工的にしか存続しえない国家の主人になろうとすべきではないと思うのだ。〉（前掲書（下）440〜441頁）

「世直し」と「魂の救済」

ここで、高橋和巳は、面白い仕掛けをしている。山口県に戦後の混乱から生まれた「踊る宗教」の教祖大見サトと千葉潔の対面である。

〈「ふーん、それであんたは本当のところ、ここへ何しにきた？」

「申しおくれましたが、私は千葉潔といいます。千葉と呼んでください」

「大概の人の心を、おらは見抜ける。あんたは本当のところ、何を考えとる」

「おばさんの力を借りたいんですよ」

「なぜ？」

「この日本を本当に世なおしするには、二つの方法しかないからです。この日本は敗戦の打撃で混乱はしていても、身体《からだ》を支える神経はくずれていない。中央から末端まで、官僚や財政の機構、通信電話の連絡網がばしっと通っている。世なおしの一つの方法は、だからやはり、この神経の中枢《ちゅうすう》を力ずくで占領してしまうことです。だが残念ながらそれはアメリカ軍がやってしまっている。だが、もう一つ残っている。それは、神経の中枢から遠く離れているところ、神部やこの山口などが、お尻《しり》のようにあまり痛みもない場所だから油断があるのを利用して、そこに癌《がん》をつくり、自分で勝手に大きくなって、ひょいと気づいたら、癌を体いっぱいに転移させて命とりになってるというようにすることです。それしかない」

「あんたは仏のことを、神のことを話しにきたんじゃないのじゃな」

「いや、そのことですよ。人を罰するのも仏、人を許すのも仏なら、この日本に今ある仏とは日本の国家です。そうでしょうが。人殺しや盗みを誰が罰する？　国家なのです。牢獄《ろうごく》の中にいる者を誰が許す？　国家です。戦争犯罪を誰が裁く。より強力な国家です」

「しかし、あんたはそういうふうに世なおしをして楽しいかや」

「いいや」

「世なおしが、あんたのいうようなもんじゃとして、あんたはそれからどうするつもりぞな」

千葉潔は振りかえり、自分の左手をゆっくり自分の首にあて、首吊《くびつ》り人のように白眼をむいた。

「戦争に行ってたんじゃな、あんたは」大見サトは言った。

「ええ」

「人を殺したか」

「…………」

「あんた、しばらくここに住んでみんか」

「なぜ」

「女というものは、因業《いんごう》なものよな。どうにもならん洟《はな》たれ小僧を見ると、その土性骨をなおしてやりとうなるわ、はっは」〉（前掲書（下）361～363頁）

ほんものの宗教家である大見サトに、救霊会を利用しようとする千葉潔の魂胆は瞬時に見抜かれてしまう。「あんたはそういうふうに世なおしをして楽しいかや」という大見サトの問いかけに、問題の本質が凝縮されている。宗教は楽しいとか楽しくないという趣味の位相の問題ではなく、魂の救済と結びついているということを大見サトは逆説的に指摘する。社会プログラムとして構築される救済などは、魂の救済を希求する宗教の立場からするならば、ほんの入り口に過ぎない。「世直し」の過程では、必ず暴力の行使がある。究極的な魂の救済と結びついていない宗教は、暴力を方便（道具）として是認する。

今後も反復されるであろう「死を急ぐ人々」の物語

千葉潔は、「ひのもと救霊会」教祖の地位を簒奪《さんだつ》する。蜂起《ほうき》が始まり、地主一家が縛られ、拷問《ごうもん》をうけているのをやめさせて欲しいと訴える信者に千葉教祖はこう答える。

〈「ある程度の犠牲はやむをえないことなんですよ。拷問も吊《つる》し首も、人々が自分で考えだしたのではなくて、長い間の支配者の虐待《ぎゃくたい》によって教えこまれたのだから。それを人々は教えてくれた人々にお返ししているんだから。あなたは優しい人のようだ。何も見ず何も聞かずにすむように、しばらく本部にいなさい。いいですね、あなたは何も聞かなかった、何も見なかった」

「でも、そんな。そんなことは神様が……」

「神もおそらくは見るべきでないことには目をつぶる。神がそうであったからこそ、人間はともかくも生きてこられた。ともかくも道徳や倫理を口にすることができた」

「でも教主さま、この前、大岡さん方が包囲された時、教主さまは、信徒衆に心を鎮《しず》めるようにさとされたと聞きました。いま……」

「もう事は起ってしまったのだよ、今は。起ってしまった以上、もとには戻せない。おそらく私の意向、本部の計画、教団の教義をすら超えてゆく。しかしそれも仕方がない。血祭が、人々を鼓舞し、圧制のもとに家畜のようになっていた人々の闘争本能を、よみがえらせるのなら、その血祭にも意味がある。お祭だと思いなさい。ちょっと殺伐なお祭だと思いなさい」〉（前掲書（下）482〜483頁）

全共闘運動に関与した人々は、この状況を、運動の退潮期になって出現した内ゲバと重ね合わせて考えたことと思う。内ゲバは、ちょっとした殺伐な、血祭りなのである。

「世直し」の先をもたない宗教は、結局のところ権力を指向するイデオロギーに堕してしまう。そして、「世直し」に失敗した場合には、自己解体すなわち自殺というシナリオしか残されていない。全共闘の自己解体に全面的に賛同し、文字通り破滅の道を歩んでいった高橋和巳もまた「ひのもと救霊会」信者と同じような「死を急ぐ人々」の一人だったのである。

〈彼らが死を急ぐ人々であったことについては、今なお十全な理解を私はなし得ないことを悲しむ。だが、救霊会に自殺教という罵倒《ばとう》を投げかけただけでは、何事も解決はしない。生者が死者よりも無条件にすぐれるわけではなく、人類がこの地球上で、あるいはこの宇宙において成し遂げようとすることの総体との関連においてのみ、その死の意味は判定されうる。もし仮りに人類がその智慧《ちえ》によって世界を征服しながらも、他の動物植物を虐《しいた》げ尽し、さらに自らも内訌《ないこう》し続けて、かつて恐竜が巨大化しすぎたその体軀《たいく》ゆえに滅びたように自らの武器によって晩《おそ》かれ早かれ滅びるにすぎないのなら、この人々の自殺衝動を悪とは到底断定できないからである。救霊会の人々の死をいそいだ心情を決していいこととは思わない。私は常識人であるから。だが、無条件にこの人々の信仰の形態に嘲罵《ちょうば》をなげかけうる資格ある者が、いまのところこの地上に存在するとも信じえない。残念ながら私もまた生者である以上、死者の側には立ち得ない。ただ私は、それを些《いささ》か悲しむことができるにすぎない。成仏《じょうぶつ》せよ、救霊会の人々よ。〉（前掲書（下）５６９〜５７０頁）

ここで突然、「私」が出てくる。この私は、『邪宗門』の著者である高橋和巳であるというよりも、絶対的な視座から物語全体を見渡す神である。神に、「死者の側には立ち得ない」と言わせることによって、高橋和巳は無理矢理に自己を死者の側に引き寄せていったのだと思う。「世直し」型の政治が必ず陥る閉塞《へいそく》状況を見事に表現した作品として『邪宗門』は現在も命をもっている。そして、この物語が、少しだけ形を変えて、今後も現実の政治において反復されていくのである。

『歌集 常《とこ》しへの道』

坂口弘
角川書店

『レッド』

山本直樹
講談社

1972年2月28日のことである。当時、筆者は小学校6年生だった。前年の2学期（9月から12月）に肝炎で学校を長期欠席し、3学期になってからも体育は見学、給食も油物は残すという条件で、医者から通学許可がでていた。この日、学校に行くと授業がない。そのかわり、教師を含む全員で、教室にある白黒テレビを囲んだ。その9日前、2月19日から、猟銃をもった連合赤軍の活動家5名が長野県軽井沢町にある「あさま山荘」に管理人の妻を人質に立て籠《と》もっていた。銃撃戦で警察官2名、民

間人1名が死亡した。「あさま山荘事件」である。

これから「あさま山荘」での人質解放作戦が行われるという。クレーン車にとりつけられた鉄球が、山荘の壁と屋根を取り壊す様子を報じるNHKの特別番組を、児童たちは緊張した面持ちで見守っていた。そして、最後に機動隊が突入し、人質が解放されたところで、担任の女性教師が「よかった」と涙を流した。児童たちももらい泣きした。テレビを消して、教師が、「いくら頭が良くて、難しい大学に入っても、ああいうふうになったらダメだ」と話した。特に、ニュースの中で、犯人たちは説得に来た母親に発砲したという話をアナウンサーが何度も強調していたので、筆者も「親を殺そうとするなんて、何を考えているのだろう」と思った。このテレビを見ていたのは、筆者のクラスだけではなかった。その後、学習塾で聞いてみると、他の小学校の児童たちも授業を中止して、この実況中継を見たという。ある小学校では、「あさま山荘事件」についてどう思うかという作文を書かされたということだ。筆者はそのような作文を書いた記憶はない。

「機動隊対全学連ごっこ」の終焉《しゅうえん》

筆者の担任の教師は、形だけ日本教職員組合（日教組）に入っていたが、思想は保守的だった。他のクラスには、日教組の活動家がいたが、そのクラスでもテレビを見せたという。この先は、筆者の憶測《おくそく》なのだが、校長から教育的観点から授業を中止し、この番組を見せて、児童たちに将来過激派にならないように指導するようにという指示があったのだと思う。日教組の活動家である教師にしても、社会党支持、共産党支持の違いはあるとしても、「極左勢力は、社会党、共産党にとって不利益である」という点では、校長の利害関心と一致する。

小学校には筆者の友人で、成績はよいのだが、一風変わった男子がいた。あるとき、この男子から「僕の両親は中核派の活動家だ」という話を聞いた。確か、そいつのお父さんは郵便局に勤めていた。小学生なのにマルクス、エンゲルスの『共産党宣言』やエンゲルスの『空想から科学へ』を読んでいる。そいつは作文がとても上手だった。政治的な話になると、大きな声を出してでも自説をまったく曲げない。

当時は、これだけ確信があるのはすごいと思って尊敬していたが、今になって考えてみると、両親が他の新左翼系活動家と論争するときのスタイルを小学生ですでに見よう見まねで身につけていたということなのだろう。こいつが、「学校でテレビを見せたのは、教育委員会の指示に基づく反過激派キャンペーンの一環だ」と囁《ささや》き、同意を求めたが、筆者は「わからない」と答えた。

「あさま山荘事件」後、小学校の校庭での子供たちの遊び方に変化が生じた。休み時間に筆者たちは、機動隊対全学連ごっこをよくやった。わが大宮市（現さいたま市）立大砂土《おおさと》小学校の校庭には土を盛って造った「大砂土山」という小山があった。その山の攻防戦を全学連と機動隊に分かれて行うのであったが、全学連側と機動隊側の人気が、半々なのである。親が警察官の子供は信念をもって機動隊側に入る。大学生の兄や姉がいる児童は、だいたい全学連側になる。家で「機動隊は悪い奴《やつ》らだ」という話を散々聞かされているからだ。

筆者は、社会党の熱心な支持者で、反戦平和の強い信念をもっている母の影響を受けているので、この遊びではいつも全学連側だった。作文の上手な一風変わった奴は、「くだらない」といって、この遊びに加わらなかった。勢力がちょうど半分くらいに分かれて、取っ組み合いで大砂土山の山頂確保を争うこの遊びは、とても楽しかった。

しかし、1972年2月28日以降は、全員が機動隊側を希望するようになり、全学連側が壊滅してしまったので、遊びが成立しなくなってしまった。

常に全学連側だった筆者も機動隊側に移動した。それは、学校の教師に言われたからでなく、母が涙を流しながら、「あんたが『あさま山荘事件』のようなことを引き起こしたら、お母さんは、あんたを殺して死ぬ。沖縄戦で弾に当たって死んだと思えば、いいんだから。あたしが死んでいれば、あんたは生まれていなかったから」というものすごい形相で筆者に詰め寄ったからだ。母の手で殺されてはかなわないと思って、筆者も機動隊側に移動したのである。

子供の世界は、大人の世界の縮図である。大砂土山での機動隊対全学連の争いが成立しなくなったように、「あさま山荘事件」の取り調べの過程で、連合赤軍内部での「総括」によるリンチ殺人事件が発覚した。それが、新左翼諸党派間の「内ゲバ」とあわさって、新左翼運動は殺しと隣り合わせであるという印象が世間に定着した。社会党や共産党も極左勢力は当局を利するだけだという反過激派キャンペーンを展開したが、そのブーメランは社共勢力に戻ってきて、左翼全体の大衆運動に与える影響力が低下していく。

ギリシア語では、時間について二つの表現がある。一つ目が、クロノス（*χρόνος*）という言葉で表される時間で、何時何分といった時間の流れを指す。これとは別にカイロス（*καιρος*）という時間がある。英語ではタイミング（timing）と訳すが、その瞬間から何かが変わったという質的転換を意味する時間概念だ。例えば、生涯のパートナーと初めて出会ったときがカイロスだ。キリスト教では、1世紀にイエス・キリストが出現したということが最大のカイロスなのである。「あさま山荘事件」は、日本の左翼運動にとどまらず社会全体にとってのカイロスになった。

カイロスの意味づけは、後の時代状況によって変化する。例えば、1941年12月8日は、傲岸不遜《ごうがんふそん》なアメリカ、イギリスに対して日本が戦端を開いた喜びの日だった。しかし、戦争に敗北した後は、客観的に見て勝利するはずのない戦争に突入し、しかも、開戦通告が真珠湾奇襲の後に行われるという失態をおかした日本史の汚点になってしまった。12月8日の意味も、今後の日米関係の推移によっては、別のものになる。カイロスとはそういうものだ。

「あさま山荘事件」というカイロスについても、当事者がどこまで自覚的であるかは別の問題として、見直しが行われている。2008年3月に公開された若松孝二監督の『実録・連合赤軍』が反響を呼んだ。さらに漫画でも「イブニング」(講談社)に山本直樹氏による『レッド』が連載されている。連載をまとめた第一巻はすでに単行本になった。更に、「あさま山荘事件」の当事者で、確定死刑囚の坂口弘氏の『歌集 常《とこ》しへの道』(角川書店)も刊行された。今回は、『レッド』と『歌集 常しへの道』を功利主義者の観点から読み解いてみたい。

連合赤軍側の視座に立った山本氏の挑戦

まず『レッド』について、この漫画の特徴は、登場人物（すべて仮名になっているが、ストーリーの展開は実際の事件にきわめて近似しているので、誰をモデルにしているかは容易に推定できる）の横に①、②という数字が⑭まで、どの場面でも付されていることである。

〈人物に付きまとっている数字の意味は!?

1番の男、赤石一郎が射殺されたように、人物の番号は、今後活動の中で犠牲になっていく人物とその順番を表している。なぜこんな真面目《まじめ》な人物が命を落としてしまうのか？　なぜこんなどうしようもないやつが生き残っていくのか？　そこにも人の運命のおかしさや悲しさが見えてくるはずだ。〉（山本直樹『レッド』①講談社、2007年、211頁《ページ》）

『レッド』の中心人物は、赤城と谷川である。赤城が永田洋子《ひろこ》氏（確定死刑囚）、谷川が坂口弘氏をモデルにしていることは明らかだ。山本氏は、巷間《こうかん》いいふるされた、連合赤軍関係者の権力欲や女の嫉妬《しっと》が事件の原因であったというような見方を退ける。高度成長時代の日本の矛盾に敏感で、社会意識が高い知識人もしくは知識人予備軍である若者たちが絶対に正しいと信じる革命に向かって進む中で、ある種のうずまきに巻き込まれてしまい、そこから抜け出せなくなる姿を淡々と描いている。

1969年9月某日、谷川たちは外相訪米を阻止する目的で羽田空港に突入する。毛沢東《もうたくとう》派の谷川たちは、「毛沢東思想万歳！」と叫び、火焔瓶《かえんびん》を投げるが、直ちに逮捕され、外相一行を乗せた特別機は26分の遅れで、無事、アメリカに向けて飛び立つ。逮捕される谷川の絵の横に次のキャプションが入れられる。

〈谷川、この時22歳。保釈まであと111日。長野県の×××山荘で再び逮捕されるまであと907日。死刑確定まであと8569日〉（前掲書29頁、句読点を補った）

人質司法が常態となっている現在では考えられないことであるが、谷川たちは111日の勾留《こうりゅう》で保釈になる。1970年2月、羽田事件で、検察側は谷川に懲役7年を求刑する。身体《からだ》は弱いにもかかわらず、革命に向けて献身的に取り組んでいく赤城に、谷川は惹《ひ》かれていく。

〈「赤城さん」

「え？」

「好きです。結婚してください。保釈になってから、体の弱さにもかかわらず、活発に活動に励む君をずっと見ていた。感心したよ。そんな君ならばと」

「………」

「黙ってないで、なんか言ってくれよ。恥ずかしいよ。あーもう、こんなこと言うの生まれて初めてなんだから」

「ごめんなさい。谷川さんには恋愛や性愛の感情は全く持ってないんです。活動に励むそんな私なら獄外で何年間もけなげに待ってくれると思ったわけですか？　ある意味それは女性蔑視《べっし》の女性利用主義ではないですか？」

「ひどいよ。そんな返事はひどいよ。これから獄に下ろうって人間に、そんな冷たい態度はひどいじゃないか」〉（前掲書81〜83頁、句読点などを補った）

当時、学生運動に真剣に取り組んでいた男女のあいだでは、似たような言葉の応酬はよくあったはずだ。そして、その数年後に、家庭を築き、市民社会の普通の生活に融《と》け込んでいった事例がほとんどだと思う。しかし、赤城や谷川はそのような道を歩まなかった。ほんものの共産主義者になりたいと思ったからである。その結果が、同志に対する査問と殺害につながった。

谷川にプロポーズされ、家に帰る赤城を公安警察と思われる車が尾行する。家に駆け込み、苦しそうに息をする赤城に母親が「どうしたの？」と声をかける。赤城は、「なんでもない……」と答える。その横にキャプションが入る。

〈赤城、この時25歳。3ヵ月後、谷川と結婚し、共同生活をはじめる。群馬県山中で逮捕されるまで、あと約740日。死刑確定まであと8500日〉(前掲書86頁、句読点を補った)

これまで、「あさま山荘事件」、「連合赤軍事件」については、数多くの本が出ている。その種のテーマを扱う場合、純粋に客観的な記述などありえない。書き手は、警察側、連合赤軍側いずれかの視座に立たなくてはならない。

警察側の視座に立った作品はそれなりに読みやすい。しかし、そこでは共産主義的人間になろうと真剣に考え、殺し、殺されていった人々の追体験ができない。それでは鎮魂にならない。

連合赤軍側からの視座で書かれた作品はきわめて真面目なものが多いが、新左翼運動独自の術語と思考様式が一般の読者には理解しにくい。書き手の言葉が多くの読者に届かないのである。その意味で、山本直樹氏は、漫画という表現形態で、連合赤軍側の視座に立ちながら、それを広範な読者に伝えることに成功している。『レッド』の連載は、まだ続いているが、陰惨な悲劇で終わるこの物語が、思想のもつ意味を21世紀に甦《よみがえ》らせることを筆者は強く希望している。大量殺人に至る思想には、かならずねじれがある。他人を殺すより前に、自分の命を崇高な理念のために投げ出す覚悟をする。通常の人間にとって命は、いちばん大切な価値であるはずだ。その命を投げ出す覚悟をした瞬間に、他者の命を奪うことに対するハードルが著しく低くなる。

連合赤軍関係者は、ほんものの共産主義的人間になりたいと思った。しかし、関係者が目指した共産主義的人間とは、神（もしくは悪魔）しか到達することができない観念的人間だったのである。すべての悲劇はそこから生まれたのだと筆者は考える。

「あさま山荘」の罠《わな》とは何だったのか

確定死刑囚となった坂口弘氏は、東京拘置所の四畳の独房の中で、「その日のために生きる」という実存的緊張の中で思索を続けている。

筆者自身、鈴木宗男衆議院議員と外務省の関係に絡《から》んだ事件で、東京拘置所の独房で、512日間暮らした経験がある。周囲の独房には何名かの確定死刑囚がいた。確定死刑囚の獄中の生き方もさまざまであるが、筆者の独房体験からすると人間の環境順応性は高い。もはや生きて塀の外に出ることができないという与件が定まってしまうと、その枠組みの中で、日々をそれなりに過ごすことができるようになり、過去に自らが犯した殺人事件については、省みなくなるものである。

しかし、坂口氏はそうではない。過去の自分と真摯《しんし》に向かい合っている。特に坂口弘氏は、1975年8月、日本人新左翼系活動家がマレーシアのクアラルンプールでアメリカ大使館とスウェーデン大使館を占拠し、日本の獄中の同志を奪還しようとした際に、奪還者に指名されたものの、出国を拒否した。坂口氏なりの爆弾闘争に対する反省からとった選択である。生き残る可能性があるのに、それを拒否した。一部で言われた、坂口氏は情状により死刑を免れることを狙《ねら》ったという見方はシニカルだ。そうではない。命を捨てる覚悟を二十歳代の初期にした坂口氏は、その後も自己の命にたいする執着はない。もちろん死ぬのは恐《こわ》い。その日が来ることに坂口氏も怯《おび》えている。しかし、自己の命には固執していない。そこには坂口氏の強靭《きょうじん》な思想の力がある。坂口氏は、短歌という形態で、自らの思想を表現する道を見出《みいだ》した。坂口氏は、〈一審死刑判決の重圧下、四年余にわたる苦しい控訴審《こうそしん》の審理を終えた時、内部から作歌意欲が湧《わ》いてきました。ある月刊誌のグラビア写真に載った西行の作品（「年たけて又こゆべしと思ひきや命なりけり佐夜《さや》の中山」）をたまたま目にしたのを切っ掛けに、西行を手本にして勉強してゆくことにしました。〉（『歌集　常しへの道』129頁）と和歌の世界に入った動機について述べる。1993年に『坂口弘歌稿』（朝日新聞社）が上梓《じょうし》された後、坂口氏の短歌は外部に知られることがなくなった。1993年3月に坂口氏の死刑判決が最高裁判所で確定したために、坂口氏と外部の通信が著しく制限されるようになったからである。

〈一九九三年三月十七日、最高裁による上告棄却判決にもとづき私への死刑判決が確定しました。この日をもって外部交通権が奪われ、親族、弁護士以外の人とは一切交流ができなくなりました。もちろん朝日歌壇への投稿も禁止されました。〉（前掲書130〜131頁）

もはや外部に公表されることはないにもかかわらず、坂口氏は独房で作歌を続けたのである。最近の確定死刑囚の処遇の変更に伴って、今般、坂口氏の短歌が公表されたことを筆者は歓迎する。

〈武装闘争への関わり、印旛沼《いんばぬま》殺人事件、山岳ベース同志殺害事件、そしてあさま山荘銃撃事件など一連の重大事件の罪科を、私は生涯にわたり償ってゆかねばなりません。〉（前掲書135頁）という坂口氏の言葉に嘘《うそ》はない。短歌には馴染《なじ》まない陰惨な場面を坂口氏はあえて詠んでいる。

〈臥すわれは
女性《をみな》の君が薪《まき》で打たれ
挙ぐる悲鳴に耳を塞《ふさ》げり〉（前掲書89頁）

結局、あの事件の原因は何だったのか。筆者は、坂口氏の以下の歌に原因が見事に解明されていると考える。

〈総括せし理由は些細《ささい》なりしかど
論理の構造は
砦《とりで》のごとし〉(前掲書86頁)

自らが絶対に正しいという論理は、これからも人々を「あさま山荘」へと誘うのだと思う。

最後に、坂口氏は抑制された形ではあるが、母親について詠んでいる。

〈汝《な》が本を読みて
退学後二年間の空白を知れりと
いま母は言ひぬ〉(前掲書18頁)

坂口氏のお母さんは、現在95歳で、定期的に坂口氏と面会し、獄中生活を支えているという。ここで言う「汝が本」とは、坂口氏の手記『あさま山荘1972 上・下』(彩流社、1993年)、『続あさま山荘1972』(同、1995年)のことである。筆者も『国家の罠』(新潮社、2005年)を上梓した後、母から「あんたが外務省で何をやっていたか、鈴木宗男さんとの関係がどういうことだったか、この本を読んではじめてわかった」と言われた。

坂口氏の歌集を読むと、筆者は、何とも言えない思いになる。自分の性格がもう少し生真面目で、学生生活を送った時期と場所がちょっと違い、キリスト教に触れることがなく、また友人や教師との濃密な関係がなければ、筆者自身が確定死刑囚として東京拘置所の独房に暮らし、筆者の母が定期的に面会に来るという姿が容易に想像できるのである。坂口氏の体験に裏打ちされた真摯な言葉を、世に広く伝えていくことは、絶対に正しい理念を信じる人々が、将来、「あさま山荘」の罠に落ちないようにするために必要と功利主義者の筆者は考えるのである。

付記　坂口氏の御母堂、菊枝氏は2008年9月17日に逝去された。御冥福《めいふく》を心からお祈り申し上げる。

人間の本性を見抜くテクニック

『長いお別れ』 レイモンド・チャンドラー

清水俊二訳
ハヤカワ文庫

『ロング・グッドバイ』 レイモンド・チャンドラー

村上春樹訳
早川書房

現役外交官時代、筆者は翻訳書を3冊出版した。ジュガーノフ『ロシアと現代世界』(自由国民社、１９９６年、共訳)、レベジ『憂国』(徳間書店、１９９７年、共訳)、フロマートカ『なぜ私は生きているか』(新教出版社、１９９７年)であるが、このうち、筆者が純粋な気持ちで翻訳したのは、20世紀チェコのプロテスタント神学者ヨゼフ・ルクル・フロマートカ(Josef Lukl Hromádka)の思想史的自叙伝『なぜ私は生きているか』だけである。

ジュガーノフ、レベジは共にロシア大統領選挙の有力候補で、しかも北方領土問題について強硬派だ。万一、二人のうちのいずれかが大統領になった場合、「あなたの本の訳者です」という形で御縁をつけようという邪心からこれらの本を翻訳した。しかし、実際に翻訳作業を進めてみるとこれがなかなか面白い。ジュガーノフの著作からは、ロシア政治エリートの地政学観、すなわちヨーロッパとアジアの双方にまたがって存在するロシアはユーラシア国家で、独自の文化と歴史をもつという考えを学んだ。『憂国』からは、強力な軍事力と国家意識を背景に、多民族国家ロシアを束ねていくという一種のファシズムがロシアで形成されつつあり、レベジが現代のムッソリーニになろうとしていることがよくわかった。

3冊の本を訳した経験から、翻訳は自らの理解できる範囲でしか行えないということを痛感した。功利主義者の観点から見るならば、翻訳をすることによって、理解の水準があがる。それだから筆者は、商業主義の観点から出版の可能性がまったくない中世の哲学書やチェコの歴史書の翻訳にいまも時間を割くようにしている。翻訳自体はカネにならなくても、その過程でつく知識が文筆業で生きてくるからだ。

「法律は正義じゃない」というハードボイルドの基本哲学

本稿では、アメリカのミステリー作家レイモンド・チャンドラーの古典的名作である『ロング・グッドバイ』について二つの翻訳を比較してみたい。本書の翻訳は、清水俊二氏訳（『長いお別れ』早川書房、1958年、筆者が使用した版はハヤカワ文庫版2007年）と村上春樹氏訳（『ロング・グッドバイ』早川書房、2007年）がある。

一般論として、後発の翻訳は、先人の業績を参照できる立場にいるので有利だが、村上訳に関しては、そのような一般論を超えて、清水訳では読者が気付くことのないであろう、作品の背後にある闇《やみ》が浮び上がってくる。二つの翻訳を比較して、筆者は村上春樹氏の本質をとらえる語学力と筆力に圧倒された。ロシアやイスラエルのインテリジェンスのプロには村上春樹ファンが多いのであるが、それは同氏の小説が他者の内在的論理を解明する教材として「役に立つ」からであるということを今回再認識した。

ミステリー小説の種明かしは禁じ手であるが、本稿は新聞や総合雑誌の書評ではなく、小説を実用的に読むという目的のために書かれているので、必要最小限のネタバレは仕方ない。

主人公の探偵フィリップ・マーロウは、ある夜、飲み屋の駐車場で泥酔した青年テリー・レノックスを介護し、家に連れて行く。その後二人は親しくなり飲み仲間になる。テリーは、一旦《いったん》離婚したシルビア・レノックスと再婚する。シルビアは大富豪ハーラン・ポッターの末娘だが、男癖が悪い。ある6月の朝5時、血相を変えたテリーがマーロウを訪ね、メキシコへの逃亡を助けて欲しいという。友情からマーロウはあえて事情を聴かずに助ける。シルビアが惨殺《ざんさつ》されたことが明らかになり、逃亡幇助《ほうじょ》容疑でマーロウは警察に逮捕され、暴行を受ける。結局、嫉妬《しっと》から殺人に及んだと思われるテリーが遺書を残し、メキシコの小さな町で自殺したということで、とりあえず話は一件落着したように見えた。

その後、この殺人事件に関する断片情報がマーロウに投げ与えられ、おびき寄せられるが、同時に事件に首を突っ込むなという警告がなされる。マーロウは胆力と洞察力で事件の構造を解き明かし、真犯人を突き止め、その筋書きをほぼ正確につかむ。しかし、そこには裏があった。実はテリーは生きていたのである。自殺を偽装し、メキシコ・シティーで整形手術をして、シスコ・マイオラノスという人物になって再びマーロウの前に現れるのである。

まず、本書は基本哲学がしっかりしている。国家や法がいかにいいかげんで、正義とかけ離れたものであるかをヤメ検（元検事）のやり手弁護士エンディコットに語らせる。

〈「権利を振り回し、法律を盾にとった。たいしたものじゃないか、マーロウ。君のような男はもっとうまいやり方を心得ているはずなんだがな。法律は正義じゃない。それはきわめて不完全なシステムなんだ。もし君がいくつかの正しいボタンを押し、加えて運が良ければ、正義が正しい答えとしてあるいは飛び出してくるかもしれん。法律というものが本来目指しているのは、メカニズム以上の何ものでもないんだ。君の今の気分では、私の手助けはとりあえず不要らしい。だからこれで失礼するよ。もし気持ちが変わったら、そのときに連絡をくれ」〉（村上訳79頁《ページ》）

国策捜査でパクられて、512日間独房に閉じこめられ、現在も刑事被告人である筆者にとって「法律は正義じゃない。それはきわめて不完全なシステムなんだ。もし君がいくつかの正しいボタンを押し、加えて運が良ければ、正義が正しい答えとしてあるいは飛び出してくるかもしれん」というのは、実に皮膚感覚と合致する。マーロウのように取り調べ中に殴られなかったことについて、筆者は東京地方検察庁特別捜査部の文化水準の高さに感謝している。

「戦争の影」が浮かび上がらせる作品の奥行き

村上訳を読んで見えてきた作品の背後にある闇とは戦争の影である。テリーと、恐らくはノルウェー戦線で生死を共にした戦友で、今はマフィアの親分となり、テリーの偽装工作に一枚嚙《か》んだメネンデスの発言からそれが浮かび上がってくる。

〈「俺たちは三人でたこつぼの中にいて、飯を食っていた」と彼は言った。「寒いなんてものじゃなかったな。見渡す限りの雪原だ。俺たちは食い物を温めもせず、缶からそのまま食っていた。重砲の砲撃はたいしたことなかったが、迫撃砲をかなりくらった。俺たちは寒さで真っ青になっていた。まったく冗談抜きで寒かったんだよ。ランディー・スターと俺と、テリー・レノックスの三人だ。そのとき迫撃砲弾がひとつ、俺たちの真ん中にひょいと落ちやがった。ところがどういう加減か、これが爆発しないんだ。ドイツ軍はいろんないやな仕掛けをするんだ。あいつらにはちょっと歪《ゆが》んだユーモアのセンスがある。これは不発弾かなと思ってると、その三秒後には不発弾じゃなかったと判明したりする。俺とランディーが状況を吞《の》み込む前に、テリーはその砲弾をひっつかんでたこつぼの外に飛び出していた。そりゃ素早かったな。信じられないような早業だった。やつは顔を伏せて、その砲弾を遠くに放り投げた。ところがそいつは空中で爆発した。破片の大方は頭の上を通り過ぎていったが、テリーの顔の側面がかたまりをひとつくらった。その直後にドイツ軍が一斉攻撃をかけてきやがった。俺たちはとにかく一目散に逃げるしかなかった」

メネンデスはそこで話を止め、ぎらぎらした黒い目で私をねめつけた。

「良い話だ」と私は言った。

「お前、なかなかめげないやつだな、マーロウ。気に入ったぜ。俺とランディーはじっくり話し合った。そしてテリー・レノックスの身に起こったことを考えれば、頭のたがが多少はずれたって不思議はないという結論に達した。あれだけの目にあえば、誰だってまともじゃいられない。テリーはもう死んでしまったと俺たちはずっと考えていた。しかし実はそうじゃなかった。ドイツ軍の捕虜になったんだよ。そしてやつらはテリーを、おおよそ一年半かけて徹底的に治療した。手際《てぎわ》はよかったが、それはとんでもなく手荒なものだった。（略）」〉（村上訳108〜109頁）

これが清水訳になると、ほんの細部だが、ちょっとした翻訳の差異で、作品の奥行きが見えなくなってしまう。清水訳のこの部分を正確に引用する。

〈「おれたち三人は塹壕《ざんごう》の中で飯を食っていた。あたり一面に雪がつもっていて、べらぼうに寒かった。食ってたのは罐詰《かんづめ》だ。何もかも冷えきってた。ときどき、砲弾がとんできた。三人とも、寒いので元気がなかった。ランディ・スターとおれとテリー・レノックスだ。砲弾がいきなりおれたちのまんなかに落ちてきた。どういうわけか、そいつが爆発しなかった。ドイツの奴《やつ》らはときどき妙なまねをしやがった。つまらねえ洒落《しゃれ》が好きなんだ。不発弾だと思ってると、三秒たってから爆発しやがる。テリーがいきなりそいつをひっつかんだ。ランディとおれは塹壕からとび出した。あっという間だった。まるでバスケットの名選手だった。奴は地面に顔を伏せてころがると、砲弾を投げとばした。砲弾は空中で爆発したが、破片が奴の横顔に当たった。そのとき、ドイツの奴らが突撃してきやがった。後はどうなったか、よく覚えていねえ」

メネンデスは話をやめて、黒く輝く瞳《ひとみ》で私を見つめた。

「ありがとう。よく話してくれた」と、私はいった。

「お前はなかなか度胸があるぜ、マーロウ。気に入ったよ。ランディとおれは後で話し合って、テリー・レノックスは頭をやられちまったにちがいねえと思った。死んでしまったものと思っていたが、そうじゃなかった。ドイツにつかまったんだ。一年半、ドイツの病院に入ってた。手術はまずくはなかったが、ずいぶん痛い目にあわせたらしい。（略）」〉（清水訳107〜108頁）

まず塹壕（清水訳）にいるよりもたこつぼ（村上訳）の方が3名の戦友が密着している雰囲気が出る。不発弾を装《よそお》ったドイツの爆弾について、清水訳では、「テリーがいきなりそいつをひっつかんだ。ランディとおれは塹壕からとび出した。あっという間だった。まるでバスケットの名選手だった。奴は地面に顔を伏せてころがると、砲弾を投げとばした」だが、村上訳では「俺とランディーが状況を呑み込む前に、テリーはその砲弾をひっつかんでたこつぼの外に飛び出していた。そりゃ素早かったな。信じられないような早業だった。やつは顔を伏せて、その砲弾を遠くに放り投げた」となっている。

村上訳で描写された、状況を理解できず二人の戦友がぼんやりとしている間に爆弾を抱いてテリーがたこつぼから飛び出していくという方が物語として面白い。清水訳のようにメネンデスが塹壕から飛び出していたならば、テリーが爆弾を投げ出さないでも助かった可能性がある。しかし、村上訳のようなたこつぼの中にいる状況で爆弾が炸裂《さくれつ》すれば3人は確実に死んでいた。ここからメネンデスにとってテリーがほんとうの命の恩人であるという雰囲気が出る。

「人体実験」に狂わされた人生

また、ドイツ軍の病院での取り扱いも清水訳では、「一年半、ドイツの病院に入ってた。手術はまずくはなかったが、ずいぶん痛い目にあわせたらしい」と手術の期間は明示されず、しかも、「痛い目にあわせた」というのが、手術のせいか、それとは別の暴行か拷問《ごうもん》かがはっきりしない。これに対して村上訳では、「そしてやつらはテリーを、おおよそ一年半かけて徹底的に治療した。手際はよかったが、それはとんでもなく手荒なものだった」ということなので、手術自体に1年半がかかり、それが「手荒なものだった」ということになる。戦時下の軍事病院で敵軍に属する一人の患者に1年半も手をかけることはまず考えられない。ナチス・ドイツが捕虜を使って人体実験を行ったことは公然の秘密である。チャンドラーがテリーの人格が崩壊した原因はナチス・ドイツによる捕虜体験、人体実験にあったことを示唆《しさ》しているように、筆者には思えてならない。

〈「僕は奇襲部隊に入っていた。へなへなした人間は入れてもらえない厳しい部隊だ。重傷を負い、ナチの医者に口では言えないような目にあわされた。そして僕はかつての自分ではなくなってしまった」

「それはよくわかっているよ、テリー。君はいろんな意味でとても気持ちのいい男だ。私は何も君の是非をはかっているわけじゃない。君を責めたことなど一度もない。ただ君はもうここにはいない人間なのだと言っているだけさ。君はずっと前にここから消えてしまったんだ。君は素敵な服を着て、素敵な香水をつけて、まるで五十ドルの娼婦《しょうふ》みたいにエレガントだよ」

「これはただの見せかけだ」と彼はすがりつかんばかりに言った。

「しかしその見せかけを楽しんでもいる。そうだろう？」

彼はふとあきらめたように力を抜き、苦い微笑《ほほえ》みを口もとに浮かべた。

すくめた。ラテン・アメリカの人間がよくやるみたいに、大きく表情豊かに。そして肩を
「もちろんだ。何もかもただの演技だ。ほかには何もない。ここは――」、彼はライターで胸をとんとんと叩《たた》いた。「もうからっぽだ。かつては何かがあったんだよ、ここに。ずっと昔、ここには何かがちゃんとあったのさ、マーロウ。わかったよ、もう消えるとしよう」〉（村上訳532〜533頁）

同じ部分を清水訳で見てみよう。

〈「ぼくは機動部隊に加えられた。だれでも入れるってわけじゃない。そして、重傷を負った。ナチの医者の手にかかったときもずいぶん苦しんだ。それがぼくをこんな人間にしたのかもしれない」

「何もかもわかっているんだ、テリー。君はいろんな意味でいい人間なんだ。ぼくは

君に批判をくだしてるわけじゃない。いままでだって批判なんかしなかった。ただ、もういままでの君とはちがうというだけのことだ。ぼくが知っていた君は遠くへ去ってしまった。しゃれた服を着て、香水を匂《にお》わせて、まるで五十ドルの淫売《いんばい》みたいにエレガントだぜ」

「芝居だよ」と、彼は訴えるような口調でいった。

「芝居を楽しんでいるんだろう」

彼は唇をまげて、さびしそうに笑った。中南米の人間がよくするように、大げさな身ぶりで肩をすくめた。

「もちろんさ。芝居だけしかないんだ。そのほかにはなんにもない。ここには――」と、ライターで胸をたたいて、「何もないんだ。どうにもならないんだよ、マーロウ。宿命だったんだ。どうやら、もういうこともなくなったらしいな」〉（清水訳535〜536頁）

村上訳を読むと「ナチの医者に口では言えないような目にあわされた。そして僕はかつての自分ではなくなってしまった」という部分で人体実験に遭遇したことが浮かび上がってくる。清水訳の「ナチの医者の手にかかったときもずいぶん苦しんだ。それがぼくをこんな人間にしたのかもしれない」では、一般の手術で苦しんだという以上の印象が出てこない。

戦争で、口に出すことができないような苦しい体験をした者とそのような体験をもたない者が共通の言語を見いだすことがいかに難しいかをチャンドラーは見事に描き出している。「もうからっぽだ。かつては何かがあったんだよ、ここに。ずっと昔、ここには何かがちゃんとあったのさ、マーロウ。わかったよ、もう消えるとしよう」というここにあった何かはまさに〃こころ〃なのだろう。清水訳では、「何もないんだ。どうにもならないんだよ、マーロウ。宿命だったんだ。どうやら、もういうこともなくなったらしいな」という表現で、不在が強調されるが、かつてあった〃こころ〃が浮かび上がってこない。また、「わかったよ、もう消えるとしよう」という表現の方が、「どうやら、もういうこともなくなったらしいな」よりもシスコ・マイオラノスことテリー・レノックスの居心地の悪さを的確に表現している。

〈「我々はかつて心を通いあわせた」と彼は暗い声で言った。

「そうだったかな。思い出せないね。よその人たちの話をしているみたいな気がする。君はこれからずっとメキシコで暮らすつもりなのか?」〉(村上訳530頁)

ここで村上訳は〃心〃を出してきた。この部分の清水訳に〃心〃という言葉はない。

〈「われわれはかつて大へん親しい友だちだった」と、彼はさびしそうにいった。

「そうだったかな。忘れたよ。ぼくにはちがう二人だったように思えるんだ。ずっとメキシコで暮らすつもりなのか」〉（清水訳533頁）

村上春樹氏は、解説で清水氏の翻訳について、〈とても読みやすい優れた翻訳である。ただ「ハヤカワ・ポケット・ミステリ」のためにこの翻訳がなされたのは今をさかのぼる一九五八年のことであり、この文章を書いている時点ではそろそろ刊行後半世紀を迎えようとしている。僕は翻訳というものは家屋にたとえるなら、二十五年でそろそろ補修にかかり、五十年で大きく改築する、あるいは新築する、というのがおおよその目安ではないかと常々考えている〉（村上訳565頁）と述べ、優れた住宅でも経年のためリフォームが必要になるという理屈を立てているが、実際は清水訳を読んで感じた奥行き不足について、それを補うテキストを読者に提供するという欲望が翻訳の動機であると筆者は見ている。「神は細部に宿り給《たま》う」。村上春樹氏は会話の細部を精確かつ流暢《りゅうちょう》に翻訳することで、作品の背後にある戦争の影を見事につかんだのだ。

『死と生きる　獄中哲学対話』

池田《いけだ》晶子《あきこ》
陸田《むつだ》真志《しんじ》
新潮社

２００８年６月17日、３人の確定死刑囚の死刑が執行された。筆者は、２００２年５月14日から２００３年10月８日までの、５１２泊５１３日間を小菅《こすげ》ヒルズ（東京拘置所）の独房で過ごした。罪証湮滅《ざいしょういんめつ》の恐れがあるということで、接見等禁止措置が付されていたので、弁護士以外との面会や手紙のやりとりは一切認められなかった。新聞の購読も認められないのである。もっとも弁護士を通じて書籍を差し入れてもらうことはできたので、インドアー派の筆者としては、特に不自由は感じなかった。

拘置所では、平日の午後５時から９時まで、ラジオが鳴る。自ら選局することはできない。拘置所が適宜、局を切り替えて放送をするのだ。もっとも1年に1回、囚人にラジオ番組に関するアンケートが配られ、そこに好きな番組を書く。アンケートには、「現在、野球放送は巨人戦を中心に放送していますが、それでいいですか」などという項目もある。筆者は、スポーツには特に関心がないので「特に意見はない」と書いておいた。拘置所側は囚人の希望をできるだけ、ラジオに反映させようと努力する。筆者は、「放送劇を聞きたい」と書いておいた。

当時、東京拘置所では、平日の午後5時45分から6時までNHK・FMの「青春アドベンチャー」が再放送されていた。放送劇は、音だけで映像がないだけに、かえって想像力が刺激される。2週間、10回で一つの作品が終了する。宮部みゆき氏の『蒲《がま》生《う》邸《てい》事件』を聞いたときは、1936年に戻り二・二六事件の現場にいるような錯覚にとらわれた。

今も思い出す確定死刑囚たちの姿

筆者の記憶では、2002年10月下旬の金曜日のことだった。この「青春アドベンチャー」の放送劇の後、何とも形容しがたい緊張が、獄舎内で走ったことがある。その日、『カラマーゾフの森』という放送劇の最終回の放送があった。

物語の舞台は、近未来の日本で、大きな森の中に貯水池がある。この貯水池に隣接する原子力施設が事故を起こし、周辺地域は立ち入り禁止になる。主人公は、環境専門家で、この森の再生のために派遣される。しかし、この地域には、法律による束縛を嫌う一癖も二癖もある人々が住み着いている。

環境専門家が、殺人犯と間違えられ、逮捕される。取り調べや公判で真実を語るが、誰も信じてくれない。そして死刑判決を言い渡された。環境専門家は、毎日、監獄の独房の小机に向かって、大学ノートに真相を綴《つづ》る。ついに処刑の日が来た。環境専門家は、ノートを看守に渡し、「廃棄してください」と頼む。絞首台《こうしゅだい》に連行され、バタンと床板が落ちる音がするところで、放送劇が終わった。

その直後、筆者が収容されていた、新北舎3階は何とも形容しがたい静けさに包まれた。金曜日の午後6時だと、看守と囚人が話していたりであるとか、雑役懲役囚の笑い声であるとか、水が流れる音など、何か人間の生活に関連する音がある。しかし、深夜のような完全な沈黙が1〜2分間、獄舎を支配したのである。

沈黙は、看守の足音によって破られた。看守が独房の一つひとつを回っていく。緊張した顔で、囚人の様子を観察する。このような経験は初めてのことだった。

その時点で、筆者は知らなかったのであるが、この獄舎には確定死刑囚が数名収容されていたのである。

2003年3月22日に新北舎3階の囚人は、新館B棟8階に移動になった。それから約2週間経《た》ってから、筆者は、「担当の先生（拘置所では看守のことを〝先生〟と呼ぶ）」から「房を替わってもらえないかな。ちょっと難しい人たちのいるとこで、そこに挟まれているとみんな参っちゃうんだが、あなたなら大丈夫だと思うから頼む」と頼まれた。「担当の先生」をはじめ看守たちは、いつも筆者に気を遣ってくれるので、筆者は「私でお役に立てることがあるならば、なんでもしますよ」と言って、快諾した。そして、移動した先の両隣の独房には、確定死刑囚が収容されていたのである。

娑婆《しゃば》に出てきてから5年9カ月（2009年7月時点）になるが、いまでもときどき拘置所の夢を見る。そのときには、必ず筆者が獄中であった死刑囚たちがでてくるのである。

独房で、筆者も確定死刑囚たちも4畳、すなわち6・6平方メートルの広さの場所に閉じこめられていたのであるが、ここで本を読んだり、自らの考えることを小机の上で大学ノートに記していると、世界が無限に広がっていくのである。

奇妙な礼状から始まった師弟関係

今回処刑された3人の死刑囚について、マスメディアの報道は、連続幼女殺害事件の宮崎勤《みやざきつとむ》氏（享年《きょうねん》45）に関するものばかりであるが、筆者は、陸田真志氏（享年37）のことが頭から離れない。

陸田氏は、兄と共謀して、勤めていた風俗店事務所で、店長（当時33歳）と経営者（当時32歳）をナイフで刺すなどして殺害し、財布を奪った後、二人の遺体をコンクリート詰めにして茨城県の鹿島港に遺棄した。２００５年10月17日、最高裁判所で陸田氏の死刑が確定した。

陸田氏には著書が1冊ある。哲学者・池田晶子氏との往復書簡を収録した『死と生きる　獄中哲学対話』だ。この往復書簡は、最初、「新潮45」に連載された。「新潮45」は「週刊新潮」とともに凶悪犯に対する厳罰主義を主張し、死刑廃止運動に対しても批判的だ。それにもかかわらず、「新潮45」が殺人犯の原稿を掲載し、その後、新潮社がそれを単行本にしたのは、陸田氏のテキストが優れていたからである。

池田氏と陸田氏の「出会い」は突然はじまった。１９９８年4月に「新潮45」編集部に奇妙な礼状がとどく。便箋《びんせん》には東京拘置所の検閲印が押してある。差出人の名は陸田真志となっている。陸田氏は、いったい何について感謝しているのだろうか。

〈そうやって苦しいまま、自分をだましつつ一年半が過ぎ九八年になって、一月の事と思いますが、新聞に「新潮45」で連載をされていた池田晶子様の短文が掲載されており「金銭的な良いと精神的な善いは違う」との記述を読んで「何か」がわかったよう思えたのです。キリスト教や仏教、人権団体の偽善。自分がかつて追い求め、手にした金の無価値さがわかったよう思えました。それで、さっそく『ソークラテースの弁明・クリトーン・パイドーン』、『さよならソクラテス』を買い求め、そこで、その何かが見つけられました。そして、それが私の真実でした。「死を恐れず、下劣である事を恐れる」、それを知り、又、獣としか思えなかった私にも善を求める心がある事、あった事がわかり、やっと自分自身を卑下する考えから解放されました。そして、死も神も自由も孤独も権力も概念に過ぎない、そう知って、初めて何者も恐れず、何物にもとらわれない、真に自由な自分自身の魂をとり戻せた思いです(今、独房においても全くの自由を得ていると信じられます)。そして、その「善」が在る事。それを求める心が、自分にもあった。その事実にこそ、「神」が存在する、そう信じています。〉(「陸田真志 一通目の手紙 平成十年四月三日」池田晶子／陸田真志『死と生きる 獄中哲学対話』新潮社、1999年、16〜17頁《ページ》)

「新潮45」編集部に手紙を出すことが認められているのであるから、獄中時代の筆者と異なり、陸田氏には接見等禁止措置がつけられていない。その場合、雑誌や書籍を購入することができる。毎週火曜日に注文し、金曜日に受領する。1回の注文は、雑誌、書籍をあわせ3冊までである。この手続きをとって陸田氏は、『ソークラテースの弁明・クリトーン・パイドーン』と池田氏の『さよならソクラテス』を購入したのであろう。獄中では刺激が少ない。文房具や書籍を受領するときには、外界では想像できないような喜びを覚えるのである。この2冊の本を、独房の小窓から差し入れられる。左手のひとさし指を看守が出す「黒い朱肉」につけて、受領票に指印《しいん》を押すときの興奮した感覚は、独房生活をした者にしかわからないと思う。

この手紙で、陸田氏はこう続ける。

〈おかげでそれまで、公判で少しでも自分にとって有利な事を言うのは、それが事実であっても、「死刑を免れようという己れの弱さでは」と悩む事もなくなったし、逆に不利な事も死刑を恐れる事なく答弁できたし、裁判官にも、「死刑になってもならなくても、よく生き、死んでいく事、正しくある事が、私がこの先できる唯一《ゆいいつ》の償いだ」と言う事ができました。そして、そのようにこの先、生きて死んでいける、その事に大きな喜びと価値を感じております。「知りたいが為《ため》に知る」、その事を知る為に生きてきたのだ。そんな気さえしています。メシを食うのも健康を欲するのも、その自己の考える状態にとって「よい」からだ。そう思えています。今はその機会を与えてくれた全《すべ》てのもの（国家や拘置所の職員の方や、全ての人々）に感謝しています。私は、池田様のおかげで、この事に、やっと気付けました。人を二人も殺し、その命はもうどうやっても取り戻せませんが、それでも自分を知る事で、本当に自分の罪を自分に認めさせ、被害者に謝まれた事、そして自分の中の善にも気付けた事をうれしく思って生きて、死んでいけます。〉（前掲書17～18頁）

「愛の指導」という哲学者の賭《か》け

陸田氏は、一審（東京地方裁判所）で死刑が言い渡されたならば、控訴《こうそ》せずに絞首台にのぼるという。そして死刑判決が言い渡された。池田氏には、それを何としても阻止したいという「欲望」が生まれる。池田氏は、陸田氏に手紙を書き、東京拘置所に赴き面会して、翻意を図る。しかし、陸田氏の控訴を取り下げるという決意は固い。そこで、池田氏は勝負に出る。

〈確かに私は、「語り相手」としての陸田某などいなくても、いかなる支障もありません。語られる言葉が真実である限り、相手は誰でもかまわないし、むろん、相手が

なくてもかまわない。御心配には及びません。だから私が言っているのは、そんなことではなくて、それならあなたは、なんで私
に手紙なんか書いてよこしたのかということのほうなのです。
無責任です。言葉を投げかけて、振り向かせておいてから、やめた、いち抜けたと
いうようなものです。ひとたび発した言葉には、最後まで責任をもつべきです。それ
ができないのであれば、発するべきではありません。
私にしたところで、あなたが手紙など書いてよこしたりしなければ、あなたという
存在など新聞の三面記事でさえ知らなかったわけで、知りもしないうちに死刑で死ん
でいなくなったわけで、今生ではいかなる関係も発生しなかったはずなのに、今やも
う、そういうわけにはいきません。私は、ひとたび関係したこと、大事なことは、最
後まで筋を通さないと、気がすまない性分なのです。〉（「池田晶子　三通目の手紙
平成十年六月七日」前掲書85〜86頁）
これは、愛の言葉だ。ギリシア語で、愛は三つの言葉がある。美やセックスをとも
なう愛の〝エロース〟、神の愛の〝アガペー〟は有名であるが、もう一つの愛がある。
友情をあらわす〝フィロース〟だ。
池田氏は続ける。

〈「哲学的には」、死刑だろうが無期だろうが関係ないとは申しておりますが、じつは私は非常に情にほだされ易《やす》く、心情的には、やはり生きていてほしい、というより正確には、語らせてあげたいというふうに思っているわけです。〉(前掲書86頁)

陸田氏は、考えを変える。控訴することにした。

〈危ない所でした。うちの担当《おやじ》(看守)さんが、もし事務的な人で「控訴取り下げ？あー、いいよ」と六月八日の池田様達との面会の前に控訴取り下げを受理していたら、今頃はもうどうする事もできずに、より深い後悔をしていたでしょう(これも、天《ダイモン》の導きというものでしょうか、謝天謝地《ありがたやありがたや》)。うちの担当さんは人情家なので、「もうちょっと考えてからの方がいいんじゃねえの」と色々説得をして引き伸ばしてくれていたのです。〉(「陸田真志　六通目の手紙　平成十年六月九日」前掲書89〜90頁)

池田氏だけではない。「担当の先生」も陸田氏を愛しているのだ。

陸田氏の哲学書の読解力と文章の構成力、表現力は優れている。もともと哲学や神学に向いている性格なのだ。人生の巡り合わせが少し異なり、陸田氏が同志社大学神学部に入っていれば、牧師や神学者にはならないとしても優れた宗教哲学者になったと思う。急速に力を付けた陸田氏は、評論家のようになっていく。

〈「文藝春秋」七月号の林郁夫氏の手記を先日私も読みましたが、彼が信者だった時に口にし、そして今も多分そう考えているところの「死」も、やはり自分で考えた「自分の死」ではなく思えました。「宗教的な気持ちでやった。しょうがなかった」といいわけしても、結局はそれを断わって「地獄に落ち」て、自分が苦しむのはいやだという今の肉体的で自明な「自分の生」を守ろうとするが故《ゆえ》の（つまり、我が身かわいさの）、犯行以外ではなく思えます。彼の量刑については、私も妥当と思います。しかし、彼が未《いま》だに「被害者の冥福《めいふく》を祈っています」などと書くのを見ると、他人の思想や価値観を（それが麻原のものであれ、釈迦《しゃか》のものであれ）、無批判に取り入れて自分では何も考えなかったオウム信者の頃の彼と、何ら変わってなく思えます。何故「冥福」と言えてしまうのか（私も言っていたので、そんなに偉そうには言えないのですが）。何故「死後の幸福」が被害者にあると思えるのか。「祈る」という事自体、彼も本当はあるとは思ってないのではないでしょうか（この「祈る」というのも、妙なCogito動詞です）。〉（「陸田真志　七通目の手紙　平成十年七月十二日」前掲書93〜94頁）

池田氏は、この傾向に冷や水を浴びせる。

〈あなたはどうも、重大な勘違いに入りつつあるようです。「自分の立場」を忘れてはいませんか。当初の謙虚さが失われ、偉そうな、評論家然としたところが出てきました。これでは、あなたが軽蔑《けいべつ》しているその人たちと、全く同じです。文章や文体の云々《うんぬん》よりも、「心の構え」こそが問題なのです。そして、それは明らかに文章や文体に現われます。よくない傾向です。〉（「池田晶子　四通目の手紙　平成十年七月二十二日」前掲書102頁）

「競争社会」という無間《むけん》地獄で

陸田氏は、池田氏の愛の指導を受け入れて、遂《つい》に自分が殺人を犯したほんとうの理由を見いだす。核心は以下の部分だ。

〈私はギャンブルなどはほとんどやりませんでしたが、かつての私には人生そのもの毎日が勝負事でした。「誰かに負けてはダメだ」、この信念に凝り固まっていました（それはまだ私に残っているとも思えますが）。例えば誰か数人とで食事をし談笑していても、常にその中で一番の立場でありたい。何かの集団や職場にいても、その中で一番にならないと気が済まない。勿論《もちろん》、金も周りの奴より多く欲しい。その相手が家族、兄弟であってもそうでしたし、ヘンな話、女とｓｅｘしても「先にイッたら負け」位に思ってて、意地でも何時間もやって相手がヘトヘトにならないとイヤでした。（これは漫画家の内田春菊さんが書いてた、大抵の男にはある「女をヒイヒイいわせたい願望」でしょうし、それは多くの男の幻想である肉体的又は精神的マッチョ願望なのでしょう)。〉(「陸田真志　十三通目の手紙　平成十年十一月三日」前掲書201〜202頁)

競争社会の中で、いつも一番になっていたいという欲望に殺人の萌芽《ほうが》があるとの陸田氏の指摘は鋭い。それに、資本主義社会において貨幣と権力は交換可能であることを考慮しなくてはならない。

〈しかし今も多くの人がそうであるように、当時の私にとっても(そして被害者にとっても恐らく)、金は人が生きる上での一手段ではなく、人生の目標になっていました。どんな方法にせよ金さえ得れば何でも手に入る。人間はそれで全的幸福を得られると考えていました。この意味において「金銭目的で人を殺した」という事がすぐ納得できる人間は、以前の私と同じく、その全的目標の為なら人間は殺人でも何でも出来る、つまり自分もそう思うと考えている訳で、これは大変危険な思い違いです。〉(前掲書205頁)

陸田氏たちが処刑される9日前に秋葉原無差別殺傷事件が発生した。この事件を引き起こした青年も競争社会の中で「負け組」になったという苛立《いらだ》ちと、貨幣を獲得したいという欲望にとらわれていた。功利主義者である筆者は、陸田氏ならば秋葉原無差別殺傷事件に関するデータを読み、この事件を引き起こした青年の内在的論理を、思想の言葉に転換することができたと思う。そうすれば、この種の事件の再発を防止する示唆《しさ》が得られたと思う。

本書を通じ、犯罪の真相を究明するために、哲学は大きな意味をもつことを再認識した。それと同時に、このような難しい作業を行うためには、池田氏が示したような愛というレベルにまで高まった友情が必要なのだと思った。

「沖縄問題」の本質を知るための参考書

『琉球《りゅうきゅう》王国』

高良《たから》倉吉《くらよし》
岩波新書

筆者の父は東京生まれの東京育ちだが、母が沖縄の久米島《くめじま》出身である。久米島は、沖縄本島から西に約１００キロメートル離れた離島だ。16世紀初めまでは、首里王府（琉球王国）の統治に服さない独立国だった。筆者自身は、久米島で暮らしたことはない。しかし、子供の頃、母の膝《ひざ》に抱かれ聞かされた物語は、久米島の字西銘《にしめ》周辺のガジュマルの樹《き》に宿る妖怪《ようかい》キジムナーのいたずらであるとか、一晩で中国を往復する謎《なぞ》のノロ（巫女《みこ》）の悲劇という類《たぐい》の話ばかりだったので、心象風景はこの島と強く結びついている。筆者は海がない埼玉県で育ったが、母から聞いた「鯨の家族が潮を吹

きながら沖合を泳いでいく風景」が筆者の瞼《まぶた》の裏にも焼き付いているのである。

歴史教科書検定問題の深層

さて、２００６年から、太平洋戦争中の沖縄における集団自決問題に関する高校歴史教科書の検定をめぐって、様々な議論が展開されている。その中で、内地（本稿では、沖縄県以外の日本を内地と呼ぶ）と沖縄の間での温度差が問題にされている。率直に言うと、もはや温度差などという生やさしい表現では済まされないアイデンティティーの差異が沖縄と内地の間で生じているのだ。アイデンティティーの差異が拡大することによる危険性をうまく表現する言葉がまだ筆者には見つからないのである。内地の血と沖縄の血が半分ずつ流れる筆者には強い偏見がある。それは、以下の「大きな物語」を維持したいという欲望だ。

［沖縄と内地は、古来においては同じ日本であった。その後、中国に近いという地政学的制約のため、琉球王国は中国の冊封《さくほう》体制に組み込まれた。冊封とは、中国皇帝が周辺諸国の王と君臣関係を結ぶことである。平たく言えば、琉球王国が中国の属国になるということだ。同時に、江戸時代に琉球王国は薩摩《さつま》藩を通じて日本の支配下にも入った。要は琉球王国は、日本と中国の双方に帰属していたのである。それが明治維

新後、日本が近代国家に再編されるのを機に、１８７９年の琉球処分が行われ、琉球王国は沖縄県に再編されて、日本は再び内地と沖縄の統一を回復したのである。」

この物語は、日本政府が形成した「大きな物語」である。伊波普猷《いはふゆう》、仲原善忠《ぜんちゅう》などの沖縄学の先人もこの「大きな物語」を作り、強化する方向で知的営為を進めた。しかし、そのような「大きな物語」に固執する背後には抑圧された何かがある。それは、沖縄が日本にとって異国であるという別の「大きな物語」が生まれることに対する形《けい》而上的《じじょう》と言ってよいほどの恐れである。

現在、太平洋戦争の出来事に関する歴史認識を巡って沖縄と内地で別の物語が形成されつつある。この状況が進むと日本の国家統一に支障が生じることを筆者は懸念《けねん》している。端的に言えば、本格的な沖縄独立論が台頭することだ。

沖縄独立がなされても、沖縄にとっても内地にとっても良いことはないというのが功利主義者である筆者の意見だ。従って、日本の国家統合の観点から高校歴史教科書の検定問題も考えなくてはならないと思う。教科書の記述が高校生の世界観に決定的な影響を与えるということなど誰も本気では信じていないと思う。教科書の内容に不満があるならば、教師が「この教科書の記述はおかしい」と言って、別のより説得力に富んだ言説を展開すればよい。教科書の記述と教師の言説のどちらを信じるかは、生徒に委《ゆだ》ねればよい。それだけのことである。

しかし、教科書検定問題は、もはやシンボルを巡る闘争になってしまった。シンボルに対する賛成か反対かの立場表明が必要とされるだけで、この種の闘争においては誠実な対話や学術的調査は意味をもたないのである。誠実な振りをして議論をしたり、学術的調査を装《よそお》った政治的報告書を作成することは当然ある。しかし、そこには誠心に基づく対話や学術調査が存在しないのである。

対中関係を機軸とした琉球王国の外交

ここで、伊波や仲原が忌避した、「日本にとって沖縄は異国である」というテーゼに本気で取り組むと、逆説的に、現下生じている事態が見えてくる。このために役に立つテキストがある。高良倉吉氏（琉球大学法文学部教授）の書いた『琉球王国』（岩波新書、1993年）だ。「沖縄問題を理解するために読んだらよい本を1冊だけ紹介してほしい」と言われたとき、筆者はこの本を紹介することにしている。

それでは、沖縄が中国との関係を深めた時期について見てみよう。14世紀に沖縄本島では山北、中山、山南の有力按司《あじ》（内地の大名に相当）が対立する。いずれの按司も中国に朝貢《ちょうこう》する。1429年に中山王尚巴志《しょうはし》が沖縄本島を統一し、琉球王国（第一尚氏）が成立する。

〈統一王朝樹立後の最初の冊封使は尚巴志のために派遣された柴山であった。そして、尚巴志以後の冊封使派遣は「琉球国中山王」＝琉球国王に対してのみ行なわれ、王国の崩壊まで継続したのである。「冊封体制下の琉球」という立場が固定化されたというのは、琉球王国の覇者の地位が中国皇帝の名において外交的に認められたということであり、その結果として、琉球は対中国関係を外交関係の機軸とするようになったという意味である。中国の動向に規定される「運命共同体」の一員として、琉球王国はみずからの立場を選択したのである。そして、大統暦（中国の暦）が皇帝から毎年のように支給され、進貢国の義務として公式文書などに中国元号を用いることになった。この結果、「原日本文化」をもちながらも、しだいに独自化の長い道のりを歩んできた沖縄の歴史は、琉球王国の成立によって、明確に「中国色」を強める過程をたどるようになったわけである。〉（前掲書53〜54頁《ページ》）

もっとも、〈一四〇一年、外交権の掌握をめざした室町幕府の将軍足利義満は、「日本国王」として明朝《みんちょう》に使者を送り、献上の品々をもたせ入貢した。翌年、建文帝は日本に使者を派遣して義満を「日本国王」に封じ、これにより日本もまた冊封体制の一員となったのである。〉（前掲書79頁）から、中華帝国に擦り寄るという観点では沖縄と内地で大きな差はなかったということを高良はさりげなく示している。

沖縄に受け継がれる「易姓《えきせい》革命」の思想

1470年に首里城で、尚徳王の腹心で、外国貿易を統括する金丸を擁立するクーデターが発生し、金丸は尚円王として即位する（第二尚氏）。もちろん、中国とは、新に冊封関係を構築する。これは革命である。

内地には、革命思想が存在せず、権威と権力が分立されている。権力の世界では、断絶や交替があるが、権威の世界においては、皇統の枠内で異動があるのみで、王朝交替が起きない。ここに日本の国家体制の基本原理、伝統的な言葉で言うならば国体の本義があるのだが、正確に言うならば、これは沖縄以外の日本の国体の本義なのである。沖縄においては、革命の伝統が存在するのである。これは、近代的な革命思想ではなく、天の意志が変化すれば、それに応じて地上の秩序も変化するという易姓革命思想なのである。

琉球王府の正史の一つに『中山世譜《ちゅうざんせいふ》』がある。『中山世鑑《ちゅうざんせかん》』（1650年）を基に1697年から1701年にかけて蔡鐸《さいたく》がまとめたものだ。『中山世譜』の現代語訳を作成した原田禹雄《のぶお》氏は、同書の性格について、次のように指摘する。

〈琉中関係の『中山世譜』は向象賢《しょうしょうけん》の『中山世鑑』に依拠しながらも、簡略化につとめ、その誤りを批正するとともに、蔡鐸自身の史観が色濃くにじんでいるかに思われる。蔡鐸のこの琉中『世譜』の通奏低音としてひびいているのは孟子《もうし》の思想である。各王統についていえば、王となるものは、その継承者が、先王の業を継承し、旧規に従っておればよいが、それに反すれば、王の資格を失うことになる。更に、王や権力者を選びだす主体は、人民であるという主張がある。天皇や将軍の治下では育たないこの思想が、琉球では、ごく自然に語られているのは注目される。〉(原田禹雄訳注『蔡鐸本中山世譜　現代語訳』榕樹《ようじゅ》書林、1998年、2頁)

原田氏は、易姓革命という用語を避けているが、ここで言う「孟子の思想」とは易姓革命そのものである。天命が変化したのであるから、それに相応《ふさわ》しい王や権力者を人民が承認するのである。裏返して言うならば、すでに天命が離れた王にあくまでも忠誠を誓うという感覚が沖縄の伝統では稀薄《きはく》なのである。

1609年、徳川家康の出兵許可を得た薩摩軍3000名が武装侵攻し、琉球王国を支配下に置く。当時の琉球王国が非武装であったため、薩摩軍に敗北したという、現在もときどき耳にする言説を高良氏は俗説であると厳しく退ける。

〈琉球側が薩摩の前にあっけなく敗れた原因をさして、それ以前の尚真王の時代に琉球王国が武器を撤廃し、「平和国家」の道を歩んでいたからだ、と強調する俗説が風《ふう》靡《び》している。この俗説を主張する際の根拠となっている史料は「百浦添之欄干之銘」であるが、問題の箇所を読みくだすと、「専《もっぱ》ら刀剣、弓矢を積み、以《もっ》て護国の利器となす」となる。つまり、刀剣・弓矢などの武器を集積して、いざというときに国を守る備えとしたという意味であり、武器を撤廃したとか、「平和国家」の道をめざしたなどと解釈できる箇所はどこにも見当たらない。たしかに、琉球では来航する日本商船の乗組員たちの武器を那覇で預かり、帰国に際してそれを返すという武器管理策はとっていたものの、第五章で述べるように独自の軍隊をもっており、それ相応の武器類も所持していたのである。

薩摩軍にいとも簡単に敗れたのは、琉球側に戦う意思が強固でなかったことにくわえて、薩摩側の軍事力が琉球を圧倒的に上まわっていたことによる。また、尚真王の按司首里集居策などによって、王国組織がもっぱら文官型の官人によって担《にな》われるようになり、武装された家臣団をその内部にほとんどふくんでいなかったことも原因である。なにしろ、琉球王国は対外戦争の経験をもたない国家だったのだから。〉（高良、前掲書71〜72頁）

この背景にも易姓革命思想がある。天の意志は、首里王府から部分的に薩摩に対して移行しているのである。従って、それに抵抗しても無駄なことなので、地上の秩序についても、天命の変化に応じた再編がなされるのである。

革命とは、積極的に地上から何かを変化させていこうという運動ではなく、天命の変化を正確に読み取り、それに自らを対応させていくという順応の思想なのである。天命の変化に早く気づいた人々は、その事実に気づいていない意識の遅れた地上の人々と一時的に対立するが、やがてはすべての人々が天命の変化に順応していくのである。

明治時代の琉球処分に対して、首里王府側から本格的な抵抗運動は起きなかった。旧首里王府の一部幹部が中国に亡命して、琉球王国の再興を図ったが、沖縄の人々はその運動を支持しなかった。太平洋戦争中にあれだけ激しくアメリカ軍に抵抗した沖縄の人々が、戦後、アメリカの統治をそれほど大きな抵抗なく受け入れた。いずれの事例も、天命が変化したので、地上の秩序はそれに対応するという易姓革命という補助線を引くと、事態の本質がよく見えると思う。

「沖縄独立」が引き金を引く日本の危機

２００７年９月29日、沖縄県宜野湾《ぎのわん》市等で行われた高校歴史教科書の検定意見撤回を求める県民集会に主催者側発表で11万6千人が集まったという物語ができる背景にも、沖縄の人々の中に「内地とこれ以上一緒にやっていてもよいことはないのではないか。天命が変わりはじめているのではないか」という無自覚の意識、言い換えるならば、沖縄の通奏低音が響き始めているのである。

このような通奏低音が響き始めると、過去、沖縄がもっとも繁栄していた時代の点と点をつなぎあわせた物語を作りたいという欲望が強まる。中国と日本に両属しながら、中継貿易地として繁栄した頃の琉球王国の栄光である。

〈中継貿易国家として繁栄をきわめていた当時の琉球の気概を記す有名な梵鐘《ぼんしょう》がある。「万国津梁《しんりょう》の鐘」（一四五八年鋳造）と通称される梵鐘で、現在沖縄県立博物館に展示されているが、その鐘銘の一節に次のように記されている。

琉球国は南海の勝地にして、三韓［朝鮮］の秀を鍾《あつ》め、大明［中国］を以て輔車《ほしゃ》となし、日域［日本］を以て唇歯《しんし》となす。此の二の中間に在りて湧出《ようしゅつ》するの蓬莱《ほうらい》島なり。舟楫《しゅうしゅう》［船舶］を以て万国の津梁［かけ橋］となし、異産至宝は十方刹《じっぽうさつ》に充満せり。

わが琉球は南海のすぐれた地点に立地しており、朝鮮のすぐれた文化に学び、中国とは不可分の関係で、日本とも親しい間柄にある、わが国は東アジアの中間に湧《わ》き出た蓬萊島のようなものだ、貿易船をあやつって世界のかけ橋の役割をはたし、国中に世界の商品が満ちあふれている、というのである。このような文句を記す梵鐘を、寺院にではなく、首里城の正殿にかけたのであった。中継貿易国家としてアジアの海にはばたいた琉球王国の自負を、みごとに表現した名文句といえようか。〉（前掲書85～86頁）

中国は琉球王国をたいせつにした。周辺国は、できるだけ多くの数の渡航を求めた。しかし、中国は渡航頻度を厳しく制限した。安南（ベトナム）やジャワ（インドネシア）は3年に一度（三年一貢）、日本はなんと10年に一度（十年一貢）だった。これに対して、〈琉球は一年一貢（年によっては一年二貢）といったように渡航頻度の面で優遇されていた。〉（前掲書81頁）のである。頭のいい中国人がいるならば、この史実の断片をつなぎあわせて、日本と中国を比較した場合、中国の方が沖縄に対して優しかったという物語を作るであろう。

中国への旅は、成功すれば、巨万の富が得られるが、多大な危険を伴うハイリスク、ハイリターンのビジネスだ。このことも沖縄の人々の冒険心を刺激する。

〈中国渡航にはいまでいう出張手当はついていなかったので、危険を覚悟の旅にはそれなりのメリットを保証する必要があったからである（中国に渡海することを「唐

旅」と称したが、このことばは沖縄ではいまでも死去の意味で使われる）。〉（前掲書94頁）

〈このように、琉球の進貢貿易のなかに私貿易がふくまれていたと同じように、冊封使節団のなかにも私貿易がふくまれていたのだ。その意味でいえば、琉球―中国間貿易は公貿易（進貢貿易）であることを基本とはしていたものの、私貿易を内包し、かつ私貿易に支えられるものだった点に着目すべきであろう。〉（前掲書95〜96頁）

沖縄には、一部だが独立論を唱える人々がいる。現時点で、内地でも、沖縄でも、恐らく独立論を唱える当人を含め、現実に沖縄が日本から独立する可能性はないと考えている。しかし、筆者は、ある地域が一つの国家から独立することは、ちょっとした契機からすぐおきるという皮膚感覚をもっている。

１９８８年８月、リトアニア、ラトビア、エストニアでソ連によるこれら諸国の併合は非合法だったと主張するそれぞれ２００〜３００人の集会が開かれた。この時点で、これら3国が独立すると考えていた人々は、集会主催者を含めて皆無だった。しかし、そのわずか3年後の１９９１年８月にこれら諸国のソ連からの離脱と独立をソ連政府が承認するのである。そして、その4カ月後にソ連国家が消滅した。国家とは実に脆《もろ》い存在なのである。

さて、高良は沖縄と内地の関係について、鋭い分析を提示している。

第一は、沖縄にはそもそも国家としての基盤が存在することだ。

〈日本列島の社会と共通の文化的基盤から出発しながらも、琉球諸島社会がしだいに個性化の過程をたどり、古琉球の時代において日本列島の国家と明確に区別される独自の王国を形成したこと。その王国がアジアの国際社会と交流しつつ歴史を形成してきたこと。そして、王国には国内を統治するための諸制度や組織が明瞭《めいりょう》に存在したこと、等々である。〉（前掲書176頁）

第二に、日本と中国に両属する体制でも沖縄は、独自の国家意識を失わなかったことである。

〈日本の封建国家に従属し、中国皇帝の冊封をうけたとはいっても、琉球の土地・人民を直接的に統治したのは琉球国王であり、その統治機関たる首里王府であった。そこで、このような多義的な事情をカウントにいれたうえで、最近の歴史家は近世琉球の基本的性格を「幕藩体制のなかの異国」と表現するようになっている。〉（前掲書177頁）

「幕藩体制のなかの異国」という視座から沖縄を見ることが重要だ。そして、「異国」が「外国」にならない方策を東京の政治エリートは常に真剣に考えなくてはならない。

そうでないと、これまでの「大きな物語」、〈かつて伊波普猷は『古琉球の政治』のなかで、琉球史の課題は、「日本民族の一支族が、異なった境遇の下に置かれて、どう変化したか」を検討することにあり、また、古琉球という時間をへて「変種になった琉球人」が、その後日本という「団体」にくわわっていくプロセスをあきらかにすることである、と的確に指摘していた。〉（前掲書１８２頁）という類《たぐい》の物語が成り立たなくなる。

沖縄が独立すると、過去の歴史的経緯、地政学的状況から考えて、中国との提携を深めることは必然的だ。沖縄と内地の亀裂《きれつ》が深まっていく現状の中で、伊波普猷や仲原善忠など沖縄出身の知識人が生涯をかけて作り出した「大きな物語」を維持することが、日本国家と日本人全体の利益に貢献すると筆者は考える。

『テンペスト』上・下

池上永一
角川書店

抜群に面白い小説だ。面白いだけでなく、外交交渉術、国家エリートにとっての教養の意味など現下日本が直面する問題を解決するためのヒントがたくさん盛り込まれている。

舞台は幕末の琉球《りゅうきゅう》王国で、孫《そん》家の真鶴《まづる》という比類ない聡明《そうめい》な美人を中心に話が進められる。沖縄には、内地（本稿では沖縄以外の日本を内地と呼ぶことにする）と異なり、（易姓《えきせい》）革命思想がある。革命によって王朝が交替することを是認する文化だ。第一尚氏の高官が王の権力を奪取、第二尚氏が成立した。孫家は実は第一尚氏の末裔《まつえい》で、密《ひそ》かに王位奪還を目論《もくろ》んでいる。真鶴は女なので仕官できないため、宦官《かんがん》ということにして、超難関の国家試験（科試《こうし》）を突破し、王府の高官になる。

歴史的に琉球王国に宦官はいなかったし、また、中国でも科挙試験で選ばれるエリート官僚と去勢した宦官はまったく別の基準で採用されたが、そのような歴史考証で『テンペスト』を批判するのは筋違いだ。

男女のジェンダー、身分、琉球と薩摩《さつま》、琉球と米国、沖縄本島と離島などを自由に往来し、既成の境界線を浸透する主人公とするために池上永一氏は、真鶴を孫寧温《ねいおん》という宦官にしたのだ。

〈再科は少数精鋭の闘いだ。以前、模擬試験で行われたのがこの再科である。合格者は塾長からお墨付きをもらう抜きん出た頭脳の持ち主ばかりだ。この再科こそ科試の本領である。模範解答はなく、現実の政治問題が試験問題に使われる。国が穏やかなときは問題も易《やさ》しいが、国が揺れると問題も難しくなる。特に絶妙な外交センスを要求される今は、誰も見たことのない真実を導き出した者だけが合格する。〉（池上永一『テンペスト』角川書店、2008年、上巻70頁《ページ》）

この作品の中では、科試の練習問題、本題が提示され、その答案が披露されるが、それ自体が現代的な政策論議になっている。ちなみに寧温は内政的には小さな政府を作ろうとする新自由主義者で、外交的には勢力均衡論者である。

凄《すさ》まじい女の闘い

寧温こと真鶴は美人で、情け深いが、いったん敵に回すと実に手強《てごわ》い。ありとあらゆる謀略を用いて、敵を徹底的にやっつける。この中でも何人か敵がでてくる。真鶴は、中国人の徐丁垓《じょていがい》にレイプされる。もちろんこの恨みはきちんと晴らす。万座毛《まんざもう》の崖《がけ》から珊瑚礁《さんごしょう》の剣山に徐丁垓を突き落とす。

〈寧温は咄嗟《とっさ》に簪《かんざし》を抜いて徐丁垓の掌《てのひら》に突き刺した。

「死ね。徐丁垓！」

断末魔の叫び声をあげながら徐丁垓が海に落ちていく。波が引いた瞬間、紺碧《こんぺき》の海の合間から数百万本の牙《きば》を剝《む》き出しにした珊瑚礁が口を開けた。〉（前掲書上巻414〜415頁）

筆者は、1年に7〜8回くらい万座毛がよく見えるANAインターコンチネンタル万座ビーチリゾートに滞在して、原稿を書く。万座毛の崖を見ながらワープロを叩《たた》くと、東京で頓挫《とんざ》していた原稿がすらすらと進むのである。万座毛には何とも形容しがたい霊気があり、それが乗り移ってくるからだ。万座毛を復讐《ふくしゅう》の舞台装置にすることで、池上氏は海の底から作品に霊気を引き込むことにも成功している。

寧温の最大のライバルは、琉球王府の最高神官（女性）である聞得大君《きこえおおきみ》だ。寧温は、宣教師の英国人ベッテルハイムをうまく抱き込み、聖書に聞得大君宛《あて》の献辞を書かせ、また遊女に「聞得大君のところから十字架を盗んだ」という偽証をさせる。裁判で聞得大君は王族神の地位を剝奪《はくだつ》され、真牛《もうし》という平民になり、首里（王府の首都）から所払いになる。

それでも寧温は真牛を許さずに徹底的に攻撃する。

〈「あの宦官を甘くみていたわ」

かつて真牛が切支丹《キリシタン》の濡《ぬ》れ衣《ぎぬ》を着せられたときも、寧温は寝込みを襲う策士だった。どういう手段を講じたのか知らないが、御内原にいてもあの宦官は評定所と繫《つな》がっている。隔離された御内原だからといって油断していた。

無数の六尺棒で八方からおさえつけられた真牛は、再びお縄となった。

「ユタ（筆者註　民間の巫女《みこ》）真牛であるな。王府の農耕祭礼の時の業務を許可なく行った罪は軽くないと思え」

「妾《わらわ》は前の聞得大君じゃ。日取りが読めなくて大あむしられ（筆者註　女性神官）達を束ねられるか」

「まだ王族のつもりでいるのか。新しい聞得大君加那志はとっくに即位されていると
いうのに。王室を侮辱するとは許せないユタだ」
「妾は終生聞得大君じゃ。大雨乞いもできない女が聞得大君じゃとは笑わせる」
真牛は鞭打《むちう》ち二十回の刑に処せられた。平等所で磔《はりつけ》にされた真牛にひとつ目の鞭が
振り上げられる。真牛は寧温を罵倒《ばとう》することで苦痛に耐えてみせるつもりだ。寧温を
呪《のろ》い、世の中を呪い、全《すべ》てを呪って耐えてやろうと歯を食いしばった。
「ひとーつ！」
「おのれ寧温！　絶対に許すものか。こんな悪行を神が許すはずがないと思え。この
怨《うら》み必ず晴らしてみせるぞ！　ぎゃあああああ！」〉（前掲書下巻99〜100頁）
最後に寧温と真牛の運命は、不思議な結びつきをし、和解が成立するのだが、エン
ターテインメント小説の種明かしは禁じ手なのでこの辺にしておく。筆者には、真鶴
と真牛が思想的姉妹のように思えてならない。

米国を利用した外交戦略

もっとも、寧温も徐丁垓殺害の罪で、八重山に流刑《るけい》になる。再び真鶴を名乗り、首
里王府に潜入するために画策し、側室となり、尚泰王の息子、明を生む。

ペリー艦隊の黒船がやってくるなかで、流刑になった寧温が再び王府に呼び戻される。側室であることがわからないようにしつつ寧温は縦横無尽の活躍をする。

さて、聖書には「事後預言」という文学手法がある。たとえば新約聖書の『ヨハネの黙示録』を分析すると、前半の預言は、実際の歴史的出来事と符合するが、後半の預言は史実から掛け離れている。前半の預言は、既に起きたことをこれから起きることとして記述するので、当たるのは当然のことだ。このような記述法を事後預言という。池上氏も事後預言の手法をあちこちで取り入れている。

例えば、1854年の琉米修好条約の締結についてだ。

〈「日米和親条約は何を締結したのだ。孫親方、調べはついたか？」

「はい、御仮屋からの情報によると下田と箱館が開港させられました。これで那覇港の重要度が相対的に下がります。居留地も下田に作られます。米国は日本を中心に太平洋航路を確保しました。私の思惑通りです」

「琉米修好条約は日米和親条約に準じるのか？」

「いいえ。その必要はありません。居留地も商館も諦《あきら》めてもらいます。ただし米国の要求をある程度汲《く》み入れなければならないでしょう。自由貿易に関する条項はどうしても譲れないと主張するかもしれません」

朝薫《ちょうくん》がその意見に反対した。

「米国と自由貿易をすれば清国との冊封体制に矛盾が生じる。絶対に受け入れられない」

「こういうときのために大国を使うのです。咸豊帝と島津斉彬《しまづなりあきら》殿に抗議してもらいます。彼らの体面が保てれば自由貿易はそれほど悪いことではありません。王府としても清国でも薩摩でも排除できないなら仕方がないと言い訳できます。肝要なのは米国人に足場を与えないことです。条約の防衛線は居留地問題に絞られます」〉(前掲書下巻227頁)

寧温が語る小国の安全保障政策は実に興味深い。中国と日本の外圧を巧みに用い、米国人が琉球に居住し、植民地化の足がかりをつくることがないように細心の注意を払いながら、自由貿易で国富増大を図るのである。

結局、寧温が宦官ではなく、女であることが露見する。裁判で寧温から公職を剝奪《はくだつ》し、久米島に流刑することが決定する。

〈「右の者は女でありながら宦官と偽り、長く王府を欺《あざむ》いてきた。神聖なる王宮を汚した罪は重く死罪が相当である。だがこれまでの実績を考慮し、またあごむしられ(筆者註　側室)という身分を酌量して、官位を剝奪し、久米島に一世流刑とする

――」

沖縄島に近く、比較的豊かな土地の久米島への流刑は温情のある措置である。しかしもう二度と王宮には戻れない。〉（前掲書下巻343〜344頁）

ちなみに久米島は、筆者の母の出身地だ。琉球王国時代も王府から優遇され、自給自足ができる豊かな島だ。その伝統を引継ぎ21世紀の現在も循環型社会を維持している。真鶴が久米島に渡り、どういう事件を引き起こすのか楽しみにしていたが、期待がはずれた。真鶴は息子の明を連れて首里郊外の末吉の森に逃げる。

明治新政府の野望

明治維新が琉球王府に与える影響についても近未来予測の部分で、事後預言が見事に生かされている。王府を離れ、シングルマザーとなった真鶴をかつての同僚でライバルだった朝薫が訪れたときのやりとりだ。少し長いが、関連部分を正確に引用しておく。この部分を理解しておけば、集団自決問題、沖縄の基地問題がなぜこれほど紛糾するのか、現象の背後にある沖縄の内在論理が分かるからだ。

〈「日本に維新政府が誕生したのを朝薫兄さんはどうお思いでしょうか？」

「どういう政権になるのか見当もつかないが、琉球に興味があるのは確かだ。概《おおむ》ね薩摩よりも紳士的な扱いだ。利用する価値はある。もしかしたら奄美だって返ってくるかもしれない」

島津氏の琉球侵攻により、奄美の島々は永く薩摩に奪われて主権の及ばない土地になっていた。奄美返還は琉球の悲願である。

「いいえ。維新政府ほど危険なものはありません。生まれながらに他国に興味を持っています」

「台湾遭難事件のときには手助けをしてくれた。あそこだけは清国もお手上げだったからね」

真鶴の声が次第に寧温の口調になる。

「いいえ。琉球は維新政府に利用されたのです。日本は帝国を築く第一歩を琉球からと決めたのです」

「帝国を築くだって？　日本にそんなことができるわけがない。第一清国が黙っていない」

「日本は清国すら征服するつもりです」

あまりにも突飛な論に朝薫が大声で笑った。

「あの大清国を日本が征服するなんて百年かかっても出来るものか。文明の成熟度が違いすぎる」

「日本が旧《ふる》い文明を捨てて、新しい文明を取り入れれば可能です」

「それでも不可能だ。日本は世界を知らなすぎる。所詮《しょせん》、新興国のひとつだ」

「新興国には野心があります。かつて英国がスペイン帝国を破ったとき、誰もが英国を新興国だと思っておりました。成熟した国は外交で国力を増進しますが、新興国は武力に頼ります。台湾遭難事件は維新政府にとって外洋に出るよい口実になったでしょう」

「維新政府は何を企《たくら》んでいるんだ？」

「日本が帝国を築くとき、まず周辺国を見渡します。一番近いのは朝鮮ですが、派兵する大義名分がありません。でも台湾には琉球国民を虐殺《ぎゃくさつ》したという理由で派兵できるのです」

「清国は黙っていないぞ」

「日本の目的は清国本体にあります。台湾を制圧すれば次に清国に派兵する口実が生まれます。その第一歩に琉球解体があるのです」〉（前掲書下巻３９０～３９１頁）

要は、帝国主義化していく日本にとって、琉球は日本が中国を植民地化していく過程の足がかりに過ぎない。内地にとって、沖縄が政治的、経済的にまともな考察の対象とされない道具に過ぎないということが、沖縄の人々の根源的な悲しみであり、怒りなのだ。

真鶴と朝薫の論戦は続く。

〈「飛躍した意見だ。維新政府は琉球に一定の地位を認めてくれた」

「維新慶賀使は騙《だま》されました。日本は廃藩置県を終えております。琉球だけが藩のまだと体裁が悪いと言ってくるでしょう」

「それは侵略行為じゃないか。体裁が悪いなら王国に戻してもらう」

「いいえ。一度藩になった国は決して元には戻りません。内務省の動きに注意してください」

「寧温、きみは野に下っても孫寧温のままだね」

「私はもう王府の役人ではありません。王宮に愛着がないといえば嘘《うそ》になります。でも子を育て明日の食べ物を考える生活は人の自然の営みだと知りました。私は今まで民を導きたい一心で働いてきましたが、それは傲慢《ごうまん》な考えだと思い知りました。国は百年先の道がなければ滅びてしまいますが、民は明日さえあれば生きていけるのです」

「きみは琉球が滅びても構わないのか？」

「きっと悲しむでしょう。でも今の私は泣いた後、明日の食べ物のことを考えるでしょう」

「ぼくの人生は王府と一心同体だ。王府が滅びたらぼくは全てを失ってしまう。王宮のない明日などいらない。そうならないために必死に王府の舵取《かじと》りをするだけだ」

「そういう生き方もあります。かつて私もそうでしたから、お気持ちはわかります」

「明日だけを生きるなど家畜と同じだ。人間には理想が必要だ。王府の役人が理念を失ったら、私利私欲しかなくなる。昔の寧温ならきっとそう言うはずだ」

「民はたとえ国が滅びても生きていけるほど強いのです」〉（前掲書下巻391頁）

政治と外交の教科書として

琉球王国は滅亡する。第一尚氏から権力を奪取した第二尚氏に報復し、第一尚氏を復活するために真鶴は宦官《かんがん》と偽り、王府高官の寧温になった。しかし、数奇な運命により、最後の琉球王である尚泰王の側室となり、息子を得る。ここで第一尚氏と第二尚氏の結合が完成する。しかし、真鶴は、もはや琉球王国という小国が生き残る可能性がないことを冷静に認識している。

朝薫は、琉球王国に殉じることにし、万座毛から飛び降り、自死する。辞世に次の琉歌を残して。

〈浜千鳥啼ゆさ此ぬ世後生《グソ》浜に
　波打ゆる我身や干瀬ど枕

（海鳥が鳴く万座毛の最後の浜辺で、波に漂うぼくは珊瑚礁《さんごしょう》を枕に王国の夢を見る）〉

（前掲書下巻415頁）

琉球処分の結果、尚泰王が東京に去っていく姿も涙をさそう。

〈尚泰王が去り、完全に王宮は封鎖された。首里城を新たに囲んだ衛兵は熊本鎮台沖縄分遣隊の日本兵だった。六尺棒の代わりにサーベルを携えた兵士たちは、王を偲《しの》んで王宮に集まった民たちを追い払うのが役目だ。無数の「首里天加那志ーっ！」の声を日本兵が踏みにじる。

「帰れ帰れ。わけのわからん言葉を喋《しゃべ》るな。おまえたちはもう日本人なんだぞ」

「臣民らしく天皇陛下を敬愛しろ」

王宮は民に優しかった。多嘉良《たから》が久慶門の門番をしているときには、民が王宮を通り抜けるのも目を瞑ってくれた。第二尚氏に悪王と呼ばれる王はひとりもいない。歴代の王は皆心優しく、気性も穏やかで民から敬愛された。その王が何も悪いことをしていないのに、まるで処罰されるように東京に連行された。この理不尽を民は納得で

きない。〉（前掲書下巻416頁）

理不尽なことは納得できなくても、飲み込まなくてはならない場合がある。これが歴史的現実なのだ。

『テンペスト』で描かれた沖縄について二重の読み方が可能だ。

まず、中国、日本、米国という大国に翻弄《ほんろう》された琉球王国の運命という位相で読む。この物語の中には、ペリー艦隊による婦女暴行と裁判権の問題がでてくる。その他、沖縄人としてのアイデンティティーの問題など現在の沖縄が抱えるさまざまな問題が記されている。この小説を読むことにより、現下沖縄が抱える問題を解決するために必要な構想力の幅が見えてくる。

その上で、琉球王国に日本がかかえている問題が集約されているという位相で読む。米国と中国という二つの帝国にはさまれた日本が生き残るためには、琉球王国が行ったように、教養と実務能力の双方の水準が卓越したエリート集団を養成し、そこから知力による外交を展開して国家の生き残り策を考える。

功利主義者の筆者にとって、『テンペスト』はエンターテインメント小説の体裁をとった政治と外交の実用書なのである。

再び超大国化を目論《もくろ》むロシアの行方

『ソビエト帝国の最期《さいご》　〝予定調和説〟の恐るべき真実』

小室直樹
光文社

外交官として、対ロシア（ソ連）外交に従事しているときに、学生時代、何気なく読んだ本が実に役に立ったことがある。その内の1冊が、小室直樹氏の『ソビエト帝国の最期　〝予定調和説〟の恐るべき真実』（光文社、１９８４年）だ。

筆者の学生時代、外務省専門職員採用試験は9月に行われていた。京都産業会館で行われた2日間の1次試験を終えた帰りに、当時、三条河原町下ルにあった駸々堂《しんしんどう》で、気休めにこの本を買った。アカデミズムにおいて、小室直樹氏は、「きわもの」扱いであったが、同書を読んだ感想は、この人は宗教社会学にひじょうに明るく、マックス・ウエーバーだけでなく、エルンスト・トレルチも読んでいるたいへんな知識人だという印象だった。それだから、この本をモスクワにもっていった。ロシア人と議論するときに小室氏の論点がとても役に立った。

２００８年３月に、プーチン大統領が推すメドベージェフ候補（第一副首相）が大統領に当選し、５月からは、プーチン＝メドベージェフ二重王朝が成立する。ロシアの今後の動向をどう分析するか考えながら、小室氏の『ソビエト帝国の最期』を読み直してみたら、これがなかなかポイントを衝《つ》いているのである。３時間で読めるロシア事情の基本書と言ってもよい。

欧米とはまったく異質な自由観

まず、小室氏は、ロシア人の自由観を正確に理解している。

〈かつて、こういう説が、欧米のソ連研究者のあいだでさかんであった。

第二次大戦の後に、多くのソ連軍兵士が、占領軍としてヨーロッパ各地にちらばった。このさい、彼らは、「自由」を見てまわったはずである。ひとたび「自由」を見た者が、これを忘れうるはずはない。遠からずソ連に自由化の嵐《あらし》が巻きおこるであろう、と。欧米の人びとは期待していたのだったが、何も起こらなかった。あな不思議といっていたが、これ不思議でもなんでもない。欧米のソ連専門家の社会科学的分析力が不足していたからだ。ただ、それだけの話である。

西側の人びとにとっては、自由は何ものにも替えがたい貴重なものである。「自由を与えよ、しからずんば死を与えよ」というシーラー（イギリスの思想家）の言葉は、人口によく膾炙《かいしゃ》している（好まれている）。シーラーの親友、英国の詩人バイロンは、ギリシャの民が自由をもとめて決起したとき、その独立戦争に従軍して死んだ。バイロンの死は、ヨーロッパ人に感動を与えた。

欧米社会においてこそ、「自由」は深いイデオロギー的基礎を有し、第一の教義《ドグマ》となっている。

しかし、西ヨーロッパ式の「自由」が、人類すべてに共通だと思ったら、これは、とんだ過《あやま》ちを犯すことになる。それとはちがった自由もあり、西ヨーロッパ式「自由」なんかてんで尊重しない人びとも生息しているのである。「自由」がイデオロギー的基礎を得ず教義《ドグマ》になっていない社会、それは、いくらでもある。

日本には、いまでも、西ヨーロッパ式「自由」なんぞ存在しないが、戦前には、それは、もっと乏しかった。それでも、「自由」をもとめて海外へと脱却する日本人は、きわめて鮮《すく》なかった（ほとんどいない）ではないか。移民でも、じゅうぶんに金持ちになって帰国することが理想であったし、頭脳流出なんていわれた人なんかでも、いつのまにか帰ってきているではないか。ソ連社会の土壌にも、まだ、西ヨーロッパ式「自由」は根づいていないのである。ごく少数のインテリを除いて、ソ連大衆にとってそれはまだ無縁のものである。欧米人からみれば、ソ連大衆は自由の欠乏に喘《あえ》いでいるようであるが、じつは、そうではない。

欧米社会とはちがって、ソ連社会においては、西ヨーロッパ式「自由」は、まだ、イデオロギー的基礎を得ていないのである。古典マルクシズムにおいて「自由」は重要な概念であるが、それは、ソ連マルクシズムにおいて、教義《ドグマ》の位置をしめていない。ソ連人は、西ヨーロッパ式「自由」なんぞなくても平気だし、ひとが、かかる「自由」をもとめて生命を賭《と》したりしても、あまり感動はしない。この点、自由が教義《ドグマ》にまで高められている欧米諸国とは根本的に社会的条件を異にするのである。〉（前掲書40〜42頁《ページ》）

ロシア語で、「ソボールノスチ（соборность）」という単語がある。外国語への翻訳が実に難しい。集団性とか集合性と訳すが、ちょっとずれている。オーケストラで、第二バイオリン、ホルン、パーカッションというように各人は自分の立場に厳しく限定されることによって、全体として調和のある音楽ができあがる。こういう集団性を「ソボールノスチ」と言うのだ。団体行動で、徹底的に個人の行動や言動が制約されていても、全体がうまく動くときにロシア人は自由を感じるのである。

ロシア人は、個人的には規格外のアナーキーな人が（特に知識人に）多い。しかし、それらの人々の底流にも確固たる秩序感覚が存在する。この秩序感覚を掬《すく》いあげることに成功した者が、ロシアでは安定した権力を保全することができるのである。プーチンはそれに成功した。プーチン＝メドベージェフ二重王朝下のロシアに欧米基準での自由がないと批判しても、ロシア人は「アッ、ソ」と言って聞き流すだけだ。

ベロンベロンになる自由

ロシア語に「ボーリャ（воля）」という単語がある。これも外国語への翻訳が難しい。「自由」、「勝手気まま」とともに「意志」という意味がある。19世紀後半に「人民の意志」党というテロリズムによる社会革命を唱える政党があった。鉄の規律によって、テロリストを養成し、破壊活動を行った。その結果、１８８１年3月13日に皇帝アレクサンドル2世の暗殺に成功する。こういう鉄の規律に従うことも、ロシア人的感覚では、自由なのである。

もっともこのような、面倒な政治的自由は、知識人の専売特許である。普通のロシア人は、ウオトカを、勝手気ままに、好きなだけ飲む。これが自由なのである。プーチン政権の特徴は、廉価《れんか》で良質のウオトカを国民に大量に供給したことである。その結果、一時期60歳を超えたロシア人男性の平均寿命（余命）が、再び58歳になってしまった。2月8日、プーチンがクレムリンで行った「2020年までのロシア発展戦略に関する演説」においても、男性の平均寿命を60歳に引き上げることが国家目標とされている。

そのためには、ウオトカの生産量を減らさなくてはならない。ウオトカが原因のアルコール依存症、肝硬変、脳梗塞《のうこうそく》、心筋梗塞のみならず、酩酊《めいてい》状態で出勤して機械に巻き込まれたり、路上に飛び出して交通事故に遭遇するなどの事故死も結構多いのである。しかし、ウオトカの生産量を減らすと、国民が余計なことを考えて、政府批判に向かう可能性がある。これがロシア指導者にとっての深刻なジレンマなのだ。

ソ連体制にウオトカが与える悪影響を小室氏は正確に指摘した。

〈日本は酔っぱらい天国だが、日本のトラは夜トラ。朝出るトラなんぞいはしない。もっとも、このごろではヨーロッパ諸国の影響で昼間から酒を飲むこともあるようになったが、昼飲む酒はごく少量。フランスなんかのレストランで昼飲む酒は、酒というよりご飯のおかずの一種だと思うといい。葡萄酒《ぶどうしゅ》の小瓶くらいがいいとこ。これなら、たいした問題にはなるまい。

ソ連のトラは、こんな小トラではない。

ソ連のウオッカ。日本が輸入するのは、せいぜいで、アルコール分が五〇パーセントくらいだが、ロシア人が飲むのには、アルコール分なんと九八パーセントなんていうのがある。こんなウオッカにもなると、煙草《たばこ》をすいながら飲むというわけにはゆかない。からだが火焔《かえん》放射機になってしまう。瓶も大きくて、日本のビール瓶と一升瓶の中間くらいなものもある。中のウオッカは、アルコール分九八パーセント。

ある幸福なる朝。一杯グッとやる。ああうまかった。もう一杯。……このプロセスが続く。いつのまにか一本あける。こうなると、いくらロシア人が酒に強いからっていったって。仕事がなんでえ、工場がなんでえ。ベロンベロン。

近代産業は分業と協働。ひとり欠けると組織が動かなくなることだってある。少なくとも、能率はぐっと落ちこむ。

就業中に労働者がコカコーラを飲むほどまでにたるんだので、アメリカ自動車産業は日本に追い上げられることになった。

ベロンベロンの朝トラ労働者がつくった戦車に乗せられる兵隊こそいいツラの皮。いい気持ちの朝トラ労働者、ウオッカを丸ごと呷《あお》りながら、エイヤ大砲なんかどうでもいいや、ここらへんにつっこんでおけ、と。

なんていうと、見てきたようなことを言うなと叱《しか》られるかもしれない。でも、これは、れっきとした事実。最近のソ連軍のやることなすこと見ていると、これを裏書することばかり。〉（前掲書53〜55頁）

仄聞《そくぶん》するところ、小室氏も以前は相当酒類をたしなまれたとのことであるが、アルコール分98パーセントのウオトカに関するこの記述は間違っている。ソ連（ロシア）には、確かに98パーセントのアルコール飲料が存在する。その名称は、ウオトカではなく、スピリトという。一般には市販されておらず、北極圏の酒屋だけで売られている。日本のビール瓶と一升瓶の中間くらいの瓶に入ったウオトカ（７５０ミリリットル）は輸出用だ。国内仕様のウオトカは５００ミリリットルなので、ビールの中瓶と同じだ。ちなみにスピリトは、通常３５０ミリリットル瓶に入っている。このことから、小室氏の知識が、ソ連を実地に見学したり、亡命ロシア人からの聴き取りによって得られたものではなく、細部における内容が不正確な欧米の書物から得られたものであることがわかる。

しかし、事の本質を小室氏はとらえている。ソ連経済にとって、アルコール依存症の問題の深刻さを小室氏は、見事につかみだしている。インテリジェンス（諜報《ちょうほう》）の世界に、「オシント（OSINT）」という業界用語がある。「公開情報によるインテリジェンス（Open Source Intelligence）」の略語であるが、小室氏のソ連分析は典型的なオシントである。

それから、北極圏で勤務する軍人にはスピリトが無料で支給される。マイナス40度以下になる北極圏では、毛皮のバックスキンコートだけでは、歩哨《ほしょう》で勤務していると身体《からだ》が芯《しん》から震えてくる。そこで、98パーセントのアルコールを飲んで、身体を温めるのだ。裏返すと、北極圏に勤務しているソ連兵（国境警備兵を含む）は、酩酊状態で勤務している可能性が高いのである。

ところで、北方四島は、北極圏から見れば、かなり南に位置している。しかし、サハリン州（北方四島はロシアの行政区画ではサハリン州に含まれる）は、「名誉北極圏」に含まれる。どういうことか？　ソ連時代に、北極圏では給与が2・1倍で、物資も優先的に配給された。サハリン州への移住を促進するためにそのような措置がとられたのである。従って、北方四島を警備する国境警備隊にもスピリトが配給されている。ときどき北方四島で、意味不明の発砲事件（日本漁船に対する発砲だけでなく、陸上での発砲もある）があるが、筆者はそのほとんどが酩酊状態でなされたものではないかと疑っている。

北方四島水域で、ロシア側による発砲事件が生じないようにするためには、スピリトの配給を止《や》めさせることも重要だ。ウオトカは、酒で、余暇に飲むものだが、スピリトは職務遂行のために必要な「薬」とロシア人は考えている。だから勤務時間中にスピリトを飲むことに対する抵抗がない。外国人と日常的に接触する場所から、スピリトを除去させれば、偶発的事故を相当防ぐことができると思う。

国際法への異常なこだわり

ロシア人の法秩序に関する小室氏の分析も興味深い。

〈ソ連は国際社会の無法者である、と誤解している日本人があまりにも多い、というよりも、大多数の日本人はこう思っているので、このことの重要性は、強調されすぎることはない。

スペインの法学者ホセ・マリア・アラネギ氏は、いみじくも喝破（よく言った）した。「ソ連人は、国際法の乱用者ではあるが、決して無法者ではない」と――。

実際、ソ連人ほど、国際法を守るのに汲々《きゅうきゅう》とする者はいない。ソ連は、自国の行為に関して、その国際法上の合法性をなんとかして証明しようと必死の努力を重ねる。しかも、このばあいにいう「国際法」とは、西欧流、とくに英米流の国際法という意味である。「ソ連独自の国際法」なんて、口では言っても、あみ出したりはしないものなのである。この意味で、ソ連は、まだまだ田舎者根性まる出しだと言ってよい。

このように、ソ連は力の信奉者でありながら、その力の行使の合法性をなんとかして証明しようと汲々とする。たとえば、日本人が夢にも忘れられぬ恨み骨髄——昭和二十年八月九日のソ連軍による日ソ中立条約の侵犯と満州征服。あの事件はソ連もいまだに気にしているようだ。

「ソ連の行為はじつは合法的だった」と、それを証明する論文が、いまもってあとをたたない。最高裁判事ほどの人物さえも、この種の論文に筆をそめるありさまである。

この点においてソ連人は、国際法上の合法性なんていうことに、まるで関心のない日本人とも、われこそは国際法の卸問屋で世界の最高裁でございと、うぬぼれきっている英米人とも、まったく類を異にする人種だから、くれぐれも注意する必要がある。

ソ連が「日ソ中立条約侵犯」を合法化するために多大の努力をはらっていることと、わが国のばあいとをくらべてもみよ。日本が満州を征服し、中国に侵入したとき、「これは中国の領土保全を約束した九カ国条約に違反するものではない」と証明した学者がどこにいたか。じつは証明の必要を認めた者なんか、ひとりもいなかったのである。

「満州事変」と「支那《しな》事変」とは多くの日本人の支持するところとなり、前者によって日本の「生命線」は守られ、後者は「聖戦」とまで呼ばれたのではあったが、その国際法上の合法性を証明する努力は、当時もその後も、少しもなされていない。

要するに、日本人にとって国際法とは、元来、この程度のものである。だからもし、法を無視する者が無法者であるとすると、日本人こそ典型的な無法者だといわなければなるまい。

日本人は、自分がこの程度のものであるから、ソ連人もこんなものだと思うかもしれないが、これは思いちがいである。〉（前掲書76〜78頁）

国際法は、ローマ法が変形したものである。そもそも西ヨーロッパは、一神教（ユダヤ・キリスト教）の伝統、ギリシア古典哲学の伝統、ローマ法の伝統によって形成された文化総合体である。これをラテン語では「コルプス・クリスチアヌム（corpus christianum＝キリスト教共同体）」という。西ローマ帝国の伝統と言い換えてもよい。

これに対して、東ローマ（ビザンツ）帝国の後裔《こうえい》であるロシアには、一神教とギリシア古典哲学の伝統はあるが、ローマ法の伝統に欠ける。ロシアが国際社会で仲間はずれにされるのは、ローマ法の伝統を欠くからだと筆者は見ている。ロシアはヨーロッパにとって異文化なのだ。ロシア人はそのことを自覚しているから、逆説的に、「文明国」の規範である国際法にこだわるのだ。第二次世界大戦で変化した事実は変えられないので、北方四島に対する主権はロシアにあると主張するプーチン大統領は、「国際法の乱用者ではあるが、決して無法者ではない」のである。

ポスト冷戦時代を予見した天賦《てんぷ》の才

それでは、このようなソ連とどう付き合えばよいと小室氏は考えたのであろうか。意外であるが、小室氏はソ連を日本の友好国にせよという。

〈いまやソ連は、政治的、経済的、軍事的に致命傷をかかえ、臨終の日は近い。しかし、ソ連が没落することが日本のためになるかどうか、よく考えてみる必要がある。

終戦後アメリカは、日本を四等国にとどめておくはずであった。それなのに、経済超大国になることを許したのは、米ソ対立が激化したからにほかならない。

いまも、強大なソ連があればこそアメリカは、大事な同盟国として日本を尊重しなければならないのである。日米間の摩擦が、ともかくもこの程度でおさまっているというのもソ連あればこそである。

いまや日本は実力においてソ連を凌駕《りょうが》している。

この時期が危ない。日本の力がソ連を追いぬいたとき、日米は死活の闘争にはいる。〉（前掲書140〜141頁）

ソ連脅威論が声高に叫ばれた時期に、ソ連が自壊することを小室氏は見抜いていた。小室氏の慧眼《けいがん》は日本の誇りである。それと同時に、小室氏は、ソ連崩壊の先のシナリオまで読んでいた。東西冷戦というイデオロギーの時代が終焉《しゅうえん》した後にやってくるのは、平和で安定した世界ではなく、資本主義大国間の抗争であり、帝国主義時代の反復ということだ。〈強大なソ連があればこそアメリカは、大事な同盟国として日本を尊重しなければならないのである。日米間の摩擦が、ともかくもこの程度でおさまっているというのもソ連あればこそである。〉という小室氏の見立ては正しかったのだ。

日米の競合に加え、中国もロシアも帝国主義化している。このような状況で国際情勢を見るためには、小室氏のような、表面的現象の後ろで歴史を動かす動因をつかむ洞察力が必要だ。このような洞察力は、残念ながら、努力の積み重ねによって得られる官僚的知性とは、本質的に異なる天賦の才に依存するのである。小室氏の書を再読して、功利主義者の筆者は、天才の実用性を再認識した。

『イワン・デニーソヴィチの一日』

A・ソルジェニーツィン
木村浩訳
新潮文庫

２００８年８月３日23時45分（モスクワ時間、日本時間４日４時45分）、モスクワ郊外のトロイッツェールイコボの別荘で、ノーベル賞作家のアレクサンドル・イサエビッチ・ソルジェニーツィンが急性心不全で逝去した。享年《きょうねん》89。
ソルジェニーツィンは、自らの収容所体験を記した本書『イワン・デニーソヴィチの一日』で、１９６２年11月に作家として、文字通り、彗星《すいせい》のごとくデビューした。しかし、スターリン批判を推進したフルシチョフ・ソ連共産党第一書記が、１９６４年10月に失脚した後、徐々に体制側による締め付けが激しくなり、反体制作家の烙印《らくいん》

を押され、数奇な運命をたどることになった。

プーチン前大統領の大絶賛

まず、ソルジェニーツィンの略歴を見てみよう。1918年12月11日、ロシア南部、スタブロポリ地方のキスロボックで生まれた。1941年にロストフ国立大学物理・数学部を卒業し、同年9月に中高校の数学教師になったが、同10月には召集され、前線に赴いた。その後、幹部学校に入り、砲兵中尉《ちゅうい》（隊長）となる。私信で、スターリンを批判したことが国家反逆罪に問われ、1945年2月逮捕され、矯正労働8年の判決を言い渡され、刑期を満了し、1953年2月釈放される。釈放後も1953年3月から1956年6月までは帰郷が認められず、カザフスタン南部のコクテレクに追放され、同地で教員をつとめた。前に述べたように1962年に作家としてデビューしたが、5年も経《た》たないうちにソ連国内での作品の発表が困難になる。1970年にノーベル文学賞を受賞したが、ひとたびソ連を出国すると再入国が認められなくなる可能性があったので、授賞式を欠席した。国外で『収容所群島』を刊行したことが国家反逆罪に問われ、1974年2月12日、国外追放、翌13日にソ連国籍を剥奪《はくだつ》された。当初、スイス、その後、米国に移住し、精力的に作家活動を続ける。

ソ連末期の1990年9月に発表した論文「われわれはどのようにしてロシアを立て直すか」(日本語版　木村浩訳『甦《よみがえ》れ、わがロシアよ　私なりの改革への提言』日本放送出版協会、1990年)は、ソ連で2000万部以上印刷された。同論文で、ソルジェニーツィンは、沿バルト三国や中央アジアを切り離したスラブ系民族の国家としてロシアを再建することを主張し、ソ連崩壊の流れを加速した。この論文で、ソルジェニーツィンは反共主義者であるが、ロシア大国主義者であることが明らかになり、ロシア保守派の共感を得るようになった。

ソ連崩壊後、1994年5月27日に、米国からウラジオストク経由で帰国した。帰国直後から、当時の親欧米、新自由主義的改革を手厳しく批判し、エリツィン政権からは煙たがられた。

プーチン前政権の大国主義的路線にソルジェニーツィンは、強い共感を抱いた。プーチンは、2007年6月13日(ロシアの国祭日である主権宣言の日の翌日)に、民間人に対する最高の栄誉である国家褒章《ほうしょう》を授与した。功利主義者の観点から見るならば、ソルジェニーツィンの内在的論理をとらえることは、現在のロシアを理解することに直結するのである。

ＫＧＢの巧みな宣伝工作の〝成果〟

ソ連時代、ソルジェニーツィンの信用を失墜させるためにＫＧＢ（ソ連国家保安委員会）はさまざまな工作を行った。その最高傑作が、前夫人ナターリヤ・レシェトフスカヤ（１９１８～２００３）による１９７４年のソルジェニーツィン追放直後に刊行された暴露手記『時代との論争の中で（В споре со временем）』（日本語版　中本信幸訳『私のソルジェニーツィン　前夫人の回想記』サイマル出版会、１９７４年）だ。

これは実に奇妙な本である。ソ連で英語版は発行され、モスクワ在住の外交団や新聞記者に対して配布されたが、ロシア語版は作成されず、一般のソ連人はこの本の内容を知ることができなかったのである。なぜなら『時代との論争の中で』という表題に示されるように、ソ連当局と争った反体制知識人たちの軌跡が記されているからだ。ＫＧＢとしては、このような信憑性《しんぴょうせい》の高い話を随所に盛り込んで、読者を惹《ひ》きつけた上で、反体制活動を支えた妻を非情に捨て去ったソルジェニーツィンの姿を強く印象づけようとしている。クライマックスは、ソルジェニーツィンが妻に別れを告げるくだりだ。

〈夫は名前をあげた。私は途方にくれた。レニングラードの教授であるその女性を、私は直接知らなかったが、信頼していた。だが、私を驚かしたのは別の考えだった。「どうしてあの女の人は、あんたにそんなこと（筆者註　ナターリヤの母がソルジェニーツィンが秘密にしている病気について漏らしたこと）を言えたのかしら。女が男とそんなこと話せるのかしら……」

夫は押し黙った。私が感づくものと心待ちしていたらしい。

「……そうかね？……」

「その女の人……あなたに惚《ほ》れたんじゃないの。あなたは、その人と近い関係なの？……」

「そうだ」

私は、なぜか微笑した。学問のある女性の教授が私の夫に惚れたのだ。だが、次の瞬間、涙がとめどなく流れた……。

「きみはぼくのために、一つの長編小説を創造するのを助けてくれた。彼女が別の長編を作る手助けをしてくれるのを許してくれたまえ！」というかれの言葉を、私は耳にした。

それから夫は、私が体が弱く、徒歩の旅行ができない、と言いだした。でもかれは農村を歩きまわる必要がある。彼女のほうは私よりわがままでないし、肉体的にも健康だ。だが、私だって夫といっしょに車で旅行できるだろうに……。かれは有名作家だったのだ。夫にふつうの物差しをあてがってはならない。

二人が切り離しがたく結びついていた私たちの世界はこわれた。この世界のなかに、一人の女が入ってきたのだ。私たち二人だけのものだったこの世界に場所を占めたのだ。多年にわたる信念は、幻想だった。

「私はみんなわかります」ついに私は口を開いた。「あなたの人生での私の階段が終わったのです。だから完全に立ち去らせて下さい、人生にさよならさせてください」「きみは生きなければならない！」アレクサンドルは私に説いた。「きみが自殺をしたら、きみは自分を葬《ほうむ》るだけではない。きみはぼくと、ぼくの創造をも葬ることになる……」かれは言いふくめる。なにも重大なことは起こっていないし、かれは私を愛している、と言う。私と彼女とにたいするかれの関係は、「二つの交わらない平面」である。私にたいするものは、一つの感情である。彼女にたいするものは、「まったく別のもの」である。

私はこれまで夫を無条件に信じこみ、この人物は高い例外的人間であるという意識をもって生活することにあまりに慣れてきたから、一度も疑ってみることもなかった。

だが、かれにどういう態度をとればいいのか。どのように自分を変えていくべきなのか。自分の原則を変えていくのか。〉（前掲書270〜271頁）

実を言うと、筆者は学生時代に『収容所群島』よりも先に『私のソルジェニーツィン』を読んだ。その影響を受け、現在に至るまでもソルジェニーツィンに対しては、人間として好感をもてないのである。KGBの宣伝能力はたいしたものだ。

作家のエッセンスが凝縮されたデビュー作

もっとも作家に対する評価は、人格ではなく作品に対して行われるべきだ。ソルジェニーツィンの作品は優れている。特にデビュー作の『イワン・デニーソヴィチの一日』にソルジェニーツィンの思想がすべて凝縮されている。

まず、ロシア人の労働観だ。

〈シューホフをはじめほかの石工たちも、もう酷寒《マローズ》を感じていなかった。何しろ、機敏な作業をしているので、たちまち、全身がほてってきて、ジャケツの下も、防寒服の下も、上下のシャツの下も、じっくりと汗ばんできた。しかし、連中は一刻も休むことなく、次々にブロックを積みあげていった。やがて、一時間もすると、再び全身がかっかっしてきて、ふきでた汗を乾かしてしまう。両の足も酷寒《マローズ》を感じなくなった。

これは何よりありがたい。ほかは大したこともない。突きさすような風がいくらか吹いているが、ブロック積みの身にはこたえない。ひとりクレフシンだけが両足をバタバタ打ちあわせている。可哀そうに、サイズが四六もある大足なので、官給のフェルト長靴ではどれでもきついのだ。
班長はしょっちゅう大声をあげている。『モルタルたのむぞォ!』シューホフも負けてはいない。『モルタルたのむぞォ!』力いっぱい働いている者は、まわりの者に対して、班長のような立場になるものだ。シューホフはどんなことがあってもむこうの組におくれはとりたくなかった。いや、今では肉親の兄弟でもモルタル運びにかりたてたい気持だった。〉(木村浩訳『イワン・デニーソヴィチの一日』新潮文庫、2005年、140〜141頁《ページ》)
マイナス30度近い極寒の中、一生懸命、建物を建てても誰からも評価されず、食事の割り当てが増えるわけでもないのにかかわらず、囚人たちは一生懸命働くのである。ここで、ソルジェニーツィンは、ロシア人は本来的に勤勉であるということを見事に表現している。矯正収容所の中に、市場原理に基づいて、何事も金銭に換算する社会とは異なる労働に対する純粋な喜びを感じる社会が存在するのだ。
それから、ロシアを復興する原理として、ロシア正教が果たす役割が強調されている。しかし、それは矯正収容所に宗教犯として送られてきたアリョーシュカの目を通して、逆説的な形で述べられているのだ。主人公のシューホフは無神論者である。シューホフとアリョーシュカの信仰に関する問答が興味深い。

〈「だって、アリョーシュカ（筆者註　アリョーシャはアレクセイの愛称であるが、アリョーシュカはそれよりもさらにくだけた愛称）。お祈りってやつは、陳情書みてえに、届かなかったり、《陳情却下》ってこともあるからな」

ラーゲル本部の前には、ちゃんと封印された陳情箱が四つおいてある。月に一度、中身は保安部の将校によって空にされる。大勢の連中がこの箱へ陳情書を投げいれている。そして、指折りかぞえて、待っている。あと二月したら、いや、一月もしたら、返事があるだろう。

しかし、返事はない。あっても《却下》だ。

「それはね、イワン・デニーソヴィチ。あんたがたまにしか、それもいい加減に不熱心にお祈りするからですよ。ええ、そんなお祈りだから、願いごともかなえられないんです。お祈りというものは絶えずしていなければ！　もしあんたが信仰をお持ちになれば、山にむかって動け！　といわれれば、山だって動いていきますとも」

シューホフはニヤッと笑って、もう一本タバコを巻き、エストニア人に火をかりた。

「なあ、アリョーシュカ、でたらめな話はやめなよ。山が動くなんて、見たこともねえな。いや、白状すりゃ、おれは山ってものもまだこの眼で見たことはないがね。それじゃ、お前さんが仲間のバプテスト・クラブの連中といっしょにコーカサスへいってお祈りしたとき、せめて一山ぐらいは動いたかね？』〉（前掲書２４５～２４６頁）

信仰に裏打ちされた祖国への愛

信仰をもてば山も動くというこの話は、ドストエフスキーの『カラマーゾフの兄弟』におけるスメルジャコフの発言を下敷きにしていると筆者は考える。関連部分を引用しておこう。カラマーゾフ家の下男であるスメルジャコフが、年老いた下男のグレゴリーにこう話し掛ける。

〈聖書にだって書いてあるでしょうに。せめていちばん小さな穀粒ほどの信仰を持っているなら、この山に向って、海に入れと言えば、山はその命令一つで、少しもためらうことなく、海に入るだろうって。どうですか、グリゴーリイ・ワシーリエウィチ、もしわたしが不信心者で、あなたがのべつわたしを叱《しか》りつけるほど信仰が篤《あつ》いんだったら、ためしに自分であの山に向って、海にとは言わぬまでも（なぜって海はここから遠いですしね）、うちの庭の裏を流れている、あの臭い溝川《どぶがわ》になりと入るように命じてごらんなさいよ、そうすればそのとたんに、いくらあなたが叫んだところで、何一つ動こうとせず、何もかも今までどおりそっくりしつづけていることが、わかるでしょうから。〉（原卓也訳『カラマーゾフの兄弟（I）』『ドストエフスキー全集　15』新潮社、1978年、155頁）

ソルジェニーツィンの分身であるシューホフは、ここであえてスメルジャコフの言説を述べる。それをアリョーシュカに否定させるためである。ちなみに、ソルジェニーツィンが、このバプテストの信者にアリョーシュカという名前をつけているのは、『カラマーゾフの兄弟』における見習い神父をつとめる末弟アリョーシャを意識してのことと筆者は解釈している。

〈「結局のところ」と、彼は独りぎめした。「いくら祈ってみたところで、この刑期は短くなりゃしねえんだ。とにかく、『はじめから終りまで』入っていなくちゃならねえんだ」

「いえ、そんなことを祈っちゃいけません！」と、アリョーシュカは声を震わせた。「自由がなんです？　自由の身になればあんたのひとかけらの信仰まで、たちまち、いばらのつるで枯されてしまいますよ！　いや、あんたは監獄にいることを、かえって喜ぶべきなんですよ！　ここにいれば魂について考える時があるじゃありませんか！　使徒パウロはこう申されました、『汝《なんじ》ら、なんぞ嘆きてわが心をくじくや？われ、主イエスの名のためには、ただに縛らるるのみならず、死ぬるもまた甘んずるところなり！』とね」

シューホフは黙って天井を見つめていた。もう自分でも、自由の身を望んでいるのかどうか、分らなかった。はじめのころは激しく望んでいた。毎晩のように、刑期は何日すぎて、何日残っているかと、数えたものだ。が、やがてそれも飽きてしまった。そのうちに、刑期が終っても家へは帰されず、流刑《るけい》になることが分ってきた。それに、流刑地とここでは、どちらのほうが暮しやすいのか、それすら分らなかった。

自由の身になりたかったのは、ただ家へ帰りたい一心からだった。

ところが、その家へ帰してはくれないのだ……。〉(『イワン・デニーソヴィチの一日』249～250頁)

ソルジェニーツィンは、矯正収容所の中で、徹底的に魂について考えた。結局、人間の自由は外的な環境ではない。矯正収容所の外側のソ連社会も自由ではない。後に移り住むことを余儀なくされたスイスや米国も決して自由な社会ではなかった。そして、ソ連崩壊後に戻ってきたロシア社会も自由ではない。社会に自由は存在しないのである。自由は、信仰の中でのみ獲得することができるというのが、ソルジェニーツィンのつかんだ真理と思う。そして、小さなからし種のような信仰でも、それが真実の信仰ならば、山を動かすことができるのである。ソルジェニーツィンは、ソ連の外側から、信仰にもとづいて文を綴《つづ》ることによって、ソ連体制という大きな山を動かすことに成功したのである。

『カラマーゾフの兄弟』において、悪魔が聡明《そうめい》な次男のイワンにこう告げる。

〈しかし、僕の目的は立派なものだよ。僕は君の心にほんのちっぽけな信仰の種子を一粒放りこむ、するとその種子から樫《かし》の木が育つんだ。それも並大抵の樫じゃなく、君がその枝にまたがれば、《荒野の神父や汚れなき尼僧《にそう》たち》(訳注　プーシキンの詩の中の言葉)の仲間入りしたくなるような、立派な樫の木がさ。だって君は心ひそかにそれを切実に望んでいるんだし、いずれ蝗《いなご》を食として、魂を救いに荒野へさすらいに出るだろうからね!〉(原卓也訳「カラマーゾフの兄弟(II)」『ドストエフスキー全集16』新潮社、1978年、335頁)

イワンは、無神論者である。ここで登場するのは無神論者にとっての悪魔であるから、日常言語では神と言い換えてもよいだろう。『イワン・デニーソヴィチの一日』は、『カラマーゾフの兄弟』の反復なのである。そして、イワンの胸に宿るべきであった信仰は、ソルジェニーツィンの胸に宿った。モスクワは、第三のローマであるといわれるが、ロシア国家は人類を救済するための特別の使命をもっていると19世紀のスラブ派の思想家は信じた。スラブ派の思想家にとって、神に対する愛とロシアに対する愛は同一なのである。ソルジェニーツィンもこの信仰をもって、愛の力によってソ連体制を壊したのである。ロシアを偏執的に愛するプーチン前大統領（現首相）は、そのことをわかっていた。それだから、プーチン自らがソルジェニーツィンの別荘を訪れ、褒章《ほうしょう》を授与したのだ。

『他者の受容　多文化社会の政治理論に関する研究』

ユルゲン・ハーバーマス
高野昌行訳
法政大学出版局

思想は、人間が生きる現実の問題を理解し、解決するための実用性をもっていなくてはならないと筆者は考える。

実用性をもつ思想には二つの形態がある。

第一は、現実の政治、外交、軍事、経済に直接影響を与える思想である。自由と民主主義は普遍的価値なので、力を行使してでもイランや北朝鮮のような「アウトロー(ならずもの)国家」を打倒することを主張するアメリカのネオコン(新保守主義者)の「価値観外交」という思想がその一例だ。

今ではもう昔の話になるが、中国の毛沢東《もうたくとう》と鄧小平《とうしょうへい》が一時期、「3つの世界論」という思想を展開した。第一世界は、帝国主義国であるアメリカと社会帝国主義国であるソ連である。第二世界が先進資本主義国である西欧諸国と日本である。そして、それ以外のアジア、アフリカ、中南米の諸国は、中国を含む第三世界である。世界の主敵は第一世界であり、米ソの帝国主義国による世界支配を阻止するために全世界が団結する必要があるというのが「3つの世界論」の中心思想だ。

「3つの世界論」に中国が対ソ連包囲網をつくりだすという目的があったように、「価値観外交」には冷戦後の世界におけるアメリカの覇権を維持しようという、半ば意識的、半ば無意識にアメリカ政治エリートに共通する意識が流れている。知識人は、この種の思想にいかがわしさを感じる。確かに「価値観外交」も「3つの世界論」もいかがわしい。

しかし、人間がそもそも相当いかがわしい存在であることを考慮するならば、この種のいかがわしい思想ができても不思議はない。思想の質とその影響力は、まったく別の問題だ。功利主義者の筆者は、この種の知的水準があまり高くないにもかかわらず、現実に無視できない影響を与える思想（例えば、漫画家が行う歴史や政治思想の読み解き）がもつ危険性について、有識者はもう少し敏感になるべきと思う。

第二の実用的な思想は、現実の出来事に直接影響を与えることがない。ときには浮き世離れした学者の空論のように聞こえるが、簡単に解明できない国際紛争や社会問題などを解明するときに役に立つ思想である。新自由主義がもたらす社会的格差の問題を理解するためにはカール・マルクスが『資本論』で解明した資本主義の内在的論理を理解しておく必要がある。現代のキリスト教について理解するならば、カール・バルトの『ローマ書講解』を精読しておく必要がある。こういう類《たぐい》の基礎思想だ。

時代が大きな転換点に差し掛かっているときに、現状に直接影響を与える思想の機能は限定的になる。いくつもの思想が並存し、「神々の争い」が生じるような状態になる。こういうときに現実を読み解くためには、一見、現実と距離がある思想が重要になる。地上から見えない地下水脈を見極めるためのボーリング装置としてこのような思想が大きな意味をもつようになる。

時代の転換点を見極める天才的な能力

2008年8月8日は、大多数の日本人にとって北京《ペキン》オリンピック開会の日として記憶されていると思う。しかし、ロシア人にとっては異なる。この日、ロシア・グルジア戦争が勃発《ぼっぱつ》した。ロシア人だけでなく、国際政治の専門家にとってもロシア・グルジア戦争の方が北京オリンピック開会式よりも重要だ。

筆者が現役外交官時代に親しくしていた政治評論家でビャチェスラフ・ニコノフ（政治基金総裁、元国家院〔下院〕議員）という面白い人物がいる。1956年生まれで筆者と年齢も近いこともありモスクワで、よく一緒に遊び歩いた。クレムリンの大統領府高官や閣僚など権力の中枢《ちゅうすう》に近づこうとすれば近づくことができるのに、あえて一定の距離を置き、権力者を揶揄《やゆ》するような評論をする。だからといって性格的にひねくれているわけでもない。このようなニコノフの態度は、同人の出自と関係していると筆者は見ている。

ニコノフの母方の祖父はスターリンの信頼が厚かったビャチェスラフ・モロトフ（1890〜1986）外務人民委員（外務大臣）だ。家庭で口伝で伝えられた歴史によって、ニコノフは「権力の文法」を熟知しているのだ。

二人でウオトカをしこたま飲むと、ニコノフから「マサル、わかるか。モスクワには独自の空気がある。あるとき、僕がある話をして、それが国家によって絶賛されたとする。同じ話を数年後にしたら、国家反逆罪で捕まるかもしれない。それがロシアの政治というものだ。だから将来、絶対に罠《わな》にはめられないように、発言、とくに文字に残る発言については慎重に行うことにしている。このことは、アメリカでも日本でも基本的に同じだと思う。これは日和見《ひよりみ》主義とはちょっと違う。インテリゲンチア（知識人）は、どのような状況にあっても国家と社会に影響を与える発言の場を確保しなくてはならない。知識人が現実に影響を与えようとする場合、ある種の制約を自ら引き受けないとならない」という話をよく聞かされた。

ニコノフには時代の転換点を見極める天才的な能力がある。モロトフはスターリンから一時、警戒されたが粛清はされなかった。フルシチョフと対立したが、公職と共産党籍を一時期失うだけで、投獄されることもなく天寿をまっとうした。ソ連建国時から続くノメンクラトゥーラ（特権階層）のＤＮＡがニコノフの政治情勢分析には生きている。それだから、筆者はニコノフが政治評論で、鋭い切り口の議論を展開するときはいつも注意深く、その真意をつかむ努力をしている。

９月３日付「イズベスチア」（ロシアの高級紙）にニコノフは、「ロシア人にとって８月８日のグルジアによる攻撃は、アメリカ人にとっての９・11と同じ意味をもつ」という寄稿をした。ニコノフの発言を引用しておく。

〈ロシアにとって８月８日の悲劇的事件は、アメリカにとって２００１年９月11日の世界貿易センターと国防総省に対する攻撃と同じ意味をもっている。犠牲者もほぼ同数だ。南オセチアにおいて、ロシア国民を中心に約２０００名が殺害された。ニュー

ヨークのビジネスタワーでは約3000名が犠牲になった。われわれは、正義のそしてきわめて適切な反撃を加えた。〉

ニコノフの目的は、ロシアの対グルジア戦争を弁護するというよりも、ロシア・グルジア戦争が国際秩序の枠組みを変えた9・11米国同時多発テロのような象徴的意味をロシアのエリートに与えた、というクレムリンの認識を外国の有識者に伝えることと筆者は見ている。本件を深く理解するためには、少し深い思想的掘り下げが必要になる。

国家に対して勝利する資本

ここで、ドイツの社会哲学者ユルゲン・ハーバーマスが『他者の受容　多文化社会の政治理論に関する研究』（［高野昌行訳］法政大学出版局、2004年、原著1996年）の第三部「国民国家に未来はあるか」で展開した議論がとても参考になる。

世間の常識では、民族とはかなり長い歴史をもっていると観念されている。1940年に日本は紀元2600年祭を、1988年にロシア（当時はソ連）はキリスト教導入1000年祭を祝った。

しかし、学術的な研究者世界では、民族は近代になってから生じた観念であるというのが通説だ。民族が国家をもつべきだという国民国家の観念は100〜250年程度しか歴史をもっていないという。民族問題は、連日、世界の新聞やテレビをにぎわせているが、学術的な理論とジャーナリズムや現実政治の観念あるいは神話がもっとも遊離しているテーマなのである。そして、観念や神話の方が理論よりも明らかに強い。

まず民族と近代の関係について、ハーバーマスの議論を見てみたい。

〈資本主義は誕生の時点から世界規模で発展したにもかかわらず、この経済のダイナミクスは、近代国家間システムとの協調の中に解き放たれると、ある時期まではむしろ国民国家の強化に貢献してきた。しかし今日では、この二つの発展が互いに強化し合うことはない。正確に言えば、「資本の領土的制約は、資本の構造的流動性に決して対応していなかった。その制約は、むしろヨーロッパ市民社会の特殊な歴史的諸条件によるものであった」のである。しかしこの諸条件は経済生産の脱国家化とともに根本的に変化してしまった。その間にすべての産業国家は、世界規模で連結した金融市場や労働力市場に向かう企業の投資戦略に脅《おびや》かされてきている。

われわれが今日遂行している「現状についての議論」は、ハサミを思い起こさせる。国民国家としての限界を持つ行為裁量余地と、政治的手段がほとんど影響力を持たないグローバル経済の要求との間を切り開いていくハサミである。最も重要な変数の一つは、生産性を向上させる新技術の加速度的発展と拡散であり、もう一つは比較的安価な労働力予備軍の爆発的増加である。古典的貿易関係ではなくグローバルに連結された生産関係によって、従来の第一世界で劇的な雇用問題が起きている。主権国家は、介入政策の対象である国民経済が存続する限りでのみ、その時々の経済から利益を得ることができる。しかし近年の経済の脱国家化への推進力は、国内政治から、課税利益と課税収入をもたらすはずの生産条件に対する統制力をますます奪っている。また各国政府は、地球規模で投資を決定する企業に対する影響力をますます失っている。いまや政府は、ともに不合理な二つの対応を避けねばならないというジレンマに直面しているのである。一方で、保護主義的障壁と保護カルテルの形成という政策は見込みがない。また他方で、好ましい社会的影響という観点から見て、規制緩和による福祉政策のコスト削減も危険である。〉（前掲書146～147頁《ページ》）

交換を繰り返して自己増殖していく資本には、民族、国家などの壁は不要である。しかし、資本は何もないところから生まれてくるものではない。共同体と共同体の間から生まれてくる。近代資本主義が発生した当初は、交換原理を基礎とする共同体という枠組みよりも、常備軍と官僚制によってささえられ、何らかの形で宗教的正統性の裏付けをもつ王によって支配される国家という枠組みの方がはるかに強力だったのである。従って、ある時期まで、資本主義は国家の枠内で発展した。しかし、資本の自己増殖は急速である。国家は基本的に社会から収奪することで生きているので、ある段階で、国家を超えて発展し、国家による収奪を避けようとする資本と対立する。

人間が欲望を無限に肥大させようとして、消費を中心に世界観を構築している限り、国家に対して、基本的に資本が勝利するのである。この構造をハーバーマスは、〈国民国家としての限界を持つ行為裁量余地と、政治的手段がほとんど影響力を持たないグローバル経済の要求との間を切り開いていくハサミ〉と的確に表現している。

ロシア・グルジア戦争の〝意味〟

このような与件の下で、これまで、国家と資本主義が共存していく方策があった。外部を作り出していくことだ。ハーバーマスはこう整理する。

〈国際競争力向上のために高い失業率と社会福祉削減とを許容するのは政治の放棄であり、その社会的影響はＯＥＣＤ各国にすでにはっきり現われている。社会的連帯の源泉はすでに干上がり、従来の第三世界の生活条件が第一世界の中心部にも広まっている。この傾向は新しい「下層階級」現象に凝縮されている。誤解を招くこの一つの用語によって、社会学者は、周縁的な諸集団を社会から広範囲にわたって線引きし、ひとまとめにして扱う。下層階級は、もはや自らの社会的地位を自力では変えられないにもかかわらず放置されている社会的貧困の諸集団からなる。彼らはもはや威嚇《いかく》する力さえ持っていないし、同様に世界の貧困化した地域は発展した地域に対して拒否権を持っていない。もっともこの種の線引きは、連帯を失った社会が住民の任意の部分を分離すれば、必ず政治的影響を伴うことを意味している。長い目で見れば、少なくとも以下の三つの帰結は避けがたい。まず下層階級は、自暴自棄の暴動で不満を発散し、抑圧的手段でしか制御しえない社会的緊張を生み出す。その結果、刑務所および内部保安機構の建設全般が成長産業となる。つぎに社会的治安の崩壊と物質的貧困が局地的に限定されたものではなくなる。したがって、ゲットーの害が大都市の中心部から地域の中心部の基盤構造にまで及び、社会全体の隙間《すきま》に住み着く。最終的にそれが社会的モラルの腐食をもたらし、どんな共和主義的共同体においても普遍的核となるはずの部分を傷つけてしまう。形式上は公正に引き出される多数派の結論も、ただ没落を恐れる中間層の地位への不安および反射的自己主張を反映するにすぎないものとなり、手続きや制度の正当性を掘り崩して行くことになる。こうして、住民を民主的参加を通じて統合する国民国家が本来持つべき成果は、失われて行くのである。〉

（前掲書147〜148頁）

資本と国家が癒着した「権力の中心」が、国外の競争に弱い地域と国内の競争に弱い層からの収奪と搾取《さくしゅ》を加速する。しかし、それは資本主義システムを成り立たせる基幹となる労働者を弱体化させ、資本主義システム自体を弱くする。

資本主義の内側から、このような資本の自己増殖の破滅から国家と資本が生き残る方策はでてこない。従って、資本主義の外側に、人間を資本主義的合理性とは別の動機で思考し、行動させる神話が必要となるのだ。

今回のロシア・グルジア戦争で、ロシアもグルジアも身勝手な理屈を主張しているが、両者の論理構成は根本的に異なる。グルジアが主張しているのは、ロシア語でいう「エトノクラツィヤ（этнократия）」だ。直訳すると「民族支配」という意味であるが、自民族で、自国家の政治、軍事、経済、文化などすべての権利を独占しようという衝動なので「自民族独裁主義」と意訳しておく。

国民国家の基本理念について、ハーバーマスは、〈近代の了解では、「国家」は法学的に定義された概念であり、実質的には国内外に対して主権を持つ国家権力に、空間的には明確な境界を持つ領土すなわち国家領域に、社会的には構成員の総体、すなわち国家人民にかかわる概念である。（中略）したがって主権を有していると言えるのは、国内の平和と秩序を維持し、対外的に領土の境界を守れる国家のみである。〉（前掲書130〜131頁）とまとめるが、その通りである。ここでいう国家人民（国民）がそもそも神話なのだ。法的に形成された人為的構築物である国民が同時に太古より存在する民族に根拠付けられているとするのが国民国家の神話なのである。

そして、この神話は究極的に国民国家のために、当該国の国民は命を提供しなくてはならないという気構えを求める。ハーバーマスは、これを宗教が近代に残した「超越の痕跡《こんせき》」と理解する。〈個人の共和主義的自由とは違い、必要な場合には「息子たちの血」をもってしてでも守らねばならない自国民の独立は、世俗国家が世俗化しきれない超越の痕跡を留めていることを示している。〉（前掲書138頁）

人間は、超越性を求める動物である。宗教が超越性を担保することができなくなるならば、宗教以外の理念に超越性をもとめるのは必然的なのである。グルジアが歩んでいるのはこの道だ。グルジアと不倶戴天《ふぐたいてん》の敵対関係にあるオセチア人、アブハジア人も「自民族独裁主義」を行動原理としている。

ファシズムに傾くロシア

これに対して、ロシアが展開しているのは、別の論理だ。一種の動員型の体制をロシアに作ることだ。ロシアは多民族国家である。ここで誰がロシア人であるかということはあまり詰めずに、とにかくロシア国家のために献身する者が「広義のロシア人」であり、ロシア国家が同胞と認定する者も「広義のロシア人」なのである。

〈北・西ヨーロッパの古典的な国民国家は、既存の領邦国家の境界内部で形成されてきたものである。これらは一六四八年のウェストファリア体制ですでに承認されたヨーロッパの国家システムの一部であった。他方、イタリア、ドイツをはじめとする「遅れてきた」国民は、中央・東ヨーロッパにおける国民国家形成の典型的展開をたどった。すなわちこの地域の国家形成は、プロパガンダによって普及した性急な国民意識が作り出した軌道を進んだのである。これらの二つの道（国家から国民へ、あるいは、国民から国家へ）には、国家および国民の形成を先導した者たちの出自の違いが反映されている。一方の道には、法学者、外交官、軍人など、国王幹部に属す「合理的国家官僚」を構成する人々がいた。もう一方の道には、文筆家、歴史家、学者などの知識人全般がおり、多かれ少なかれ想像上の統一である「文化国民」というプロパガンダによって、（カヴールあるいはビスマルクに始まる）外交的軍事的に一貫した国家統一を準備したのである。〉（前掲書128頁）

ハーバーマスがいう合理的国家官僚による「国家から国民への道」が形成されてい

るのである。ここで狡猾《こうかつ》なメドベージェフ政権は、民族主義には訴えない。裏でアメリカから支えられたグルジアからの脅威は、単なる軍事的脅威ではなく、ロシア国家の存亡に係わる一種の形而上学《けいじじょうがく》的脅威であると表象し、ロシア国民を束ねていこうとする。この手法は1920年代に展開されたイタリアのファシズム運動に似ている。

ハーバーマスは、国民国家の運命について、二つのシナリオを示した。第一は新自由主義によって世界が覆われてしまうハーバーマスにとっての悲観論で、第二が法規範の力、すなわち市民の要素が強い国民国家が生き残るという楽観論である。

〈一方の、ポストモダンと呼ばれる解釈によれば、国家市民的自律という試みはいずれにせよ絶望的に信用を失っており、われわれは国民国家の終りとともに、この試みとも別れなければならないとされる。もう一方の、非敗北主義的解釈によれば、政治的な意志と意識とを通して自らに働きかけ学び続ける社会という試みには、国民国家からなる世界が終わっても、まだ活路があるとされる。〉（前掲書149頁）

しかし、ロシア・グルジア戦争は、第三の自民族独裁主義、第四のロシア・ファシズムというシナリオを示しているのである。

日本の閉塞《へいそく》状況を打破するための視点

『はじめての唯《ゆい》識《しき》』

多川俊映《たがわしゅんえい》
春秋社

同志社大学神学部は、日本基督《キリスト》教団の認可神学校で、当然、プロテスタント神学を教えているのであるが、筆者が在学していた頃は、宗教学特講（特別講義）という課目があり、四天王寺女子大学（現四天王寺大学）から工藤成樹教授が神学部非常勤講師として招かれ、授業をしていた。この授業が抜群に面白かった。1回生のときがアビダルマ（倶舎論《くしゃろん》）、2回生のときが中観、3回生のときが唯識で、これによってインド仏教の基本的知識を身につけることができた。中観の「空《くう》の思想」に惹《ひ》きつけられる神学生が多かったのだが、なぜか私は煩瑣《はんさ》哲学と呼ばれ敬遠されていたアビダル

マに最も知的関心をもった。当然、サンスクリット語で文献を読んでみたくなる。そこで3回生のある日、講義を終えた工藤先生をつかまえて、相談した。工藤先生は筆者の話を注意深く聞いてからこう言った。

「あなたは自由になるお金がどれくらいありますか」

「お金ですか」

「そうです。サンスクリット語の勉強にはお金がかかります」

「10万円くらいです」

「それでは足りないですね。辞書は英語、ドイツ語、フランス語で揃《そろ》える必要があります。それから、文法書も何冊か買わなくてはなりません」

「わかりました」

「それから、あなたはサンスクリット語に割く時間をどれくらいとることができますか」

「そうですね、週に5〜6時間は確保できます」

「初級の段階では、週ではなく毎日5〜6時間、サンスクリット語に取り組まないとものになりません」

「初級とはどれくらいの期間ですか」

「2年くらいです。あなたはラテン語やギリシア語を勉強したことがありますか」

「両方とも勉強しました」

「2年でどれくらいものになりましたか」

「……」

正直に言うと、当時の標準的な教科書だった田中美知太郎／松平千秋『ギリシア語入門』（岩波書店）、松平千秋／国原吉之助『新ラテン文法』（南江堂）の練習問題も十分消化できていなかった。古典語の練習問題は解答がついていないものが多い。教授でも「この練習問題の答えはよくわからない」と正直に言って飛ばす人もいた。

「あなたはキリスト教神学を勉強しているのですから、まず、ギリシア語、ラテン語、ヘブライ語の習得に時間とカネをかけることを勧めます。特にラテン語をきちんと勉強しておけば、かなり歳《とし》をとってからでも、サンスクリット語を読むことができるようになるので、いまそんなに焦《あせ》らないでよいでしょう」

工藤先生の助言は適切だった。語学、特に古典語の習得にはカネがかかる。神学部図書室にはギリシア語、ラテン語、ヘブライ語の大型辞典が何冊も備え付けられているので、不自由を感じなかったが、外交官になってからこれらの辞書を英語、ドイツ語、ロシア語で買い揃えたら、50万円を軽く超えた。結局、筆者が本気でラテン語を勉強したのは、外交官としてモスクワに勤務してからである。プラハで手に入れた15世紀の宗教改革者ヤン・フスの著作をラテン語で読みたくなったからである。

難解な唯識を簡単な言葉で解説

鈴木宗男疑惑の絡《から》みで筆者は2002年5月14日に逮捕されたが、当初、独房生活の機会を利用してフスの『教会論』をラテン語から日本語に翻訳しようと考えたのだが、日本語の翻訳が付されていない原書は辞書を含め、一切差入れを認められないという東京拘置所の規則があるため、諦《あきら》めざるを得なくなった。

獄から出てしばらくは、この翻訳作業を毎日少しずつ進めていたのだが、文筆で糊《こ》口《こう》をしのぐようになってから、時間を捻《ねん》出《しゅつ》できなくなってしまった。翻訳作業は放り出したままだ。翻訳作業を通じ、古典語の難しさを自覚するようになってから、どうせ実を結ばないようなサンスクリット語の学習で筆者が時間を浪費しないようにという工藤先生の親心がわかった。

獄中では神学生時代に関心をもったが、中途半端《はんぱ》になっていた勉強を続けようと考えた。その一つが唯識である。そこで弁護人に、「八重洲ブックセンターに並んでいる唯識に関する本を10冊程度みつくろって差し入れて欲しい」と頼んだ。その1冊が興福寺《こうふくじ》貫首《かんしゅ》である多川俊映師が書いた『はじめての唯識』(春秋社、2001年)だった。一般論として、自分が理解していないことを平易な言葉で説明することはできない。多川師は難解な唯識を実に易《やさ》しい言葉で語っている。キリスト教神学の世界で、トマス・アクィナスの『神学大全』やカール・バルトの『教会教義学』を、多川師が行ったレベルまで平易に解説した書籍に筆者は出会ったことがない。キリスト教神学と比較した場合、仏教教学の水準がいかに高いかを示す証左である。多川師は、衒学《げんがく》的表現を極力避けているが、仏教学のみならず、ドイツ古典哲学、実存主義哲学、ユング心理学、更に遺伝子理論などに通暁《つうぎょう》していることが行間から滲《にじ》んでいる。この辺がとてもおしゃれだ。

それでは『はじめての唯識』の内容を具体的に見ていこう。多川師は卑近な例から話を深めていく。

〈手をうてば鯉は餌と聞き鳥は逃げ女中は茶と聞く猿沢池

こんな短歌があります。手をポンポンと打ったならば、鯉はエサがもらえると思って岸に泳ぎよってくるが、鳥は身に危険を感じて逃げていってしまう。一方、旅館の従業員は、お客さんがお茶をほしがっているのだと思う——。いい直せば、大体、こんなことになります。〉(前掲書7頁《ページ》)

認識は対象によって一義的に規定されない、すなわち同じ出来事が別の意味に解釈されるという唯識の考え方がこの短歌に現れている。例えば、虹《にじ》と言えば、ユダヤ・キリスト教文化圏では、大洪水の後、神が二度と人類をこのような形では滅ぼさないと約束した和解の徴《しるし》である。当然、肯定的意味をもつシンボルだ。これに対し、中華文化圏では、虹は天が不満を示す不吉な徴だ。虹が現れるということは政変を示唆《しさ》する。多川師はここで少し哲学的な記述をする。

〈私たちが、ふつう、心の外に厳然として在るものを直接に知覚し認識していると思っている場合も、実は、それは自分の心のなかに変現した相分、つまり、心上に生じたそのものに似た影像《ようぞう》にすぎないもので、それを、私たちは認識の対象としているというわけです。〉（前掲書14頁）

例えば、読者が国会議員と喧嘩《けんか》をしたとする。次に国会議員とすれ違ったときに、その議員が「この前はどうも。俺は気にしていないから」と言ったとする。日常言語ならば、問題はこれにて一件落着であるが、永田町（国政）用語ではそうではない。「俺は気にしていない」という国会議員の言語を日常言語に翻訳すると、「お前の方で気にして、深く反省し、謝りに来い」という意味だ。

阿頼耶識《あらやしき》の中には何がおさめられているのか

細かいところまで考えると、一人ひとりの言語体系は少しずつ異なっている。二人以上の人が同じ言葉を述べたり、書いたりしても、その意味が全く同じであるという保証はない。このような意味の違いの根源を唯識は探ろうとする。一人ひとりに輪廻《りんね》転生を通じ、太古から刷り込まれている「阿頼耶識」がその原因なのである。

〈阿頼耶識の「阿頼耶」とは、サンスクリット語のアーラヤというコトバを、漢字によって音表したものです。意味をとって翻訳すれば、「蔵」となります。したがって、阿頼耶識のことを〈蔵識《ぞうしき》〉ともいうのです。このように、アーラヤは「蔵」と訳されるコトバですから、何かを「保有する」という意味をもっています。そこで問題になるのが、阿頼耶識とは、一体何をその中に保有しているものなのか、あるいは、阿頼耶識の中には一体何がおさめられているのか、ということであろうと思います。

八識心王《はっしきしんのう》の中で、その中心は何か――。そういう問いに対して、日常生活者としての実感を正直にいえば、それは第六・意識であろうと思います。実際、私たちは、意識のさまざまなはたらきによって、日々の生活を営んでいます。しかし、すでに述べたように、その意識には間断《けんだん》、トギレがあります。つまり、意識は、常に活動しているものではなく、そのはたらきを停止してしまうことがあるのです。熟睡や気絶などの場合がそうです。気絶などというのはめったにあっては困りますが、熟睡のほうは毎晩かならずあります。このように、意識は継続しているようにみえても、かなりブツブツととぎれているものなのです。そうしたものをつなぐ心的領域がなければ、私たちは、統一した個体として生存できません。そこで、そのような意識的、あるいは自覚的な生活を大きくバックアップする心的領域として想定されたのが、〈阿頼耶識〉であります。

ところで、私たちの行為・行動というものは、一般に、人とのまじわりにおいてなされるものです。したがって、それが終わった後に、それに対する何らかの評価がかならず待ちうけていて、行為の余韻が、多少なりとも社会的に残るものであります。極端な例をいえば、私たちの社会の向上に貢献した行為は「すぐれた業績」として、またその反対に、反社会的な犯罪などの場合は「前科」として、それぞれその社会的な評価が明確にかきとどめられます。ただ、いずれの場合も、そうした社会的評価は、かかる行為が、他者の眼にふれることによって、はじめて可能なのです。〉(前掲書54〜55頁)

それでは他人の眼に触れないような行為ならば、評価を免れることはできるのだろうか。そうではないことを多川師は作家を例にとって解説する。

〈私小説作家は、自分の生活態度、ないし人生そのものをその題材にするといわれますが、だからといって、そのすべてをオープンにしているわけではありません。――人間誰しも、他人にはどうしても知られたくないことがあるのです。しかし、それが、仮に人の眼にふれずにすんだからといって、決して助かったとはいえません。なるほど、社会的・世間的には助かったかも知れないのですが、〈私〉の内部では、その具合の悪い行為は消えることなく、ながくその痕跡《こんせき》をとどめるのです。そして、心底に記憶された行為の痕跡が、その後の〈私〉に大きく影響していく――〉（前掲書59～60頁）

なぜ外国人は「水に流さない」のか

仏教は無神論なので、多川師も神を前提とした言説は展開しない。「私の内部」という概念を持ち出すことで、実存主義的に処理している。「阿頼耶識」の上に人間存在は成り立っているのだ。この「阿頼耶識」を洗浄したり、除去することはできないのである。

〈こうした過去の一切を保持する阿頼耶識をかかえるということは、阿頼耶識という基盤の上に、現在の自分というものがあるといってもいいと思います。

このようにみてきますと、過去というもの、あるいは私たちのしてきたことは、基本的に水に流すことなどできないものなのです。ところが、思い出せる範囲でのことですが、私たちは、都合の悪いことを水に流してなかったことにしようとしがちです。

外交官として在外で長く活動された人には、日頃の異民族との接触から、ことのほか、日本人の事後処理の特徴が、はっきりと見えるようです。たとえば、元駐米大使・朝海浩一郎氏の手記のなか、対日感情の悪かった昭和二十六年頃の在英事務所長時代を回想して、次のように述べられています。「過去を水に流すのは日本人の特質かもしれぬが、英国人はなかなか水に流さない。モーリス・ハンケーという日本に友好的な貴族がいて、私の在英当時、この人が日英協会の会長だった。日英協会における私の歓迎演説で、ハンケー卿《きょう》がどういうことを言うか、少なからざる興味をもって聞いていた。／協会を再び活気あらしめるための会合だったが、彼は『忘れる』とか『水に流す』とは一切言わず、『しばらく過去にヴェールをおろして、両国の将来を展望しつつ、つきあって行きましょう』という表現をした。」（『私の履歴書』）

水に流すのは、私たち日本人なりの一種の生活の智慧《ちえ》なのかも知れません。過去をどのように意識の上で処理するかは、民族性の問題でもあります。しかし、いずれにしても、唯識仏教に照らすならば、それはうわべだけのことであって、流そうにも流せないのが過去であり、私たちのしてきたことであります。〉（前掲書78〜79頁）
「水に流す」という発想が国際的に通用しないことを多川師が「阿頼耶識」から説き起こしていることも実に見事だ。靖国問題、慰安婦問題、アメリカによる原爆投下問題、北方領土問題などもすべて「阿頼耶識」の集積から生じているのである。いわば歴史の事実を基礎とする。それならば、各人が自らの「阿頼耶識」を冷静に見つめていけば誤解は解消され、和解が可能になり、人間の集合体である国家間関係も平和になるという結論を導くことができそうだが、そうではない。「阿頼耶識」自体は善でも悪でもない無記《むき》であるが、「阿頼耶識」が現実の認識に現れるときには、各人が自らに都合がよいように改変を加えるという性向、「末那識《まなしき》」があるからだ。
〈阿頼耶識をそのように自己に関する確固不変な実体（我）と錯覚する心のはたらきを、〈末那識〉と呼びました。
末那とは、サンスクリットのマナスの音訳で、このコトバには、「恒審思量《ごうしんしりょう》」の意味があるといわれています。――末那識は、阿頼耶識を実我だと、恒《つね》に審《つまび》らかに思い量る心ということです。〉（前掲書１１８頁）

唯識が導く「希望の原理」

このような心の構造を自覚すれば、「自分の考えは絶対に正しい」などということを強弁することはできなくなる。「私」という存在自体が、様々な出来事の相互依存関係から生じている関係態なのである。

〈ものごと（諸法）は、それが精神的なものであれ物質的なものであれ、さまざまな要素が一定の条件のもとに仮和合することによって生起するのであって、一時的に成立しているにすぎず、決して、固定的で不変な実体として存在するものではありません。したがって、仮和合していたものが離散すれば、その現象は、たちまち消滅してしまいます。諸法は、このように、たえず変化してやまないものなのです。

こうした生起の仕方、あるいは存在のあり方を、唯識仏教では〈依他起性《えたきしょう》〉といいます。依他起性とは、他（さまざまな因縁）によって起こったものという意味です。この世界のあらゆるものは、こうした依他起性のものとして在るわけでありま す。八識、すなわち、私たちのさまざまな心のはたらきも、もちろんそうであって、私たちの認識というものは、そもそも依他起の性質をもつものなのです。〉（前掲書２２３〜２２４頁）

ここから社会倫理に関して二重の認識が生まれてくる。現在、自分が置かれている境遇は、過去の様々な因縁から生じているので、いまどうあがいてもどうしようもない。この側面だけを強調するとこれは諦《あきら》めの勧めになる。しかし、いまの行為を自分が改めるならば、現在とは異質な未来を作ることもできる。唯識には「希望の原理」が含まれている。

日本の閉塞《へいそく》状況は、過去数十年の因果が回ってきたものである。これを嘆いても仕方がないのである。しかし、いまここで、日本人一人ひとりが「末那識」から生じる偏見や誤解を自覚し、自己絶対化の罠《わな》から抜け出す努力をするならば、未来を変えることは可能なのである。

〈《放逸》を〈不放逸〉にし、〈懈怠《けたい》〉を〈精進〉にする——、そうした生活の改造が可能なのは、私たちの生存の基盤（阿頼耶識）が、善でもなく悪でもない「無記」の性質であるからであります。だからこそ、現在の自己が過去の行為ないし経験ということの上に成り立っているにもかかわらず、過去は過去として、それとは異質な未来を、私たちは創《つく》り上げることができるのです。〉（前掲書175頁）

功利主義者の筆者としては、このような唯識の「希望の原理」を日本政治に取り込むべきと考える。

『公共性の構造転換　市民社会の一カテゴリーについての探究』

ユルゲン・ハーバーマス
細谷貞雄／山田正行訳
未來社

本稿では、有益であるが、きわめて難解な本に取り組む。ユルゲン・ハーバーマス著『公共性の構造転換　市民社会の一カテゴリーについての探究』（初版１９６２年、第二版１９９０年、邦訳［細谷貞雄／山田正行］第二版は未來社から１９９４年）である。

本稿を発表したのは２００７年秋だった。当時、なぜそのタイミングでこの本を取りあげたのかというと、同年９月に本格保守政権と見なされていた安倍晋三政権が自壊し、暫定《ざんてい》政権としての性格を帯びた福田康夫内閣が成立した状況で、そもそも民主主義とは何であるかを考える上でハーバーマスの言説が役に立つと功利主義者である筆者が考えたからだ。

思想書を扱う場合、印象論での批評は禁じ手なので、一応、系譜の整理をしておかなくてはならないと考えるが、退屈と思われる読者はこのあとの大括弧《だいかっこ》で囲んだ部分は読み飛ばしてほしい。

アカデミズムにおけるマルクス主義の四潮流

［うんと乱暴に整理すると、ハーバーマスの言説は、マルクス主義をアカデミックに発展させた一潮流である。アカデミズムにおけるマルクス主義の潮流は、大雑把に四通りある。

第一は、ソ連型マルクス・レーニン主義だ。日本共産党の公式ドクトリンや、旧日本社会党左派もこの枠組みに属する。ソ連崩壊前までに日本の大学で講義されていたマルクス主義の九割くらいがこの潮流に属する。現在でも、政治的影響力は最も強いが、知的には単純な操作しか行わない。もっと厳しく言うと、行えないので、アカデミズムにおける影響は弱い。

第二がソ連型マルクス・レーニン主義が、素朴唯物論《ゆいぶつろん》としか思えないような科学主義の立場をとり、それが官僚制と結びついてグロテスクな全体主義体制をもたらしたことに抗議して、マルクス主義にヒューマニズムの要素を導入しようとする試みである。ハンガリーのゲオルグ・ルカーチ、当初東ドイツに住んでいたが、途中で西ドイツに引っ越したエルンスト・ブロッホ、キリスト教神学者との対話に熱心だったチェコのミラン・マホベッツなどの哲学者がこの潮流に属する。

第三は、フランスのルイ・アルチュセール著『資本論を読む』（初版1965年、改訂版1968年、改訂版の邦訳［権寧／神戸仁彦］は合同出版から1974年）における解釈に代表される言説だ。第一と第二のマルクス主義を否定的にとらえ、マルクスが明らかにしようとしたのは、資本主義社会に生きる人間が、あたかも空気のようにして気づいていない、権力のシステムであるとした。相当難しい知的操作を加えているが、うんと乱暴に整理するならば、この世界は全《すべ》て因果関係によって成り立っているというアビダルマ（阿毘達磨）仏教の縁起《えんぎ》観に近い構成だ。日本では、廣松《ひろまつ》渉《わたる》氏（故人、元東京大学教養学部教授）の見解が、（廣松氏自身は否定すると思うが）アルチュセールに近い。現在、日本の大学でポスト・モダン系とされている論客の多くも、この系譜でマルクスの言説を継承している。

第四は、フランクフルト大学の社会科学研究所に集ったマックス・ホルクハイマー、テオドール・アドルノたちで、フランクフルト学派と呼ばれる。ユダヤ系知識人が多かったので、第二次世界大戦中、フランクフルト学派の人々はアメリカに亡命し、研究を続けた。ホルクハイマーとアドルノの共著『啓蒙《けいもう》の弁証法』（初版1947年、邦訳［徳永恂《まこと》］は岩波文庫から2007年）は、啓蒙により大衆の知的水準や科学技術が発展したにもかかわらず、ナチスのような野蛮な出来事が生じる連関を明らかにした名著だ。要は人間の理性が発揮される部分は、人間世界のごく一部で、シンボル操作によって啓蒙された人々も簡単に思考停止に陥るのでナチズムのような現象が起こるのである。ハーバーマスはフランクフルト学派の第二世代である。」

いじめっ子、ハーバーマス

ひとことでいうとハーバーマスは、頭が抜群に切れるが、性格の悪いおじさんだ。普通の大学教授が一生かけておこなうようなテーマを2、3年でマスターし、一級の学者5、6人分の知識を身につけた上で、縦横無尽の議論を展開する。特に他者の内在的論理をつかむ能力は、恐らく現在存命中の思想家では、世界でもっとも高い。こういう天才肌の人物にはユダヤ系が多いが、ハーバーマスはユダヤ系ではない。人間はどんなに客観的になろうと努力しても「認識を導く関心」から離れることはできないので、お互いの偏見を認め合って、率直な討論によって、合意を得ていこうとする。あえて乱暴な比喩《ひゆ》を用いると、親の職業や収入、また発言する児童の腕力や学校の成績とは関係なく、自由に発言をすることができる小学校の学級会がハーバーマスにとっては理想的なコミュニケーション（討論）の場なのである。

しかし、親の立場が学級会に反映することはあまりないとしても、担任の教師に好かれている児童（成績優秀者が多い）、腕力が強い悪ガキが学級会の意思決定に与える影響は結構大きい。特に悪ガキの意向に反した発言をすると、学級会の場では丸く収まっても、後で校舎の裏に呼び出されてぶん殴られる。教師に告げ口をしたりするとクラス中から仲間はずれにされる。ちなみに筆者は小学生の頃から常に悪ガキのそばにいて参謀役をつとめた。少しばかり成績がよい子供はいじめの対象になるが、筆者は悪ガキと盟友関係にあるので攻撃されることはなかった。

ハーバーマスは一見ナイーブな対話的理性至上主義を唱えるが、なかなか腹黒い。誠実な顔をして、あえて相手の主張をねじ曲げて解釈し、信用失墜を図る。前に上げた、マルクス主義の第三潮流を継承するミッシェル・フーコーやジャック・デリダもこの手法でハーバーマスから相当ひどい目に遭わされている。ハーバーマスは誠実な振りをして、満座で相手に恥をかかせるように画策し、いじめるのである。もっとも弱い者いじめはしない。日本の現代思想専門家の間ではハーバーマスはどうも評判がよくないのだが、その陰険さから見習うべきところが多い。筆者はハーバーマスの大ファンなのだ。

国家を監視する「出会いの場」だった公共圏

ハーバーマスのみならずドイツの哲学者、社会学者、神学者の難点は、ドイツ語圏でしか流通しない19世紀ドイツ古典哲学の病的言語で語ることだ。『公共性の構造転換』についても字面《じづら》を追っただけでは、普通の読者には何のことかさっぱりわからない。ここで公共圏という概念を整理しておこう。

イギリスの社会人類学者アーネスト・ゲルナーによれば、人間社会は三段階の発展を遂げた。

第一段階は、前農業社会である。ここでは、狩猟、漁労、採取を中心とする生活が営まれていた。この段階には国家はない。

第二段階は、農業社会である。ここでは、都市を中心とする灌漑《かんがい》による大規模農業がおこなわれる場合もあるが、地方に分散した形態で農業が行われる場合もあった。この段階では、国家がある場合、国家がない場合もある。

第三段階が、産業社会である。この場合、国家は必ずある。系譜として見るならば、人間社会にとって国家は外部の存在である。また、国家は他の国家との関係において存在する。すなわち国家は常に複数存在する。国家の実態は官僚で、租税や労役を社会から収奪することで生存しているのである。社会は市民(国民プラス外国人と無国籍者)によって構成される。そのような収奪の実態を隠蔽《いんぺい》するために、国家は社会から過剰に収奪する。そして、収奪した一部を社会に返還することで、国家はあたかも市民の格差を是正したり、他の国家から自らの縄張りを守るために必要な業務を遂行する中立的なサービス機関であるという衣装を身につける。もっとも産業社会において国家と社会は切り離せない関係にあるので、外国から侵略され、収奪されることを防ぐために、社会は自らが所属する国家と利害を共通にする面もある。しかし、その本質が収奪機関である国家を社会は監視しなくてはならない。国家が社会から収奪しようとし、社会が国家を監視しようとする「出会いの場」が公共圏なのである。

この「出会いの場」は、まず喫茶店(コーヒーショップ)から始まった。

〈一七世紀の中ごろにはじめて広まった紅茶だけでなくチョコレートとコーヒーが、少なくも住民のうち有産階層の日常飲料となったあとで、さるレヴァント商人の馭者《ぎょしゃ》が最初のカフェ・ハウスを開いた。一八世紀の最初の一〇年のうちに、ロンドンにはそのような店がすでに三〇〇〇軒をこえ、それぞれが内輪の定客をもっていた。ドライデンがウィル軒に陣取って若い世代の文筆家サークルで「古代人と近代人」(the ancients and the moderns) について論争し、アディスンとスティールがやや遅れてバトン軒で彼らの小元老院 (little senate) をひらいたように、すでにロータ・クラブではミルトンの庇護者《ひごしゃ》の司会下でアーヴェルとペピイズがハリントンと会合し、たぶんハリントンがここで彼の「オセアナ」の共和主義的思想を披瀝《ひれき》していたのである。文学はサロンの場合と同様に、「知識人」が貴族と出会うこれらの喫茶店で、その正統性の証《あか》しを立てなければならない。」(前掲書52頁《ページ》)

喫茶店には、社会的身分に関係なく誰でも出入りすることができる。そこで自由な討論が可能だ。

もっとも、そこで第一義的に必要とされたのは、商品に関する情報だったのであろう。また、商業に関係する当局の規制がどうなっているかについても交換される重要な情報だった。ひとたび自由な討論の面白さを覚えた人々は、気が合う人々ごとに常連となる喫茶店を定める。ここから、平等な人間、すなわち市民によって形成される文化が生まれてくる。これが近代的な公共圏の土壌を作る。

喫茶店はイギリスの現象であったが、フランス、ドイツ、ロシアでは女主人が主宰するサロンがそれに似た機能を果たしたが、「誰でも自由に出入りすることができる」という点では、喫茶店と比べ、敷居が高かった。

〈サロンの様式は、一般にロココ風とおなじく、主として女性を主役にしていたが、これに対して喫茶店の社交界には、もっぱら男性だけが参加できたということも、上述のこと（筆者註　喫茶店の起源が商業に従事する中産階級の男性の社交の場であること）と関連があるかも知れない。こういうわけで、毎晩のように置き去りにされたロンドン社交界の婦人たちは、この新しい施設に対して露骨な闘争をつづけたが、一向に成果が上らなかった。喫茶店は指導的サークルへ気安く近づく機会を与えただけでなく、なかんずく中産階級の広汎《こうはん》な層を、手工業者と小売商人をも引き寄せたのである。ネッド・ウォードが「富裕な店主」の毎日何回もの喫茶店通いについて報告していることは、貧しい店主についても同様にいえることである。〉（前掲書52～53頁）

喫茶店文化を継承する公共圏は基本的に男権的だ。喫茶店はその後、政治色を強め、絶対王権を規制するための議会に発展していく。また、喫茶店で行われた情報のやりとりは、新聞という形態に発展する。公共圏に不可欠である議会や新聞にも男権主義の名残が根強く残っているのは、それが女性を排除した喫茶店文化によって形成されているからだ。

公共圏で生まれた市民的文化自体は、具体的商業活動とは隔離されていた。従って、公共圏における討議は、ビジネスによる私人の個別利害とは切り離された、公人（公民）の立場で行われなくてはならない。

〈市民的文化は、ただのイデオロギーではなかった。サロンやクラブや読書会における民間人の論議は、生活の必要に迫られた生産と消費の循環に直接支配されず、むしろ生活の必要からの解放というギリシア的な意味で「政治的」な性格を、その単に文芸的な形式（主観性の新しい経験についての意思疎《そ》通《つう》という形式）においても具《そな》えていたので、ここでフマニテートという理念が――やがてこれがイデオロギーへ格下げされたが――成熟することができた。というのは、財産所有者を自然的人格――端的に人間そのもの――と同一視することは、私的領域の内部で、一方で私人たちが各自生活再生産のために追求する実業と、他方で私人たちを公衆として連帯させる交際との間を分離することを前提するのである。〉（前掲書２１６頁）

ギリシアにおいて、政治と国家という意味を同時に持っていたポリス（πολις）と経済と家族という意味を同時にもっていたオイコス（οικος）は区別された原理だった。

ポリスは自由民の成人男子によってのみ構成される市民が主体だった。そこでは市民の自由な討論が保障され、法（ノモス、νομος）が規範原理だった。

これに対して、オイコスは、自由民の男女と子供、奴隷《どれい》の男女によって構成され、暴力（ビア、βια）が規範原理だった。

政治的に新しい現象が生まれるときは、過去の良き事例を参照するというのが普通だ。近代の公共圏（市民社会）は古代ギリシアのポリスを範例にしたのだが、その性格はただちに変質する。読書をする人々なくして公共圏は成立しない。しかし、この出版事業が、印刷機の発明によって資本主義的に有望な産業となり、公共圏の内実が変化してくる。

〈ところが文芸的公共性が発展して文化消費へ変貌《へんぼう》していくにつれて、まさにこの敷居がならされてしまう。いわゆるレジャー行動は、生産と消費の循環の中へひきこまれて、もはや生活の必要から解放された別世界を構成しえないという理由からみても、すでに非政治的なものなのである。余暇は労働時間にその補完として拘束されているとするなら、そこでは各自の私的事業の追求がただ延長されているだけであって、これが私人相互の間の公共的意思疎通へと転換されることはできない。なるほど欲求の個別的充足は、公共性の条件下で、すなわち大衆的におこなわれるかも知れないが、そこからはまだ本格的な公共性は出現してこない。商品交換と社会的労働の圏を支配している市場の法則が、公衆としての私人たちのみに保留されていた圏内にまで侵入してくるとすれば、論議は傾向的には消費へ転化し、こうして公共的コミュニケーションの連関は、どれほど画一化されたものにせよ、孤立化された受容行為へと崩壊していく。》(前掲書216～217頁)

公共圏での議論は、ビジネスから切り離された教養を基礎に行われ、また、市民は仕事の疲れを公共圏で、身分や社会的関係にとらわれない気の合った仲間と過ごすレジャー(余暇)で回復することになっていた。

テレビが生み出した「出口のない状況」

しかし、マスメディアから、一方的にかつ大量に流される情報によって、教養の力は無力にされてしまった。新聞やテレビから入ってくる情報について、市民は自らの教養によって、その真偽を確認することは、理論的には可能である。しかし、そのためには多くの労力と時間がかかる。その結果、どのような情報が入ってきても、とりあえず「そんなものか」と受けとめて、流してしまう「順応の気構え」ができてしまう。この「順応の気構え」を担保するのが、「何かわからないことがあったら、当該分野に通暁《つうぎょう》した有識者が自分を説得してくれる」という意識なのである。ワイドショーのコメンテーターが森羅万象に通暁したコメントを短時間で行うのは、この「順応の気構え」を強化し、テレビから視聴者が離れないようにするための必然的機能なのである。

テレビは基本的に営利を追求する私企業だ。公共圏にビジネスの論理が入ることで内側から変質が起こる。公共圏は、面白おかしくて、カネが儲《もう》かればよいという場になると、国家に対する規制という機能も果たしにくくなる。

このような「出口のない状況」が生じるに至る内在的論理をハーバーマスは解き明かしたのだ。第二版の序文でハーバーマスは、〈さまざまな異議が唱えられてはきたものの、私は本書の研究全体を導いていた意図は相変らず堅持している。つまり、社会国家的な大衆民主主義は、その規範的な自己理解にしたがえば、政治的に機能する公共圏の要請を真剣に受けとめるかぎりでのみ、自由主義的な法治国家の原則との連続性を保っているといえるだろう。〉（前掲書xxiv）と述べている。

これを筆者なりに言い換えれば次のようになる。大衆民主主義は事実上、為政者とマスコミによって操作される衆愚政治のようになっている。しかし、市民の側に、自由な討論に基づく公共圏を回復することで、国家の横暴を規制するという気構えが残っている限り、大衆民主主義は、他の政治体制と比較してよりましな制度なのである。

筆者の経験でも、ドイツ、チェコ、イギリス、ロシアの知識人は基本的にテレビを見ない。日本でもテレビのスイッチを切り、活字を読む習慣をもつ人々が増え、その人々が、喫茶店でも、居酒屋でも、井戸端会議でもよいから、自由な討論を深めることによって、日本の民主主義も少しはマシになるのだ。

ハーバーマスが、現代人が公共圏を回復することを心底信じているのかどうか、正直に言って、筆者にはわからない。しかし、公共圏を放り出してしまうと、そこに残るのは金儲けしか考えない市場と暴力を背景に収奪することしか考えない国家（官僚）による地獄絵しか浮かび上がらないので、最後の望みとしてハーバーマスは公共圏の回復に賭《か》けているのだと筆者は解釈している。

『共同幻想論』

吉本隆明
河出書房新社

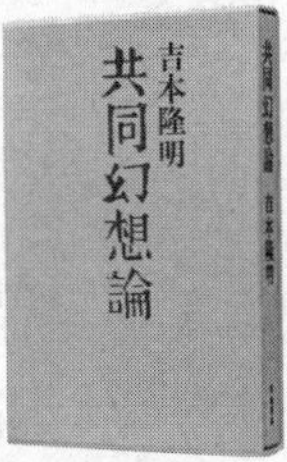

吉本隆明氏の『共同幻想論』は奇書である。

団塊の世代に属し、程度の差はあれ全共闘運動に関与した人々は『共同幻想論』を手に取ったことがあるようだ。筆者が、本書に対する感想について尋ねると、「買ったけれども読み通せなかった」、「確かに通読したけれど、今になって思い出そうとしても、何も覚えていない」という回答がほとんどだった。一種の照れ隠しもあるのだろうが、こんな感想もある。

「当時は薄暗い喫茶店で、コーヒー一杯で数時間ねばって、『共同幻想論』をネタに女の子を口説くのが流行だった」

「具体的にどうやって口説くのですか」

「そうだな、『家族とか、学生運動とかは、全《すべ》て共同幻想なんだ。しかし、人間は幻想をもたないで生きていくことはできない。僕にとっては君が対幻想なんだ。たとえ幻想であっても君が必要なんだ』というような感じかな」

「口説き方としてはちょっとクサくありませんか」

「そうかな」

『共同幻想論』で用いられている道具立ては比較的簡単だ。

〈ここで共同幻想というのは、おおざっぱにいえば個体としての人間の心的な世界と心的な世界がつくりだした以外のすべての観念世界を意味している。〉（吉本隆明『共同幻想論』河出書房新社、１９６８年、７頁《ページ》）

しかし、本書で重要なのは、共同幻想から排除される「個体としての人間の心的な世界と心的な世界がつくりだした」世界であると筆者には思えてならない。吉本氏は共同幻想以外に対幻想、自己幻想という領域を想定する。

〈僕の考えでは、一つは共同幻想ということの問題がある。つまり共同幻想の構造という問題がある。それが国家とか法とかいうような問題になると思います。

もう一つは、僕がそういうことばを使っているわけですけれども、対幻想、つまりペアになっている幻想ですね、そういう軸が一つある。それはいままでの概念でいえば家族論の問題であり、セックスの問題、つまり男女の関係の問題である。そういうものは大体対幻想という軸を設定すれば構造ははっきりする。
もう一つは自己幻想、あるいは個体の幻想でもいいですけれども、自己幻想という軸を設定すればいい。芸術理論、文学理論、文学分野というのはみんなそういうところにいく。〉（前掲書16頁）

本質的には〝宗教書〟？

自己幻想、対幻想、共同幻想という構成を見ると、筆者は同志社大学神学部時代に学んだ古典ギリシア語、古典ラテン語の文法を思い出す。これらの古典語では、単数、複数と別に夫婦など特別のペアに対して設けられる数で、文法的には単数とも複数とも異なる変化をする双数という範疇《はんちゅう》（カテゴリー）がある。古典語文法の場合、これら三つの範疇を通底する文法が存在するが、『共同幻想論』の場合、自己幻想、対幻想、共同幻想はそれぞれ独立しているようで、それを通底する理論を吉本氏は明示していない。そもそも国家（理）論が共同幻想なのに芸術理論、文学理論というのが自己幻想であるという範疇分けも、ちょっと考えてみれば、まったく根拠がない。文学作品や芸術作品も、公共圏での発表を通じて認知されるのであるから、論理整合性から言えば共同幻想に属するはずだ。

しかし、そのような批判は本質的な重要性をもたない。本書は、思想書あるいは哲学書の体裁をもって書かれているが、本質は論理整合性をそれほど重視しない宗教書なのである。宗教においては、「理解できないが故《ゆえ》に信じる」というのが標準的なゲームのルールなので、『共同幻想論』を受け入れるためには信仰の力が必要になる。何に対する信仰なのだろうか？　恐らくは、共同幻想、対幻想に対抗していく自己幻想の力に対する信仰なのだと思う。吉本氏が述べていることは、「自分の底力を信じるんです」と強調する自己啓発セミナーの主宰者（教祖）の言葉と本質的に同じなのである。ただし、吉本氏の類《たぐ》い稀《まれ》な文体の力で、『共同幻想論』は宗教書ではなく、思想書、哲学書として受けとめられているのだ。

『共同幻想論』の4年後にマルクス主義哲学者の廣松渉《ひろまつわたる》氏が『世界の共同主観的存在構造』（勁草《けいそう》書房、１９７２年）を上梓《じょうし》したが、ここでは人間存在は相互関係がもたらす函数態《かんすうたい》の中に置かれているので、自己、ペア、社会、国家などは全て共同主観性の中に包摂されることになる。共同幻想論と共同主観性の哲学は「だいたい同じ内容」であると括《くく》られてしまったが、筆者の見るところ、それは本質的に異なる。廣松氏の共同主観性の哲学があくまでも体系的な知を指向していくのに対し、共同幻想論は体系はもとより知すらも崩していく破壊性をはらんでいるのである。より卑俗な言葉に還元するならば、学問など所詮《しょせん》は共同幻想なので学んでも意味がないということを共同幻想論を用いれば簡単に正当化できる。もっとも宗教は基本的に体系知（学問）を嫌うので、このこと自体にも意外性はない。

伝統的建国神話を土台として

『共同幻想論』は、禁制論、憑人論、巫覡《ふげき》論（筆者註　覡とは男の〝巫女《みこ》〟）、巫女論、他界論、祭儀論、母制論、対幻想論、罪責論、規範論、起源論の11章によって構成されているが、自動車教習所の学科講義のようにどこから読んでも支障がないような構成になっている。一つ一つが完結した物語なのである。それと同時にこの11章全体で曼茶羅《まんだら》のような円環をなしている。この曼茶羅の中でいくつかのテーマを扱った物語が循環している。ここではその中から国家論と男女論を取り上げる。

国家論を吉本氏は『共同幻想論』の主要テーマに据え、序において次のような問題設定をする。

〈現在さまざまな形で国家論の試みがなされている。この試みもそのなかのひとつとかんがえられていいわけである。ただ、ほかの論者たちとちがって、わたしは国家を国家そのものとして扱おうとしなかった。共同幻想のひとつの態様としてのみ国家は扱われている。それにはわけがある。わたしの思想的な情況認識では、国家をたんに国家として扱う論者たちの態度からは現在はもちろん未来の情況に適合するどんな試みもうみだされるはずがないのである。つまり、かれらは破産した神話のうえに建物をたてようとしているのだが、わたしは地面に土台をつくり建物をたてようとしているのである。このちがいは決定的なものであると信じている。〉(前掲書30頁)

　それでは吉本氏は、「破産した神話」の代わりにどのような「土台」を作ったのであろうか。筆者が見るところ、それは『古事記』に基づく伝統的建国神話による土台作りである。マルクス主義的国家論という神話を日本の建国神話によって克服しようとしたのだ。『古事記』について吉本氏はこう述べる。

〈それをいま、〈神話〉はその種族の〈共同幻想〉の構成《ゲシュタルト》を語るとかんがえておこう。そして〈共同幻想〉の構成を語っているという点をのぞけば、どんなことも神話のなかで恣意《しい》的であるといえる。登場人物も物語の進行も、プロットの接合の仕方も、時間的な空間的な矛盾も、他の種族の〈神話〉からの盗作やよせあつめもすべて恣意的にゆるされているとかんがえることができる。ただし〈共同幻想〉の志向性に抵触しないか、または〈共同幻想〉の志向性によって恣意的であるかぎりにおいてである。〈神話〉を解釈する場合のもっともおちいりやすい誤解は、それがある〈事実〉や〈事件〉の象徴であるとかんがえることである。そして空間的な場所や時間的な年代を現実にさがしもとめ、〈神話〉との対応をみつけだそうとする。しかし〈神話〉に登場する空間や時間は、ただ〈共同幻想〉の構成に関するかぎりにおいてしか現実にたいする象徴性をもたないということができよう。その結果えられるものは、ある場合に地誌的に一致する個所があるかとおもえば、同時にとんでもない矛盾にもぶつかる等々のことである。〉（前掲書191〜192頁）

要は神話を史実に反すると言って忌避するのではなく、神話を解釈して国家の基本構造を見いだすということだ。神話が共同幻想を語るとする吉本氏の方法論は基本的に正しいと筆者は考える。

民主主義、社会主義、イスラーム原理主義など現実の世界に国家を成立させることができるドクトリンはいずれも神話に基づいているのだ。

漱石夫妻をモデルに

さてここで吉本曼荼羅から男女論について見てみよう。吉本氏は後記で〈わたしはここで拠《よ》るべき原典をはじめからおわりまで『遠野物語』と『古事記』の二つに限って論をすすめた。〉（前掲書256頁）と強調しているが、これはテキストの実態から少しずれていると思う。男女論、対幻想について、吉本氏の立論は夏目漱石を核に進められているからだ。

〈『道草』によれば主人公の健三はこの不如意《ふにょい》をすこしでも脱するために、もちまえの大学教師のほかにかけもちの講師をやって稼ぎを細君の手にわたしている。しかし細君はべつだん嬉《うれ》しそうな顔をせず、〈家族〉の不如意をすこしでも柔らげることは、夫たるものの当然の義務であるかのように振舞った。夏目鏡子の『漱石の思ひ出』をみると、ここのところはこうかかれている。

それでもいい按排《あんばい》に翌《あく》る三十七年の四五月頃から大分よくなって参りまして、（漱石のあたまの調子が――註）段々こんな無茶なことをしないやうになりました。その代り前から貧乏だったのが、この年には一層つまって了《しま》って、どうにもからにも参りません。そこでたしか秋から帝大一高の外に明大へ一週二時間づつ出るやうになつて、その二三十円の金でも余程当時の私たちの生活にはたしになりました。けれどもそれで元より楽になつたとは申されません。よく大学なんかよして了ひたいと申して居りましたが、それでも学校にはキチンキチンと出たやうです。

その前後に漱石の気狂いじみた〈家族〉内での振舞を微に入り描いて「気味の悪いたらありませんでした」などとしゃあしゃあとかいている文脈をかんがえたうえでよむと、もともと大学教師など一切やめたがっている漱石が、ますます大学教師にのめりこんでまで生活費を稼いでいるのを細君が描写しているにしてはきわめて異様におもわれてくる。漱石のいとなんだ〈家族〉はひどいものだという感想を禁じえない。（中略）ここには本質的に理解を拒絶した男・女が〈家族〉をいとなんでいるということを疑うことができない。

漱石はまったくおなじ時期のおなじことを『道草』のなかでつぎのように描写している。

然《しか》し若《も》し夫が優しい言葉に添へて、それ（稼ぎをふやした生活費――註）を渡して呉《く》れたなら、屹度《きっと》嬉しい顔をする事が出来たらうにと思つた。健三は又若し細君が嬉しさうにそれを受取つてくれたら優しい言葉も掛けられたらうにと考へた。それで物質的の要求に応ずべく工面された此金は、二人の間に存在する精神上の要求を充たす方便としては寧《むし》ろ失敗に帰してしまつた。〉（前掲書167～169頁）

鏡子夫人の漱石像は、回想録、すなわちノンフィクションからで、漱石の夫人像は『道草』という小説の中の表現なので、厳密に言えばこの対比は非対称だ。しかし、ここで男女間の対幻想というものも実に脆《もろ》く、男の側からの対幻想と女の側からの対幻想が非対称であることは見事に描かれている。

夫婦であれ、恋人同士であれ、他者理解は究極的に不可能であるということが強く示唆《しさ》される。吉本氏は、〈フロイトが集団的な心理について考察するのに、もっとも苦心を払ったのは、エンゲルスとおなじように、いかにして集団の心（共同幻想）と男・女のあいだの心（対幻想）とを関係づけるかという点であった。〉（前掲書166頁）と指摘するが、全共闘や左翼党派運動で、革命を指向するという共同幻想をもった人間集団の中で、対幻想に基づく男女間の狭い信頼（それはしばしばセックスで裏打ちされている）の共同体ができることは、組織を破壊する危険性をもつ。この点について、吉本氏は、対幻想と自己幻想の相剋《そうこく》と、共同幻想と対幻想の相剋を、フロイトを援用しつつ、類比的に見ているのである。

ここから、共同幻想よりも対幻想、対幻想よりも自己幻想の方が引きが強いという結論が容易に導かれる。『共同幻想論』というタイトルとは裏腹に、倫理としては自己幻想が称揚されることになる。

新自由主義政策の露払いだったのか？

マルクス主義的左翼思想が、公式ドクトリン（顕教）であった全共闘時代に、既成左翼を根源的に批判するという表象で観念論と宗教をいわば密教として持ち込んだところに『共同幻想論』の意味があると思う。観念論と宗教は意外と実用性がある。

かつての学生運動活動家で、その後、政治家や官僚になった者が、困難な仕事に直面したときに、所詮、国家は神話によって構築されている共同幻想に過ぎないという認識をもっていれば、国家を絶対視し、乱暴な政策を組み立てることからは逃れられる。また、夫婦や家族の絆《きずな》の限界を感じたときに、所詮は対幻想であるという諦念《ていねん》をもてば、当面の危機は回避されるのであろう。ただし、ここで残された問題は、共同幻想、対幻想を超克する根拠が自己幻想に置かれていることだ。自立した個の確立を追求した全共闘運動と『共同幻想論』が共鳴したのであろう。

この先は趣味の問題であるが、筆者は自立した個の追求という心構えが、弱肉強食の新自由主義政策の露払いをしたと考える。国家主義者である筆者としては、新自由主義政策による格差拡大とその固定化は、中長期的に日本国家を弱体化すると考えるので反対だ。従って、『共同幻想論』という名の下での自己幻想への執着には強い異論をもっている。

新約聖書 新共同訳

日本聖書協会

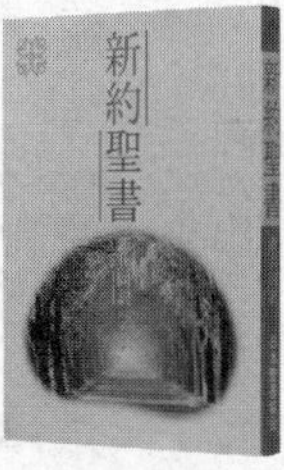

キリスト教は、イエス・キリストを救い主と考える宗教だ。そして、この宗教の目的は人間を救済することである。

イエス・キリストとは、イエスが名前で、キリストが名字ということではない。キリストは「救い主」を意味する称号である。イエス・キリストとは、「イエスがキリスト（救い主）である」という信仰告白なのである。

〈ギリシア語「クリストス」はヘブライ語の「メシア」を訳したものである。これは「メサイア」という英語で最もよく知られているが、もともとは「油を注がれた者」

という意味を持っている。古代イスラエルは預言者と祭司に油を注いだが、この言葉は特に王に油を注ぐ場合に用いられた。古代イスラエルの非常に一神教的な世界観の文脈においては、王は神によって任命された者と見做《みな》された。油を注ぐこと、つまり、オリーヴ油を塗ったり注ぎかけたりすることは、こういうわけで王の務めに神によって選ばれたことを示す公的なしるしなのであった。〉（アリスター・E・マクグラス［神代真砂実訳］『キリスト教神学入門』教文館、2002年、480頁《ページ》）

イエスというのは、日本での太郎や次郎のように、ごく普通にある名前だ。キリスト教の本質は、イエスという人間が、同時に救い主でもある神の子だという信仰なのだ。

イエス・キリストについて伝える第一次資料は『新約聖書』しかない。ただし、『新約聖書』はユダヤ教の聖書（キリスト教から見れば『旧約聖書』）の文脈の中で書かれているので、ユダヤ教についての知識を欠いたキリスト教理解は、ひどくいびつなものになってしまう。

高校や大学の入学試験で、「キリスト教の創始者は誰か」という問題が出されることがある。一般には、「イエス・キリスト」と書けば正解となるが、厳密に言えばこれは間違えている。イエスがキリスト教徒であるという意識をもっていなかったことは、ほぼ確実だ。イエスは自らをほんもののユダヤ教徒であると考えていたのである。イエスの教えを、ユダヤ教とは別のキリスト教であると定式化したのはパウロだ。従って、キリスト教の教祖はイエス・キリストであるが、開祖はパウロである。マルクスは自らをマルクス主義者と考えていなかった。マルクス主義を定式化したのは、エンゲルスだ。レーニンは自らを社会民主主義者、共産主義者、ボリシェビキ（ロシア語で多数派の意味）と呼んだが、レーニン主義者とかマルクス・レーニン主義者とは呼ばなかった。レーニン主義を定式化したのはスターリンだ。

イエスとパウロの言説には、マルクスとスターリンの間よりももっと長い距離がある。一時期、キリスト教神学は、パウロの影響を排除したキリスト教の純化について考えたことがある。もっともそのような神学的研究とは、まったく位相が異なるところで、ヒトラーは、イエス・キリストはアーリア人種であるが、パウロはユダヤ人であるとして、ドイツ語聖書からパウロが執筆したとされる書簡を排除したことがある。正確に言うと、この過程で一部の神学者がナチスに迎合したので、パウロ排除には神学的知識も若干用いられている。

新約聖書神学は、神学の中でももっとも研究が進んでいる分野で、専門領域も細分化されている。従って、筆者のような組織神学（教義学や倫理学）を専門とする者には、新約聖書神学を巡る専門論議はどの言説が正しいか、最新学説になると、判断できないのである。

皇帝のものは皇帝に、神のものは神に

もっとも新約聖書、旧約聖書を牧師が解釈する場合にも、聖書神学研究の成果を押さえた上で行うことが絶対に必要というわけではない。要は聖書のテキストから救済についての核心を読み取ることができればいい。本稿で、筆者は論点を二つに絞り込みたい。

第一は、国家と貨幣の問題、第二は罪だ。

国家と貨幣については、エルサレムの神殿においてイエスがとった姿勢が重要と思う。『マルコによる福音書』の当該箇所を見てみよう。

〈さて、人々は、イエスの言葉じりをとらえて陥《おとしい》れようとして、ファリサイ派やヘロデ派の人を数人イエスのところに遣わした。彼らは来て、イエスに言った。「先生、わたしたちは、あなたが真実な方で、だれをもはばからない方であることを知っています。人々を分け隔てせず、真理に基づいて神の道を教えておられるからです。ところで、皇帝に税金を納めるのは、律法に適《かな》っているでしょうか、適っていないでしょ

うか。納めるべきでしょうか、納めてはならないのでしょうか。」イエスは、彼らの下心を見抜いて言われた。「なぜ、わたしを試そうとするのか。デナリオン銀貨を持って来て見せなさい。」彼らがそれを持って来ると、イエスは、「これは、だれの肖像と銘か」と言われた。彼らが、「皇帝のものです」と言うと、イエスは言われた。「皇帝のものは皇帝に、神のものは神に返しなさい。」彼らは、イエスの答えに驚き入った。〉(『マルコによる福音書』第12章13〜17節)

まずここでやってきたファリサイ(パリサイ)派やヘロデ派は、真理を知りたくて、イエスに質問をしたのではない。〈イエスの言葉じりをとらえて陥れようとして〉という記述から明らかになるように、「引っかけ質問」をしてイエスを窮地に陥れることを考えていたのである。社会哲学者のユルゲン・ハーバーマスの表現を用いるならば、発話主体の誠実性に欠けるのである。

現代の生活においても、特に官僚や政治家の世界において、発話主体が誠実性を欠く「引っかけ質問」を行うことは多い。不誠実な輩《やから》に対して誠実に対応して、自ら落とし穴に落ちるようなことを避けよとここでイエスは説いている。

この問答がどこで行われているかという「場の問題」がきわめて重要だ。〈一行はまたエルサレムに来た。イエスが神殿の境内を歩いておられると、祭司長、律法学者、長老たちがやって来て、言った。「何の権威で、このようなことをしているのか。だれが、そうする権威を与えたのか。」イエスは言われた。「では、一つ尋ねるから、それに答えなさい。そうしたら、何の権威でこのようなことをするのか、あなたたちに言おう。〉（『マルコによる福音書』第11章27〜29節）という部分に続いて書かれているので、神殿の中の出来事であることは明白だ。

ファリサイ派は、律法を厳格に遵守《じゅんしゅ》する教条主義者だが、ローマ帝国と軋轢《あつれき》を引き起こすことを恐れて、税金を支払っている。ヘロデ派は、ローマ帝国と手を握って、かつてのヘロデ王の王家を復活させることを望んでいる体制迎合派だ。当然、税金を支払っている。〈人々は、イエスの言葉じりをとらえて陥れようとして、ファリサイ派やヘロデ派の人を数人イエスのところに遣わした〉というときの人々は、一般論としての人々と読むこともできるが、ファリサイ派、ヘロデ派の人々と読むことも可能だ。後者の読みを採用すると、普段は敵対している二つの派が、反イエスということで共闘していることがわかる。

さらにここには出てこないが、熱心党という、武装革命を主張して、ユダヤ人による支配を回復しようとするグループも侮《あなど》りがたい影響力をもっていた。熱心党は税金の支払いを拒否していた。熱心党は、パレスチナの地は神から与えられた特別の土地なので、そこから得られたあらゆる収益は聖なるものであるから、異教を信奉するローマ皇帝に差し出すことはできないと考えた。

〈皇帝に税金を納めるのは、律法に適っているでしょうか、適っていないでしょうか。納めるべきでしょうか、納めてはならないのでしょうか〉という質問をした人々の下心は、次のような内容だったと推定できる。

イエスが、「税金を払うべきでない」と答えれば、ローマ帝国とイエスの対立を煽《あお》ることができる。逆に、イエスが「税金を払うべきだ」と答えると、熱心党がイエス攻撃を開始する。いずれの回答の場合でも、ファリサイ派、ヘロデ派が損をすることはない。

こういう下心のある人々をイエスは、知恵（インテリジェンス）の力で撃退した。これがこの物語の特徴だ。

まずディナリオン銀貨をこの連中に持ってこさせる。聖書考古学の研究によれば、ディナリオン銀貨の表は、ティベリウス皇帝の裸の胸像が彫られている。その像には、TICAESARDIVI AVGFAVGVSTVSという記述がなされている。これは省略された表記であるが、「崇拝すべき神の崇拝すべき子、皇帝ティベリウス」という意味だ。ユダヤ教は、ヤーウェの神以外に対する偶像崇拝を厳しく禁止している。ディナリオン銀貨には偶像崇拝の要素があるので、この銀貨をエルサレムの神殿に持ち込むこと自体がタブーに抵触する。従って、神殿にファリサイ派、ヘロデ派の人々がディナリオン銀貨を持ち込んだ瞬間に、信仰に関する問題について質問する資格を失う。神聖冒瀆《ぼうとく》を犯しているという状況に、イエスは質問者を陥れたのである。

その上で、イエスは、

「皇帝のものは皇帝に、神のものは神に返しなさい。」

と絶対に揚げ足をとられないような答えをした。この返答には二重の意味がある。まず、「ディナリオン銀貨には皇帝の顔が書いてあるので、税金は皇帝に払えばよい」という意味がある。

それと同時に、「この銀貨には、たかだか地上の王や王族に過ぎない人間が、あたかも神の如《ごと》く書いてあるので、神としての権限は神に返しなさい」という意味もある。この読み解きを行うためにも聖書考古学の知識が必要になる。ディナリオン銀貨の裏側には、PONTIF MAXIMという略号が刻まれている。これは、「最高神官」という意味だ。さらに皇帝の母のユリア・アウグスタが神々の玉座に座っている絵が描かれている。このディナリオン銀貨の絵は、皇帝の権力を象徴するとともに、皇帝を神格化しようとするローマ帝国の国家神話を表しているのだ。それに対してもイエスは、根源的異議申し立てを行ったのである。

要するに、ここでイエスは、国家に対して無条件に従ってはならないということを主張している。それと同時に、国家と不必要な軋轢を起こす必要もないと考えている。

さらに皇帝への税金について、イエスは『ルカによる福音書』でこう述べている。

〈そこで、機会をねらっていた彼らは、正しい人を装《よそお》う回し者を遣わし、イエスの言葉じりをとらえ、総督の支配と権力にイエスを渡そうとした。回し者らはイエスに尋ねた。「先生、わたしたちは、あなたがおっしゃることも、教えてくださることも正しく、また、えこひいきなしに、真理に基づいて神の道を教えておられることを知っています。ところで、わたしたちが皇帝に税金を納めるのは、律法に適っているでしょうか、適っていないでしょうか。」イエスは彼らのたくらみを見抜いて言われた。「デナリオン銀貨を見せなさい。そこには、だれの肖像と銘があるか。」彼らが「皇帝のものです」と言うと、イエスは言われた。「それならば、皇帝のものは皇帝に、神のものは神に返しなさい。」彼らは民衆の前でイエスの言葉じりをとらえることができず、その答えに驚いて黙ってしまった。〉（『ルカによる福音書』第20章20〜26節）

前の『マルコによる福音書』とほぼ同一内容であるが、ここには重要な言葉がある。「えこひいきなしに」という言葉だ。これは、身分による差別をしないということとともに、賄賂《わいろ》を受け取らないということを意味する。金持ちを優遇しない、賄賂をとらないということで、イエスは貨幣から距離を置く生活をするようにというのだ。

キリスト教徒にとってイエスの言葉は神の啓示である。それは、正しいとか間違えているとかについて、人間の限られた理性や知恵によって議論すべき対象ではない。神の啓示としてそのまま受け入れなくてはならない内容なのだ。

キリスト教徒は、国家と貨幣に自己を同一化することはできないのである。従って、国家機構の中で権力を追求したり、市場で貨幣を追求するような生き方をイエス・キリストは評価しないのだ。なぜなら、それは国家もしくは貨幣という名の偶像崇拝に陥り、人間を救済から遠ざける危険性があるからだ。

パウロが語る人間の罪の本質

神から与えられた律法では、偶像崇拝は厳重に禁止されている。しかし、どのように努力しても、われわれは国家や貨幣を崇拝する誘惑から抜け出すことができない。それは、人間に罪が内在しているからである。このことを深く自覚したのが、キリスト教の開祖であるパウロだ。パウロは、『ローマの信徒への手紙』の中で、罪の本質についてこう記している。

〈わたしたちは、律法が霊的なものであると知っています。しかし、わたしは肉の人であり、罪に売り渡されています。わたしは、自分のしていることが分かりません。自分が望むことは実行せず、かえって憎んでいることをするからです。もし、望まないことを行っているとすれば、律法を善いものとして認めているわけになります。そして、そういうことを行っているのは、もはやわたしではなく、わたしの中に住んでいる罪なのです。わたしは、自分の内には、つまりわたしの肉には、善が住んでいないことを知っています。善をなそうという意志はありますが、それを実行できないからです。わたしは自分の望む善は行わず、望まない悪を行っている。もし、わたしが望まないことをしているとすれば、それをしているのは、もはやわたしではなく、わたしの中に住んでいる罪なのです。それで、善をなそうと思う自分には、いつも悪が付きまとっているという法則に気づきます。「内なる人」としては神の律法を喜んでいますが、わたしの五体にはもう一つの法則があって心の法則と戦い、わたしを、五体の内にある罪の法則のとりこにしているのが分かります。わたしはなんと惨《みじ》めな人間なのでしょう。死に定められたこの体から、だれがわたしを救ってくれるでしょうか。わたしたちの主イエス・キリストを通して神に感謝いたします。このように、わたし自身は心では神の律法に仕えていますが、肉では罪の法則に仕えているのです。〉

（『ローマの信徒への手紙』第7章14〜25節）

ここで、〈律法を善いものとして認めている〉というときの「善い」は、律法が救済に効果をあげるという意味である。律法を守れば、人間は救われるという発想は、自己義認であり、自己正当化であり、自己絶対化であるとパウロは考える。このような発想が神に対する反逆なのである。人間の中に善は存在しないのである。だから善いと心で思っていても、行動はそれにともなわない。

罪は人間の心理現象ではない。現実に存在する力なのである。人間は自らの努力や力で罪から抜け出すことができないとパウロは考えるのである。人間の罪は、外部からの力によってしか解消されない。キリスト教は絶対他力にすがることによって救済を求める宗教だ。このことに20世紀チェコの傑出したプロテスタント神学者ヨゼフ・ルクル・フロマートカが気づいた。そして次の指摘をしている。

〈キリストの受肉は人間の行為、人間の神性と何のかかわりもありません。全く反対です。聖なる愛とあわれみを持った神が、人間の罪の姿、死の姿をとって肉となりました。肉となって来ました。肉とは単にキリストの人性を意味するのではありません。「肉」とは罪ののろいと重荷の下にある人間の生命をさし、腐敗と死の下にある人間の生命をさします。別のことばで言いますと、イエス・キリストは堕罪以前の人間、栄光と純潔と潔白の下にある人間を表わしているのではありません。キリストは最高の人間の徳、最高の人間の輝きとして歴史の中にはいりません。キリストの人性は人間の最も低い、最もさびしい姿で表わされました。最もみじめな、最も無能な姿で表わされました。〉（J・L・ロマドカ［小平尚道訳］『文明の死と復活』日本基督《キリスト》教団出版部、1957年、57頁）

神は、人間の最も深い深淵《しんえん》にまで降りてきたのである。1世紀のパレスチナは、理想的状況にあったのではない。そのまったく逆にもっとも悲惨な場所だったのだ。これが神がイエス・キリストとなったという受肉（incarnation）なのだ。受肉によって、われわれは救われるのである。

キリスト教の特徴は受肉にあると筆者も考える。このことはキリスト教の影響が薄い日本でも応用可能である。理想が理想のままとどまっていることにキリスト教は何の意味も認めない。理想は、汚れたこの現実の中で、具体的な形をとるときに、すなわち受肉するときに意味をもつのである。

そして、これは『功利主義者の読書術』という本書のタイトルにも関連している。様々な本の読み解きを通じ、自らの救済の材料を見出《みいだ》すというのが、筆者が功利主義という言葉に込めた意味なのだ。功利主義という発想の背後には、受肉という神学思想が隠れている。だからこれを神学の言葉に転換すると「受肉の読書術」ということになる。本書を通じ、筆者は読者に神学的思考法の雰囲気を感じて欲しかったのである。

あとがき

本書を読み終えた読者は、どのような感想をもたれたであろうか？　本書で紹介された本を、一冊でも手に取ってみようという気持ちに読者がなられたとするならば、私はとてもうれしい。

本書は、「小説新潮」（新潮社）に連載（２００７年５月号〜２００９年４月号）された「功利主義者の読書術」を基本に、若干、その他の雑誌に掲載された論考を収録した。

今回、本書で言及した書籍をもう一度読み直してみた。そこには、著者の思想傾向、取り扱うテーマ、古典、学術書、小説、芸能本などの分野にかかわらず、全体を貫く特徴があることに気づいた。いずれも、書き手と編集者がていねいにつくった本であるという特徴がある。本に製作者の思いがこもっている。それが私の琴線に触れるのだ。

まえがきでも述べたが、私は、真実は目に見えないところにあると考えている。真実は抽象的で曖昧模糊《あいまいもこ》としたとらえ難いものではない。現実的で、確実なものである。しかし、それはわれわれの目には見えないのだ。もっともこれは私だけの考えではない。近代よりも前の人々は、私と同じようなことを考えていたようだ。

中世哲学の専門家である山内志朗慶應義塾大学文学部教授は、中世哲学の最重要論点についてこう述べる。

〈私は中世哲学の表看板としては、「〈見えるもの〉と〈見えざるもの〉」の方がよいのではないかと思っています。〈見えるもの〉を通して〈見えざるもの〉に至ろうとする傾向が主流であると言いたいのです。もちろん、この論点が中世に特有なものであると言いたいのではありませんし、斬新《ざんしん》な図式でもありませんが、そう捉《とら》えた方が風通しがよくなると感じています。〉（山内志朗『普遍論争　近代の源流としての』平凡社ライブラリー、２００８年、１１５頁《ページ》）

山内氏が指摘するとおり、この論点は中世のみに特有なものではなく、歴史を通じ、真実を真剣に追求する人間が回避することのできない事柄と思う。21世紀の現下日本においても、友情、幸福、愛、信頼、希望という言葉であらわされる事柄は、目に見えない。中世人は、目に見えるものと目に見えないものの関係をこう考えた。
〈この世のもの、つまり被造物は〈見えるもの〉としてあって、無限なもの、神的なものはすべて〈見えざるもの〉としてあるが、この〈見えざるもの〉とは人間の認識の枠内に登場しないということではなく、「鏡の中に見るごとく、謎《なぞ》において」（per speculum in aenigmate）見えているものです。この朧《おぼろ》にしか見えないような認識の仕方は必ずしも否定的に扱われるわけではなく、そのようにしか人間は無限なものを認識できない以上、その構成を吟味して、「鏡」というのは自分自身の精神のことなのだ、という有力なモチーフも登場してきます。〉（前掲書115〜116頁）
真実の友情、真実の幸福、真実の愛、真実の信頼、真実の希望について、われわれは知りたいと思っている。しかし、それを完全に知ることはできない。ただし、おぼろげな形でもいいから、われわれは真実に触れたい。それを可能にするのが、書籍なのだと思う。
見えないものを、見えるようにする——言葉を紙に定着させることによって、おぼろげな形であっても、われわれは真実に触れることができる。真実について、何らかの形で知る人の方が、知らない人よりも、人生の選択が豊かになるというのが、功利主義者の発想である。面白く、かつ役に立つ読書法を私はこの本で提示するようにつとめた。

私が功利主義的に読書をするようになったのは、いつ頃からか、はっきり思い出すことができない。中学生、高校生の頃は、私は熱中して小説を読んだ。しかし、大学2年生のときに小説を読むことをやめた。それは、本気で神学の勉強をしようと思ったからだ。

神学を本気で習得しようとすると、ものすごく時間と労力がかかる。中世の大学では、15年以上の時間をかけて神学を学んだ。語学だけでも、同志社大学神学部では英語、ドイツ語が必修だったが、それに加えてヘブライ語、古典ギリシア語、コイネー・ギリシア語（共通ギリシア語の意味。1世紀に地中海地方で用いられていたギリシア語。新約聖書はこのギリシア語で書かれている）、ラテン語を勉強しなくてはならない。さらに私は、チェコ神学を研究対象にしたので、チェコ語の勉強も必要となる。

語学の勉強だけでも時間が足りない。それに加え、神学は、それぞれの時代の哲学を用いて議論を展開するので、哲学史も勉強しなくてはならない。大学の4年間と大学院修士課程の2年間では、やろうとしている研究の入口にもたどりつかない。この危機意識から、私は、下宿にあったテレビと小説類を友人に渡した。その後、社会人になってからも、テレビはほとんど観《み》ない。この習慣は学生時代についた。

小説は、一応、読まないことにしているという建前だが、ときどき隠れて読んでいる。そのときも、小説を楽しんでいるのではなく、役に立つから読んでいるのだと、自分で自分に言い訳をしている。

小説を部分的に解禁したのは、大学院生のときのことだった。マルクスの『資本論』を勉強しているときに、宇野弘蔵の意見の影響を受けたからだ。文芸批評家の河盛好蔵と宇野は次のようなやりとりをしている。少し長くなるが、功利主義的読書について考えるためのよい材料になるので、お付き合い願いたい。

〈河盛　仙台にいらっしゃったのはいつですか？

宇野　大正十三年（筆者註　1924年）の秋からです。行ったはじめのうちは、マルクス主義が公然と通ったときですから、それにひきずりまわされたのですけれども。

河盛さん、私小説というのは、いつごろからああいう形になったのですか？

河盛　普通には自然主義文学の流れをくむものと考えられていますが。

宇野　私小説は外国にもあるんですか？

河盛　これはむつかしい問題で、ないといえばないし、あるといえばありますね。だいたいわれわれはフランスの小説をモデルにしすぎるでしょう。そういう考え方からすれば私小説のようなものは外国にはないと思いますけれども、ギッシングなどのイギリスの随筆小説は私小説的なものではないでしょうか。このごろ日本の小説が外国語に訳されますでしょう。そのときこんな私小説（例えば尾崎一雄「虫のいろいろ」）なんか外国人にわからんだろうと一部の人に考えられているようですが、案外読者がある。キーンさんという人の話をききますと、イギリスにもああいうものがあるというのですね。だから決してわからないということはないと言っています。

　ところで先生は私小説がお好きですか？

宇野　ずいぶん読みました（笑）。

河盛　私なども結局小説を読んだという気がするのは、どうも私小説の方ですね。

宇野　伊藤整氏のものにしても、女優を主人公にした小説や、新聞に書いた「花ひらく」なんかよりも「海の見える街」のように自分のことを書いた小説の方が楽しく読めますね。どういう秘密があるんでしょうかね。

河盛　伊藤君はヨーロッパの文学に詳しい人で、その手法をよく取りいれていますが、本質は私小説作家の系統に属するんじゃないでしょうか。伊藤君的な変貌《へんぼう》をとげた私小説作家ではないでしょうか……。〉（宇野弘蔵『資本論に学ぶ』東京大学出版会、1975年、202〜203頁）

実をいうと私も私小説が好きだ。小説だけでなく、高校2年生のとき、浦和高校の現代国語の教諭に勧められて島村抱月の「序に代えて人生観上の自然主義を論ず」という評論を読んで、衝撃を受けた。自らを愛するために、自らのありのままの姿を見つめよという抱月の声が、〈隣人を自分のように愛しなさい〉（『マタイによる福音書』第19章19節）と重なった。他人を愛するというのは、抽象的観念ではない。「自分のように」、実際に愛さなくてはならないというのである。自分自身に対する愛とはいったい何なのだろうか、ありのままの自分の姿は何なのだろうかと、かなり真面目《まじめ》に考えた。結局、結論はでなかった。しかし、この問題意識をもったことが、私が神学を学ぼうと本気で思ったことと深いところでつながっていると思う。

宇野が面白いのは、私小説のいかがわしさに気づいていることだ。引用を続ける。

〈河盛　芥川龍之介はいかがです？

宇野　だいぶん読みましたけれども、どうもあまり好きになれないですね。なかなか上手に書いてあるとは思うんだけれども。あの人のはどうも楽しく読んだ記憶がないですね。どうも私は人間が甘いですからね（笑）。甘いからやっぱり甘い方が好きですね。

河盛　その甘いとおっしゃるのはどういうことなんですか？

宇野　つまり私小説のさわりの部分ね。ああいうものが好きだということでしょう。自分をいじめているようで、そうでない点がね。太宰さんのものも「斜陽」よりも短篇のほうが好きですね。

河盛　ああ、先生は太宰治君がお好きなんだそうですね。

宇野　面白い話があるんですよ。戦後ぼくは妙なことで紙の割当委員になったことがある。それで太宰治氏に多く割り当てたんです（笑）。それで割当委員の方ですっかり太宰ファンで有名になったんです（笑）。どうもこれはプライベートな好みをいれてわるかったかなと思ってね（笑）。〉（前掲書203〜204頁）

私のノンフィクション第一作『国家の罠《わな》　外務省のラスプーチンと呼ばれて』（新潮社、2005年、新潮文庫、2007年）も、書いている当時は意識しなかったが、語り手が〝私〟である。その後の『自壊する帝国』（新潮社、2006年、新潮文庫、2008年）、『私のマルクス』（文藝春秋、2007年、文春文庫、2010年）、『甦《よみがえ》るロシア帝国』（文春文庫、2012年）も、確かに私小説の形に似ている。もっとも、小説ではないので、それらの作品の中に私が創《つく》った人物はいない。しかし、これらの作品に登場する人物は、私を含め、そのある一面に光をあてて映し出していることは間違いない。ノンフィクションという形態で、私は物語を提示しているのだ。そして、宇野氏が指摘するように、〈自分をいじめているようで、そうでない点が〉、私の作品にも確かにある。たしかにこれはいかがわしさだ。あえて、弁解するならば、小説、ノンフィクションを問わず文芸には本質においていかがわしさをはらんでいるのだと私は考えている。それだから、自分を徹底的にいじめることや、自分がやっていたことを全面的に否定するという内容にならないことをお許し願いたい。

宇野が、経済学と小説は、異なる表現形態で、同じ事柄について語っているのだという以下の箇所に私は惹《ひ》きつけられた。

〈河盛　しかし、小説を読まずにはいられないというのはどういうことなんでしょうか。

宇野　どういうんでしょうね。これはむしろ河盛さんにききたいのですが。

河盛　いや、それを先生からお聞きするのが、今日の対談の目的なんです（笑）。

宇野　ぼくはこういう持論を持っているのです。少々我田引水になるが、社会科学としての経済学はインテリになる科学的方法、小説は直接われわれの心情を通してインテリにするものだというのです。自分はいまこういう所にいるんだということを知ること、それがインテリになるということだというわけです。経済学はわれわれの社会的位置を明らかにしてくれるといってよいでしょう。小説は自分の心理的な状態を明らかにしてくれるといってよいのではないでしょうか。読んでいて同感するということは、自分を見ることになるのではないでしょうか。

河盛　これはなかなかいいお話ですね。つまり小説によって人間の条件がわかるわけですね。

宇野　ええ、そうです。われわれの生活がどういう所でどういうふうになされているかということが感ぜられるような気がするのです。小説を読まないでいると、なにかそういう感じと離れてしまう。日常生活に没頭していられる人であれば、何とも感じないでいられるかもしれないが、われわれはそうはゆかない。自分の居場所が気になるわけです。

河盛　なるほど、たしかにそうですね。同時に自分の居場所がしょっちゅう気になる人間と、そういうことを問題にしない人がいるわけですね。政治家とか実業家とかいう連中は、問題にするとぐあいのわるいことができてくるんでしょう。つまりわれわれと無縁な人たちなんですね。

宇野　いまの実業家にも、政治家にも、そういう人がだんだんと多くなっているのだと思いますが、われわれのように学問を職業にしていると、いつもそういうことを感じないではいられないのです。
河盛　それはたしかにそうですね。こういうことはいえませんか。実業家や政治家は絶えず実社会に接触しているという自信があるわけですね。それで小説なんかバカらしいものだと思っているんですが、ほんとうは彼ら自身の世界のなかにしかいないので、むしろ小説を読んだ方が自分たちの居場所がよくわかっていいのです。自分たちが宙に浮いていることがよくわかるのです。すぐれた小説を読まないために彼らにはいい政治ができないのではないですかね。
宇野　まあやはり実践的な活動をしじゅうしていると、そういうことを考慮する時間もないし、それでまたある程度はいいのでしょうが、しかし私の考えでは政治家にしてもそういう自分の居場所のわかるインテリになってもらいたい。インテリだったらナチスのようなことはできないのではないかと思うのです。あれは非常に簡単に実践的な面を考えて、なんでもできるという考え方からやる点で最もインテリでないものの政治といっていいと思うのです。〉（前掲書２０９～２１１頁）
河盛が政治家や実業家を〈われわれと無縁な人たちなんですね〉と突き放している

のに対して、宇野はそうではない。宇野は、東京大学で経済学を教える立場にある。そして、宇野から経済学を学んだ学生が、実業家、官僚、ジャーナリスト、そしてこれらのキャリアを一定期間積んだ後に、政治家になることもある。そのような日本社会のエリートに宇野はインテリになってほしいという願いをもつのだ。インテリならば、〈自分はいまこういう所にいるんだということを知ること〉ができる。その上で、政策や経済活動を展開するのであれば、自らが置かれた制約を認識し、エリートが社会の内在的構造を無視して、社会に迷惑をかけることを極少にすることができると宇野は考えているのだ。

過去10年の新自由主義的改革で、格差にとどまらない絶対的貧困が日本に出現した。資本は、本書の第一部「資本主義の本質とは何か」で論じたが、定期的に恐慌《きょうこう》を繰り返し、自己増殖する本性をもっている。市場が理想的分配を実現したり、逆に国家が市場を統制することができるという発想自体が、資本主義の内在的論理を踏まえない人がもつ願望なのである。〈絶えず実社会に接触しているという自信〉があっても、それで実社会の内在的構造をつかむことはできない。自らが置かれた制約条件を知るためには、マルクスの『資本論』を基礎にすえた経済学を体得するか、あるいは小説を読むことで心情を通じ、インテリになれと宇野は、エリートのみならず、標準的なビジネスパーソンに呼びかけているのだ。

外交官として、モスクワで勤務するようになってから、宇野の読書術を応用して、ロシア人の心情を知るために、ロシアの小説を読むようになった。しかし、文学を鑑賞するとか、小説自体を楽しむという優雅なレベルではなく、日々、虚々実々の駆け引きが展開される外交の現場で、相手の内在的論理をとらえ、日本側を有利にするという目的のために読書をしたのだ。

ところで、インテリに関する宇野の暫定《ざんてい》的定義は不十分だという認識を私はもっている。〈社会科学としての経済学はインテリになる科学的方法、小説は直接われわれの心情を通してインテリにするものだというのです。自分はいまこういう所にいるんだということを知ること、それがインテリになるということだというわけです〉という定義は、あまりに消極的だ。これに、経済学や小説を通じて認識した、自分のいまいる場所に自分の言葉で表現するという条件を加える必要がある。著書や学術論文で表現しなくてもいい。演説が上手でなくても構わない。重要なのは、自分の言葉をもっていることだ。

酒場や喫茶店で、同僚と話すときに、短時間でもよいから、自分の言葉で、自分について話すことが、『功利主義者の読書術』を読むことによって、可能になると私は考える。ここで紹介した中に、マニュアル本やすぐ仕事の役に立つ実用書は一冊もない。あえてそのようなラインアップをしなかったのだ。一見、役に立たないように見える本の方が、危機的状況においては役に立つからだ。このあとがきの冒頭で述べた「見えない事柄」にせまる技法に読者を少しでも近づけたいのである。何度も繰り返すが、この見えない事柄こそが真実（真理）だからだ。かつて、イエス・キリストは、〈あなたたちは真理を知り、真理はあなたたちを自由にする。〉（『ヨハネによる福音書』第8章32節）と述べた。読書はわれわれを自由へと近づける道ぞなえもするのだ。人間は自由を希求する。それだから、私は、将来、活字文化が衰退し、本を読む人がほとんどいなくなるという悲観論には与《くみ》しない。

本書が日の目を見ることができたのは、「小説新潮」の高澤恒夫編集長、小林由紀氏、新潮社出版部の原宏介氏、同広報宣伝部長の伊藤幸人氏の御尽力によるところが大きい。末筆になるが、これらの方々に尊敬と感謝の念を表明する。

（２００９年6月29日脱稿）

文庫版あとがき

本を功利主義的に読むことを覚えたのは、外交官としてモスクワに勤務していた頃のことだ。ロシアの知識人から、私は読書の技法を盗んだ。そのときいちばん強い影響を受けたのが、モスクワ国立大学で研修していたときの親友サーシャだ。サーシャとは、アレクサンドルの愛称だ。サーシャは、私より5歳年下で、知り合ったのは1987年、私が27歳、サーシャが22歳だった。

〈サーシャにはカリスマ性がある。ただそのカリスマ性は、エリツィンのように広範な大衆に訴える性質のものでなく、サーシャの周辺にいる、要するに顔が見え、直接言葉を交わす人々を強く惹《ひ》きつけるカリスマ性だ。サーシャと真剣に付き合った者は誰でも、その磁力で人生に狂いがでてくるのである。私もその一人だ。

サーシャは部屋に籠《こ》もり、ものすごい勢いで本を読み始めた。とにかく読むのが早い。一日に学術書を七百頁《ページ》から千頁くらい読む。ノートはとらない。気晴らしだと言って、その合間に小説を読んでいるが、それが同じくらいの頁数になる。そして、その研究をまとめて月に二、三本論文を書いて、リガ（引用者註　ラトビア共和国の首都）の学術思想誌「ロドニク」（ロシア語で泉、源泉、根源を意味する）や人民戦線系の雑誌に掲載するという生活をしていた。当時、リガのロシア系知識人の発行する雑誌、特に「ロドニク」の知的水準は群を抜いており、モスクワの闇《やみ》市場で定価の十倍くらいで取り引きされていた。既にそのころ私はモスクワの有力雑誌編集部にいくつものコネができていたので「哲学の諸問題」、「アガニョーク（灯火）」などの改革派系の雑誌に寄稿を勧めたが、サーシャは乗り気でなかった。

「文学官僚は嫌いなんだよ。この前までブレジネフの『小さな土地』を二十世紀文学の最高傑作などという記事を満載していた文学官僚が今はペレストロイカの旗を振っている。あいつらは編集者じゃない。それはマサルが間に入れば、あいつらは喜んで僕の論文を掲載するさ。ロクに読みもしないで。資本主義国の外交官に友だちをもつことは、あいつらの権力基盤を強化する。そんなゲームに加わりたくないんだ」》（佐藤優『自壊する帝国』新潮文庫、２００８年、２６２〜２６３頁）

サーシャから、熟読法、速読法、どういう順番で本を読むかなど、読書の基本的技法について学んだ。ロシアの政治、歴史、思想、宗教などについて、私が質問をすると、サーシャはまず概略を簡単に説明し、「この次に会うときまでに参考文献を揃《そろ》えておく」と約束する。そして、関連の文献が揃うと、「約束した本が手に入った。いつ会おうか」という電話がかかってくる。サーシャは、いつも5〜10冊の本を携えて現れる。だいたいが学術論文集だ。そして、本の末尾を開いて（ロシア語の本は、末尾に目次がついている）、「この論文とこの論文は、ていねいに読み、それ以外は読まないでいい」と助言する。「マサル、人生は短い。読書のための読書には意味がない。生きるための道具として、本を利用するのだ。君よりも僕の方がロシア語がよくわかる。僕がマサルのところに持ってくるのは、一冊の例外もなく、僕がきちんと読んだ本だけだ。自分が読んで、ほんとうに役に立つと思った本だけを紹介するのが、知識人としての良心だ」というサーシャの言葉を嚙《か》みしめながら『功利主義者の読書術』に収録された書評を書いた。

『自壊する帝国』に詳しく書いたが、サーシャと最後にあったのは、1994年5月末のことだった。事業に使う資金を融通してくれという話を私は、冷たく断り、それから連絡が途絶えてしまった。最後にサーシャから連絡があったのは、今から10年前、2002年5月初旬のことだった。当時、日本では鈴木宗男バッシングの嵐《あらし》が吹き荒れていた。それについて、ロシアのメディアも報じていた。サーシャは、出身地であるリガにもどってジャーナリストになっていた。報道を読んだサーシャがモスクワの日本大使館経由で、私の連絡先をつきとめ、メールを送ってきた。そこには〈日本の状況がよくわからないので、立ち入ったことは聞かないが、何かたいへんなことに巻き込まれているのではないか。みんな心配している。できることがあれば何でもする。連絡をよこせ。／尊敬と愛情を込めて。サーシャ（カザコフ）。〉（前掲、『自壊する帝国』519頁）と書かれていた。私は、何をどう説明したらよいか、わからないので、結局、このメールに対する返信をしなかった。それから約10日後に私は東京地方検察庁特別捜査部によって逮捕された。

職業作家になって、ロシア情勢について書くときは、「君はどう考えるか」といつも頭の中でサーシャと会話をしていた。2009年6月30日に最高裁判所が私の上告を棄却し、懲役2年6月（執行猶予《ゆうよ》4年）の判決が確定した。執行猶予期間中は、自由に国外に出ることができない。作家生活が一段落したところで、サーシャを探す旅に出ようと考えていた。しかし、その必要はなくなった。

2月25日午前5時にいつものように起床し、仕事部屋で携帯電話の留守録を聞いた。ロシアのサンクトペテルブルグに出張中の記者から、「佐藤さん、偶然、すごい人に会いました。アレクサンドル・カザコフさんです。また連絡します」というメッセージだった。着信時間は、2月24日23時33分だった。私は原稿を書いているときは、携帯電話をドライブモードにしている。留守録をチェックしないで寝たのが悔やまれた。

さっそく、記者に電話をし、サーシャの携帯電話の番号を教えてもらった。番号を回すと、すぐに相手は電話に出た。

「日本の東京からマサルが電話をしている。サーシャ？」

「そうだ。ようやく連絡がついた。10年前、マサルが逮捕されたというニュースを聞いて、モスクワの日本大使館や日本文化センターに電話をかけたが、誰も連絡先を教えてくれなかった。今日、君が元気で、社会的にも活躍しているという話を聞いて、ほんとうに嬉《うれ》しかった。最後に会ってからもう20年になるんじゃないか」

「いや、そんなには経《た》っていない。18年だ。インターネットで、リガでアレクサンドル・カザコフというロシア人の人権擁護運動をしている活動家が国外追放になったという話を聞いたが、サーシャじゃないかと思った」

「そうだ。僕だ。ラトビアを追われ、2003年からモスクワに住んでいる。結婚して子供が2人いる」

「僕は再婚した。子供はいないけど、雄猫が5匹いる」

「それはいい。モスクワにいたあの大きな雄猫、チーコのことを今でもよく覚えている。僕たちが議論をしていると、テーブルの上に寝そべって、注意深く話を聞いていた」

「あの猫は、10年前、僕が逮捕される4カ月前に死んだ。まだ12歳だった」

「時間が経ったのだから仕方がない。僕も犬を飼っていた。この犬も天寿をまっとうした。僕たちも年を取った。もう四半世紀になる。初めて知り合ってから」

「覚えているか。モスクワ国立大学哲学部の科学的無神論学科で初めて会ったときのことを」

「もちろんだ。何を話したかも、正確に覚えている」

「サーシャについての本を書いた。それで作家になった。賞ももらった」

「英訳されているか」

「いや。日本語だけだ。郵便で送る。サーシャからはほんとうにたくさんのことを学んだ。特に読書の仕方を教わった。感謝している。サーシャに会わなければ、僕は功利主義的に本を読むことを覚えなかった」

「そんなことはない。あの頃はほんとうに楽しかった。一緒に飲み歩き、話し、本屋巡りをしたことを昨日のように思い出す」

「僕もだ。それで、今は何をしているんだ」

「ロシア環境保全協会で仕事をしている。実際は、政治に関わっている。プーチン首相のイデオロギー作成の手伝いをしている」

「そういえば、プーチンの演説にはイワン・イリイン（ドイツに亡命した20世紀のロシア宗教哲学者。ヘーゲルに関する造詣《ぞうけい》が深い）のことばが、ときどき引用されている。サーシャの影を感じた」

「ある程度の影響を与えている。サハリンにも去年の9月に行った」

「環境を利用した反日キャンペーンでも行っていたか」

「違うよ。日本と日本人に対する気持ちは、マサルとよく会っていた頃から少しも変わらないよ」

こんな調子で30分ほど電話で話した。近未来にサーシャとまず東京で再会する約束をした。そのときは、サーシャと人生の危機に直面したときの読書術について、率直に話し合いたいと思っている。


本書の作成にあたっては、新潮社の伊藤幸人氏、古浦郁氏にたいへんにお世話になりました。深く感謝申し上げます。

２０１２年2月26日、那覇市首里のホテルにて

佐藤優

解説

酒井順子

電車に乗って、通勤途中とおぼしき周囲の人が何を読んでいるかを眺めてみると、男性に多いのは専門誌やビジネス書。女性に多いのは、女性誌。……という感じがします。

それらは、今すぐ役に立つ雑誌や本なのです。男性は、釣り専門誌を読んでは、次はどこの浜へ釣りに行くかを吟味し、マネジメントがどうこうといったビジネス書を読んでは、会社での部下の扱いかたを考える。そして女性達は、モテカワヘアの特集を見ては、モテに直結するスタイルを検討し、春の一ヶ月着回しコーデの特集を見ては、節約しつつもお洒落《しゃれ》に見せる術《すべ》を手に入れようとするのです。

ベストセラーの上位を見ても、ダイエット本、片付け本、健康本など、すぐに役に立つハウツー本が人気。本とは、知的な世界に遊ぶための乗り物ではなく、ホッチキスや包丁などと同じ単なる道具に過ぎないのか、と少し寂しい気分にもなるのでした。

が、そんな甘い感傷に一撃を与えるのが、「功利主義者の読書術」です。佐藤さんは、自らを功利主義者と呼び、『役に立つ』ということを第一義的に考えた」と記すのです。

本書が示す読書術が、ハウツー本や雑誌などが提示する、すぐに役立つ目先の利を得るためのものでないことは、自明です。そこで我々は、まず「役に立つ」とはどういうことか、と考えながら読み進めることになるのでした。

著者は「まえがき」において、「目に見えない真理」を「読書を通じて」つかむべく、この本を書いたと記しています。さらには、「この真理を神と言い換えてもいい。功利主義者の読書術とは、神が人間に何を呼びかけているかを知るための技法なのである」とも。

このように、「役に立つ」とはどういうことかという問いに対する答えは、最初に提示されています。しかしこれだけでは実感として「役に立つ」ことの意味はわからない。私達は、この本を読みすすめるにつれて、じわじわとその真意を知ることになります。

拙著「負け犬の遠吠《とおぼ》え」が本書に取り上げられているのを見て、私はびっくりしたものです。が、思いもよらない読み方をされていることに、重ねて驚いたもの。しかし功利主義者風に言うならば、この硬軟とりまぜた本の選択の幅を見て、佐藤さんが偏見の無い目を持つ人であることがわかります。

「負け犬の遠吠え」が何かの役に立つとしたら、負け犬予備軍が「負け犬にならないようにしよう」と決意するきっかけになるとか、負け犬当事者が「私だけじゃないんだ」と孤独感を忘れるためのよすがとするとか、その手のものかと著者としては思っていました。が、負け犬と全く縁が無いであろう佐藤さんは、アリストテレス論理学という言葉を使って、負け犬を解説された。

「恐らく酒井氏は、論理学の専門書を片手にこのエッセーを書いたわけではないだろう」

としてありますが、もちろんそれはその通り。佐藤さん独自の視座から見るからこそ、負け犬の向こうにはアリストテレスがいた、ということになるのです。

佐藤さんは、自身の視座を常に表明しておられます。沖縄にルーツを持つという視座。神学部で学んだクリスチャンという視座。元外交官という視座。そして「国策捜査でパクられて、512日間独房に閉じこめられ」たという視座。その、他者にはなかなか真似《まね》のできない視座の混交と圧倒的な知識量をバックグラウンドとして佐藤さんは本を読み、さらに功利主義者としてのフィルターをかけた時、他の人には見えないものが浮かび上がってくるのです。

佐藤さんはまた、それぞれの本を書いた著者がどのような視座を持つ人であるのかも、明らかにするのでした。出自や経歴から思想の傾向を探る様は、まさにインテリジェンス。書き手の視座と佐藤さんの視座とががっぷり四つに組み、そこから何らかの「利」を引き出そうとする様は、大変に貪欲《どんよく》であり、スリリングです。

そして私は、「本を読む」という行為が、「どう読むか」によってどれほど異なる結果をもたらすかを、知るのでした。「認識は対象によって一義的に規定されない、すなわち同じ出来事が別の意味に解釈される」という唯識《ゆいしき》にまつわる書が「日本の閉塞《へいそく》状況を打破するための視点」として紹介されていますが、佐藤さんはまた、一冊の本についても「認識は対象によって一義的に規定されない」ことを教えます。

たとえば私は、かつて新約聖書の「皇帝への税金」の部分を読んだ時、「なるほど、人を試すような質問に対しては、トンチをきかせて煙《けむ》にまけ、ということだな」などと思っていたわけです。が、佐藤さんは「不誠実な輩《やから》に対して誠実に対応して、自ら落とし穴に落ちるようなことを避けよ」「国家に対して無条件に従ってはならない」「同時に、国家と不必要な軋轢《あつれき》を起こす必要もない」というイエスからのメッセージを読みとっています。これは、神学を学んだのみならず、国家との不必要な軋轢を経験した人であるからこその読み方であると言えましょう。

複数の視座を持つのは、簡単なことではありません。経験を通してしか得られない視座は多いのです。だからこそ佐藤さんは、本の読み方を通じて、「世界には無限の視座が存在していることを想像せよ」と、我々に示唆《しさ》します。視座を変えることによって、今まで見えてこなかったものが見える場合がある。同時に、良いとされていたものが悪いと判断される場合もあるのだ、と。

本書の最後に、

「理想が理想のままとどまっていることにキリスト教は何の意味も認めない。理想は、汚れたこの現実の中で、具体的な形をとるときに、すなわち受肉するときに意味をもつのである」

とあります。神が、人すなわちイエスの形となって世にあらわれたことを受肉と言うわけですが、キリスト教の大きな特徴である受肉は、この本にも関連しているのです。すなわち、様々な本の読み解きを通じて本の中にある「理想」を自分のものとすることによって、自らの救済の材料を見いだすことが読書の意義なのだ、と。

クリスチャンという背景を持つ佐藤さんは、しかしキリスト教の布教のためにこの本を書いたわけではありません。日本では一般的ではないキリスト教を特徴づける受肉という事象を一般化することによって、読者に「利」をもたらそうとしている。同じように、外交官であったり独房に入ったことがあったりという経験は一般的ではありませんが、本書を通じて、佐藤さんはそれを読者の利に変換しています。豪腕でありながら決して強引ではないその佐藤さんによる受肉行為は、我々にとって大きな恵みなのです。

（平成二十四年二月、エッセイスト）

この作品は二〇〇九年七月、新潮社より刊行された。

功《こう》利《り》主《しゆ》義《ぎ》者《しや》の読《どく》書《しよ》術《じゆつ》

新潮文庫　さ－62－4

平成二十四年四月一日発行

著者　佐《さ》藤《とう》優《まさる》

発行者　佐藤隆信

発行所　株式会社　新潮社

郵便番号　一六二―八七一一
東京都新宿区矢来町七一
電話　編集部(〇三)三二六六―五四四〇
　　　読者係(〇三)三二六六―五一一一
http://www.shinchosha.co.jp

価格はカバーに表示してあります。

乱丁・落丁本は、ご面倒ですが小社読者係宛ご送付ください。送料小社負担にてお取替えいたします。

印刷・大日本印刷株式会社　製本・憲専堂製本株式会社

ISBN978-4-10-133174-4 C0195